14歲前 該跟孩子聊的 14件事

上高中前必須進行的重要親子對談，
那些廣泛存在於社會、你我終其一生都會面臨的人生課題

The Essential Conversations
You Need to Have with Your Kids Before They Start High School

FOURTEEN TALKS *by* AGE FOURTEEN

米雪兒・伊卡德 Michelle Icard——著　陳柚均——譯

獻給崔維斯

我認識的人們之中，

就屬你最擅長收集各種有趣對話，

也屬你最能察覺人們真正迷人之處。

感謝二十六年來那些有趣、

古怪、深刻且有趣的對話。

我還想要一百萬次那樣的對話。

獻給艾拉和德克蘭

我愛你們。

任何你們想要聊聊的時刻，

我都在此傾聽。

我會帶著零食過來的。

引言

我為什麼在這裡說話？

你之所以會翻開這本書，很有可能是因為你已經不知道該如何對話，或至少對於如何和家中青少年開啟有共鳴的對話而感到迷茫，這些年輕人不再想要說話或聽你說話。

在此，我會讓你更加放鬆而安心。

但是，我有什麼資格說「不必擔心」、「不會有事的」和「關於那些輕率又脫節的青少年，儘管你有難以承受又令人氣餒的刻板印象，但你們還是可以好好對談的」這種話呢？

在過去的十六年之中，我與許多中學生及他們的家長們一同諮商。我為這些中學學生們舉辦領導力課程，也為家長及孩子們舉辦會議，並且主導有六千多位中學生家長的線上社團。在此，我會與你分享我工作上發生的許多故事，但我更改了姓名、身分等資料以保護他們的隱私。我也為多家國家機構撰寫文章，而我的第一本書《中學改造計畫：改善你與孩子的中學體驗》（*Middle School Makeover: Improving the Way You and Your Child Experience the Middle School Years*）是你和孩子一同探索歷經社會及情感變化的入門書籍，同一個屋簷下，當你面臨中年時孩子也同時面臨中學生活。

以上是我的個人履歷，但也許更重要的是，我之所以對這項工作如此著迷，是因為我記得自己早期的青春期過程，記憶十分清晰。

我很希望我能說的是，我擁有一個六年級A咖的絕佳外型、風格及氣度。但在現實中，我戴著超大的眼鏡，頂著一頭由母親快速完成設計的髮型，是前短後長的狼尾髮型加上小呆瓜瀏海，而且還很需要去做牙齒矯正。當我同齡的其他孩子，正成功駕馭著瑪丹娜和嘻哈組團體Run-DMC的造型時，我衣櫥中的各種衣服卻是老牌女明星碧．亞瑟（Bea Arthur）[1]的風格。然而，不知道為什麼，我完全沒有察覺自己的選擇有多麼離譜。當我就讀八年級時，我的自信程度來到另一個新高度，當學校要拍學年照片時，我勇敢地決定在燈芯絨吊帶褲上別上一個大別針。當同學們只在考試時抄寫我的答案，卻不模仿我出色的服裝品味，我想你推斷的原因就和我一樣。

重點是，正因為我明白身處邊緣的感受，我才選擇做這份接觸年輕青少年的工作，更何況，無論他們看起來多麼自信、多麼受歡迎，所有青少年都肯定有身處邊緣的經驗，或相近的格格不入。但同樣的感受，也發生在青少年的家長們身上。儘管是那些在社群媒體上看來家庭格外幸福的人們，也會告訴我，他們的孩子有時讓他們覺得自己完全是個陌生人。

此外，我是一個喜歡研究學習的人。自從開始就讀中學（那是我覺得與同儕及家人最有距離的階段）時，我就一直在研究人與人的關係如何產生聯繫。我仔細研究所有關於青少年的研究結果，也同時密切觀察：與我進行諮商的孩子們、我家中的青少年、他們的朋友們，我的朋友們、電視上的人物角色，甚至是去商店遇見的那些陌生人，在各種可能的社交情境中，盡可能察知所有讓溝通有效或無效的微妙差異。

這本書透露了所有我學到的事，關於所有讓家長及孩子保有聯繫的最佳方法（即便你的孩子們假裝自己好像不想聯繫一樣）。這本書會全力幫助你和孩子談論重要的人生議題，讓你的孩子長成一個成年人，甚至進一步成為擁有自信、關懷、應對技巧及良好品格的大人，如同每個世代對下一代的期許。

不聊我了，來聊聊這本書的內容吧！

為什麼列出的是這十四個對話？每個對話主題會切入更廣泛的特點及技巧，或瞭解家長們普遍希望孩子能成為什麼樣子。藉由與孩子進行的初步交談，你將能積極地為孩子們打下基礎，讓他們成為善良、健康、勤奮、有創意、富有同理心且成功的人，特別是在他們進入高中後有更多人生經驗、接觸更多令人分心的事物之前。

在《14歲前該跟孩子聊的14件事》之中，你不會看到每個單元逐一討論著雜誌及新聞上的最新議題，無論主題關乎性愛簡訊、抽電子菸、或是社群媒體的濫用，或每個新聞週期的可怕話題。我反對這種方式，若這本書的十四個重要對話都不過是各種警告標語，對任何人而言都太無趣了，而我希望這本書能讓親子之間的共同對話更加愉快、更有收穫，無論是對家長或是孩子而言。

儘管如此，我知道許多家長在讀這本書時，早已陷入更具體、更棘手的問題中。「我該如何與我的孩子開口，叫他不要在網路上搜尋色情片？請幫幫我吧！」你絕對有必要與孩子談談青少年所面臨的各種具體問題，但我不會讓你覺得枯燥乏味。在每個單元的關鍵主題中，我會聊聊你可能會頻繁碰到的具體事件，將它們作為本單元主要課題的切入點。例如，在「我們來聊聊與性有關的一切」中，我們將談到色情內容，在其中一個例子中，你將看到關於高中生階段交往的談話，另一個則是談到關於性合意（consent），第三個例子則關於雙性戀。在「我們來聊聊衝動及衝勁」中，你將看到的對話，內容為針對兄弟姊妹之間的情緒衝突，以及手針刺青[2]（這要根據孩子的學校當時正流行哪些傷害身體的趨勢，像是橡皮擦挑戰[3]或是呼巴掌遊戲）。青少年面臨的真正挑戰，會以不同的方式出現在不同的單元中，其中都是你希望孩子更廣泛認知的課題。

我知道，要試圖說服一個高中生聽你說話，往往只會讓你氣極敗壞。有時候，你甚至覺得最好的選項就是不要對話。我已經看到許多少年（tweens）[4]的家長因為不知道如何有效地對話，而乾脆不再和孩子談論重要事情，而我也親眼看到許多青少年的家長在長期疏離之後，要重新建立關係卻困難重重。我常聽到家長哀嘆著如何面對中學的孩子，因為這時期正是孩子們開始有距離，並思考如何脫離家長的時刻。而我也常聽到，高中生的家長們擔心青少年孩子是否有做出明智抉擇的能力，孩子身處長成大人的邊界，面臨種種高風險的決定，後果可能會影響他們一生。不要擔心，本書銜接起這些教養階段之間的鴻溝，為你提供維繫溝通管道的新語言。

說到了語言，這正是一個詞彙上的難題：我們該如何稱呼這些與你同住的生物？他們是少年、青春期少年、青少年、小大人、兒童，還是孩子？所有的答案都是對的，因為他們變化莫測。十至十四歲之間的孩子發育過程快速。身為一位家長，我們認為成長應該是線性的，孩子應該以成熟度和責任感等重要特質長成。事實上，這過程卻有可能是向前邁出一步，又接著後退兩步至十步。前一天，他們還在和喜歡的人互傳簡訊，大吼大叫地要你離開他房間，隔天，他們又玩著他們的玩具，詢問家長能不能去睡他們房間。因此，你很難為他們貼上標籤。當你閱讀的同時，你會發現，我會來回互換所有界定這個年紀群體的術語，因為要確切地定義他們並不容易。我必須承認，這也是我最喜歡這個年紀孩子的原因之一。

在進入本書其他內文之前，還有一件事要說。我想請你想像一個畫面並記於腦海中。你有玩過壁球嗎？一開始接觸壁球，可能會覺得有點恐怖。過程中，球不斷發出吱吱的聲響，你會滿頭大汗，但球正以最快速卻難以預測的方式移動著。對初學者而言，你沒接到球、感到不自在又尷尬，都算是最好的狀況了。最壞的情況是，你被球擊中，而且還受傷。然而，透過練習後，在壁球場上，正因為有這四面牆壁，壁球才會變得如此有趣。請將親子的對話視為壁球的遊戲過程，過程中不要擔心失去控制。要記住，完備的外牆能維持良好的架構，你可以放心地面對必定會回彈的壁球。你的那四面牆是什麼？好吧，我不清楚，但是我來聊聊我的那四面牆。

我的孩子還很小，所以要讓我們的家成為一個安全的空間，我只需要保全生活中的四個面向：睡眠、自主性、無條件的愛及尊嚴。睡眠是一項基本要素，沒有一夜安眠，我們誰都不能好好保有最佳狀態。我不是一位特別嚴謹的家長，但我如老鷹般嚴密監控就寢時間。如果家中氛圍變得緊張，我會說：「我們先好好睡一晚，明天再談。」這個方法幾乎每次都管用。對我而言，自主性也很重要。我通常會提出數個選擇，以便我的孩子練習自我思考，即便我不喜歡他們的選擇，我也會感到欣慰，因為我知道他們正學著如何抉擇。我該做的事，不是讓我的孩子像我或像其他人一樣思考或行動，而是教導他們如何為自己思考且行動。我的第三道牆，是無條件的愛。無論如何，我都會明確地表示，即使在孩子們因自己的不當選擇及錯誤感到緊張不安時，我的孩子也擁有我的愛與支持。最後，是我經常會談論到的一件事，所有人（不僅是家庭中的成員）都有與生俱來的價值，而我們在思維及行動上都要表現尊重。當這四面牆都已完備到位了，我覺得其他事物就有自由移動的彈性。對於你的家人而言，你的那幾面牆面是獨一無二的，我鼓勵你針對它們花一些時間思考，並與家人們談論這些牆面之於你的意義。

如何讀這本書？

你明白如何閱讀一本書，就是從第一頁讀到最後一頁，對吧？是的，這通常是最明智合理的方式。不過，有個特殊情形，若你是一位青年或青少年的家長，你可能是帶著恐慌、混亂或困惑的心情來閱讀這本書。之中大多數的讀者會直接翻至目錄來尋求特定的主題，它會帶著你來到茫茫書頁中的某一處，但或許恰好是你所需要的。我之所以喜歡這種非傳統的方法，是因為時間總是太少而待辦事項卻太長，有時你就是需要快速地找到答案。但是，請允許我提出一個小小要求：請你費心撥出足夠時間，好好閱讀來第一部中的前三個單元，接著再開始跳到討論特定對話主題的單元（以你當下認為最合適的順序）。第一部很簡短，但能讓你更信服第二部的內容，而你解決親子對話難題的方案就在這裡。

當你讀到達第二部時，這本書就會變成一種「自行選擇的冒險旅程」。對應你的家中迫切的狀態，你可以用各種順序來閱讀「我們來聊聊」（Talking About）的數個單元。不過，若你沒有急需解決的問題而不需要立即獲得協助，你會發現順著單元順序閱讀是最容易的選擇，顯然不會讓你迷失方向，而如此安排相關主題也有助於你先從簡單練習開始，接著邁進更複雜的主題。準備好了嗎？我們這就開始吧。

注釋——

1（一九九二至二〇〇九年）美國女演員和歌手，職業生涯長達七十年，曾演出八十年代的喜劇《黃金女郎》，曾獲得艾美獎及托尼獎音樂劇類最佳女配角。

2 Stick-and-poke tattoos，也叫手戳刺青，回歸傳統的方式以針沾取墨刺入皮膚中，多以童趣或簡約的圖案為主。

3 the eraser challenge，美國高中生流行的校園遊戲，兩人挑戰彼此，以橡皮擦在皮膚上來回磨擦至紅腫破皮，甚至流血為止。

4 tweens，指大略介於九至十二歲的青春期孩子，特別是指介於孩子及青少年之間的中間階段。

第一部

準備
進行對話

PART 1

學習新語言正是時候

你和你的孩子一直以來都共用一種特殊的語言。當他們還是嬰兒的時候，你透過這種語言明白什麼哭聲代表「我餓了」或是「我需要換尿布」。當兩歲的孩子以神祕難解的語言喊叫「巴格多」，讓褓姆或祖父母一頭霧水時，你一聽就明白，那是她要狗玩偶班傑明的表達方式。從孩子出生的那一天開始，你和你的孩子就不斷地發展屬於你們的語言，只屬於你們的共同發展。

直到他們上中學。

在孩子十一歲左右時，他們開始進行正常而必要的工作，就是和家長拉開距離。當青少年踏上成為大人的漫長道路時，他們要做的第一件事，同時也是最重要的事，就是開始建立屬於自己的身分。簡而言之，這意味著他們要搞清楚自己是誰，在與你的關係之外。

> 語言的功能若是為了讓群體建立關係，青少年的職責則是切斷聯繫。

儘管過程中令人痛苦，但孩子如果不在青春期初期開始建立獨立性，往後在生活中就很難建立起健康的伴侶關係。不讓毒性關係或相互依存關係產生的關鍵，在於雙方具有強烈的自我意識，但前提是讓年輕人有機會釐清自己的風格、價值觀、興趣以及信念。瞭解這種分離行為是正常的發展，這認知雖然有幫助，而你的孩子也沒理由變得憂鬱或唱反調，你仍然會覺得被拒絕。而孩子開始廣泛地接觸各種事物時，情況就會變得更為棘手，甚至有許多潛在危險。很自然地，你會想要全力保護並支持他們度過這一切。

當孩子變成青少年時，很難提供保護及支持，因為他們會做的第一件事，就是關閉對話管道。對此，毫無防備的家長們拉高了音量，有如身處他鄉的遊客，試圖弄清楚如何與當地人交流。你是否曾經目睹，一位沮喪的成年人試圖傳達觀點，好讓冷漠的十二歲男孩明白？同樣一件事，他們一次又一次地重複，而每次速度越來越慢時，音量卻越來越大聲。「我說了……你給我……放下……平．板．電．腦！」當你試圖要讓家裡的中學生明白你的觀點時，你重複著句子、大聲說話或是讓語速變得超級慢，就像造訪義大利的美國遊客總會在句尾加上「啊」。「我喜歡披薩啊。」這作法不僅無效，你看來也不知道自己在做什麼。

那麼，我們如何調解少年與我們保有距離的需求，也顧及身為家長希望他們安全、聰明、又維持聯繫的心願及義務呢？我們要學會一門新語言。這門語言不能靠直覺，但會比你想像中更容易，而這本書將會是你的嚮導和譯者。

自從我開始與這些少年及其家長諮商以來，這世界發生了許多變化。早在二〇〇五年時，當時社群媒體並不存在，孩子能接觸到最激動人心的智慧技術，就是iPod touch。在二〇〇〇年後，自殺率上升了三〇%，其中以十至十四歲的女孩自殺率最高。青少年到了十五歲時，近三〇%的人都已喝過酒精飲料。在二〇一八年，抽電子菸的國中學生增加了四八%。自二〇〇五年以來，青少年抑鬱症的臨床診斷率增加了三七%。校園槍擊事件已成了常見的新聞事件，而槍擊事件的演習已成為孩子的生活日常。但如同一句俗話所說，越多事情看似改變，卻也越是維持不變。儘管青少年的生活似乎變得更加複雜，但幫助他們的方式仍一樣簡單、可以預測並且可靠：與他們對話。這不是指對著他們說話或單向地說教，而是與他們對話。

和我一同諮商的孩子們也告訴我一樣的話。關於這些議題，他們希望能與家長有更多討論。那麼，家長們為何無法做到呢？當然，原因絕對不會是因為不想對話。

以我的朋友索妮亞為例，她是一位職業婦女，一向以她和女兒伊萊恩的親密關係為傲。她們像是一個雙人團體，她們會說對方才聽得懂的玩笑，在週末一塊享受她們的「女孩時光」，不管是在車上或學校活動中都像老朋友一樣閒聊。但是，當伊萊恩升上七年級時，她開始和索妮亞保持距離，花較少時間和家人相處，對於媽媽想開玩笑的企圖也很抗拒。當伊萊恩開始在家庭聚餐上來去匆忙、在車上共處時戴上耳機，並拒絕週末一塊去做指甲美容的提議時，索妮亞開始擔心了。「像以往一樣，我會提議做一些她喜歡的事，但她什麼都不想了。我提議她邀請一位朋友同行，但她還是拒絕了。」索妮亞不想放棄她與伊萊恩的關係，所以她開始低聲下氣。最終，她的丈夫評論索妮亞當時「表現得像她讀中學時一樣，試圖要引起那些受歡迎女孩們的關注。」

索妮亞很擔心女兒被搶走，因此在伊萊恩的電話上安裝監控軟體，並一一看過她的簡訊及社群媒體上的對話。她甚至拿到伊萊恩的日記，在女兒不知情的情況下閱讀那本日記，並發現有個八年級男孩會不時要求伊萊恩傳送不穿上衣的照片給他，而伊萊恩回應對方口吻猶豫不決。索妮亞陷入困境，思考該如何讓伊萊恩知道自己已發現此事，同時不露出馬腳，別讓女兒對她完全失去信任。正是此時，迷茫不已的她向我求救，並尋求下一步行動的建議。

漢克是一位單親爸爸，有一個兒子和一個女兒。他來找我是因為他陷入一個不同以往的困境，在一次派對上，十三歲的兒子依萊被發現未成年飲酒。辦派對的那對家長打電話給漢克，接到電話時他覺得措手不及。漢克曾與孩子們公開談論過家族中的酗酒史，以及酗酒一事帶來的危險，特別是他們有這種家族史。漢克一向確信，依萊對於飲酒會三思而後行——特別是在他這個年紀——就算他已坦率說明家族的掙扎，似乎也毫無威懾的力量。因為是依萊沒有想清楚飲酒這件事，漢克選擇的嚴厲懲罰是禁足四個月，而沒有進一步和他談談，希望這樣就能讓依萊得到教訓，明白飲酒造成的危害。

對於這些情況，我們許多人都能感同身受。我們覺得被拒絕，接著擔心，然後與我們的孩子苦陷未解的棋賽之中，不確定該如何制定策略來脫離困境。索妮亞和漢克不僅都渴求與孩子維持聯繫，也都和孩子們分享重要的訊息了。然而，在他們的情境中，當他們試圖交談的努力失效，這兩位家長就轉換了作法，為了讓孩子安全卻犧牲了對話，他們眼中有更關鍵的當務之急，所以試圖以持續監控來做到這點。漢克要兒子留在家裡，他就能隨時注意他。索妮亞追蹤女兒在網路上的對話，並透過閱讀她的日記來徹底地監視她。

有時候，縮小孩子的世界，是確保他們安全的最佳方法。這不是一本教人擺脫紀律及界限的書。然而，家長有時會選擇「關閉」的作法，是因為他們覺得自己缺乏其他可行選項。他們不相信自己的孩子能做出明智的抉擇，因而剝奪他們做任何決定的機會。但諷刺的是，欠缺實踐機會，孩子們就無法學習做出明智決定。鑑於孩子們需要有正面及負面經驗來學習，家長可以做的一件事就是幫助他們評估情勢、消化資訊，接著反思什麼可行、什麼無效。只有良好的交談才能促成這一點。

換句話說，經驗＋對話＝強大的學習能力。

這本書要提供的是你與孩子對話的一種方法，即使你的孩子已到了會開始以本能抵抗的年紀。事實上，當這種情況發生時，就代表進行有意義的親子對話，遠比以往任何時刻更加重要了。在工作上，我最常聽到的一句話是「我的職責不是成為孩子的朋友，而是確保他們的安全」，而這句話通常出自於不認同我這些方法的家長們，而這種情緒背後往往也代表他們有專制的教養風格。將好奇心與寬容相提並論，或混淆同情與認同感的需求，將是一種危險的錯誤。

> 各種研究結果及常識告訴我們，面對關切他們的大人，樂於談論自身問題的孩子們往往更健康快樂、處事更有彈性，也對未來的成功更有準備。

在閱讀本書時，你將學習如何克服與少年對話中最常見的障礙：知道哪些對話最重要，如何開啟對話而不激怒或嚇跑你的孩子，搞清楚要說什麼而哪些是該避免的字句，進行讓他們能投入並感興趣的對話，並利用讓他們會想進一步對話的方式來退出對話。要確保孩子的安全，重點在於對的時機進行正確的對話。

凱倫是一位全職媽媽，經常參加我每個月定期舉辦的「蜜雪兒小組」（Michelle's Meet Ups，是我主持的一個對話小組，活動前家長們將匿名的問題交給我），透過許多良好的對話經驗得知，她本人就是親子教養的模範生。她是三個孩子的母親，孩子年紀在八至十六歲之間，她最初來尋求幫助是因為她的大兒子艾登，她不曾和他建立如她和其他孩子般的親密關係，因為他是個害羞的孩子。在艾登的童年時代，她和他幾乎沒有共同的興趣及愛好，她因此常常覺得自己像他的司機或廚師，而不是同伴或摯友。

對於凱倫而言，當她明白她與艾登之間進行的重要對話，並不需要像她與另外兩個孩子相處一樣，她鬆了一口氣。他們或許在共進晚餐時花時間對話，或在吃漢堡和薯條時分享笑聲及溫馨時刻。簡短對話成為改變他們關係的關鍵。一開始，她用簡訊進行完整的對話，即便是簡明扼要的文字，也提到成績及家庭活動的所有話題。一旦艾登習慣他與媽媽之間簡訊對話的模式及可預測性，當他相信這些文字交流都是不帶批判的、簡潔又平衡的對話，他便開始與她談論更多事情，而不再只是同處一室時談論晚餐吃什麼。

艾登現在上了高中二年級，而凱倫明白她多年努力進行的對話也打好基礎，覺得一切都值得了。「現在會和我談論很多事，我也會知道他說朋友們正在經歷的事情。很高興他基於對我的足夠信任告訴我這些事。」當艾登與媽媽談論的事已不限於他人的生活時，這種信任對於艾登而言是件好事。如果艾登覺得自己需要大人的見解，他就會認定媽媽有明辨是非的能力，並樂意與她談論自己的情況。

BRIEF對話模式

還記得《一二三魔法：如何應對二至十二歲兒童的失序行為》（1–2–3 Magic，中文書名暫譯）[5]這本書嗎？這本書之所以改變了我們的生活，是因為它涵蓋孩子可能為你帶來的各種瘋狂情境，然後在每種情境附上一個簡單的計數模型，讓孩子聽你的話。全書之中，要全部以計數一至三的方式，來提出不遵循指示的結果，似乎是不可能的，但看見所有日常面臨的情景（「不行，你不能拿那條巧克力」、「我不是叫你去穿鞋嗎」、「不要再煩你哥哥了」）都適用，讓我們知道那些最磨練心智的育兒挑戰，都能以簡單的解決方案來應對。

同樣地，與青少年談論性、抽電子菸、特權或社會排斥，並不需要每次都多此一舉地從頭來過。取而代之的，你只需要記住一個簡單的英文縮寫字詞，這就是你與年輕人交談的指導原則，我稱之為「BRIEF 對話模式」。**字母「B」代表的是平和地開啟對話（Begin）；「R」代表與孩子產生聯繫（Relate）；「I」是指主動展開對話之中的訊問來收集資料（Interview）；「E」則是提醒你回應對方（Echo）；「F」則是指提供回饋（Feedback）的時間點。**儘管各種話題大相徑庭，但將這結構應用於對話之中，對於我們這種不知對話該從何開始、又該如何結束的人來說，都可以大大鬆一口氣。

在與青少年對話時，我也要提及家長們時常會忘記的事。對話與說教全然不同，需要兩人或兩人以上的參與才有成效。你可以強制對孩子說教，但不能強迫他們和你對話。我用以創造意義對話的模式旨在突破高牆並鼓勵參與，而隨著時間、信任及經驗的累積，參與度會越高。因此，在閱讀本書中的對話例句時，你可能覺得這些情境似乎很容易處理，或是例句中的小孩太沒什麼反應了。這是刻意的設定。如果孩子已有所抗拒的反應，當下就不是進行正向對話的時刻。

我們用以下情境來說明 BRIEF 模式的運作方式，例句中的家長發現孩子刻意對他們隱瞞不良的課業成績。

BEGIN：平和地開啟對話

最近，我對親子教養社團中的成員們詢問一個問題：當他們與中學孩子談論重要事項時，最難的一個部分是什麼。我竟然得到一致的答案：開啟對話！青少年可能會立即將你拒於門外而不予理會，迅速地附議你的意見只為了結束談話，甚至完全不明白你為什麼要這樣說。

家長往往非常擔心自己的孩子會有什麼反應，而不願意提出棘手的話題，或者他們反其道而行，在毫無計畫的前提就直接切入正題。有鑑於此，我一向會給家長們的建議是平和地展開對話。實際上，這代表你要從不帶情緒的觀察開始。例如，如果你需要與孩子進行一場重要的談話，因為你發現他隱瞞糟糕的學校成績，那就可以從不帶情緒的觀察開始：「所以，成績單好像出來了吧？我發現你的成績並不如我們預期。」

另一個開啟對話的平和方式，就是問孩子是否有什麼事要向你解釋：「你的成績和我的預期不太一樣，這是你所期望的成績嗎？有什麼事要和我說嗎？」

發出有計畫性的請求，你的孩子才不會感到措手不及，這同時也是一種緩和的切入方式：「今天成績單出來了，我認為我們應該討論一下，對你來說是晚餐前或晚餐後比較方便呢？」

我時常聽見許多家長會提出的消極回應是「身為家長，我不必討好自己的孩子。」確實，很多時候你可以也應該要直接且負責，但是這不能讓每次對話都有愉快的開始。當你越少使用直截了當、針對性的方法，你的孩子改變態度、放下手機的意願越高，並像你一樣認真看待，保有這樣的彈性以備不時之需。採用間接的對話方式，能讓你更容易得到想要知道的初步訊息，當孩子覺得風險不大時，接著若有人開口來打破沉默，就很容易調整對話的動力，而不是全速啟動。

\# \# \#

因此，請平和地開啟對話，然後保持安靜，等待孩子來填補對話。

RELATE：與孩子產生聯繫

撇開那些網路魔人不談，沒有人喜歡以敵對的方式來開啟對話。青少年多有防備的姿態，他們大多數還無法讀懂人們的表情或不能理解語調口吻，因此就會時常覺得你在生氣，即使你沒有。為了要過這一關，請從最簡單的一項和解禮物開始，這禮物和孩子的經歷或觀點有關係，即使這對你來說有些費力。

當你的孩子對你隱瞞學校成績，那麼說謊、正直、懶惰，以及你被禁足了等字詞可能已掛在你嘴邊，就快說出口了。相反地，你要做的是呼吸。若孩子的才智足以欺騙你，當他交上成績單並需要家長簽名時，也會機靈地發現詭計即將被拆穿了。現在，他們可能感到害怕、焦慮及羞愧。當他們顯然在欺騙你時，也不用擔心他們是否值得你的同情。請考量殘局該如何收尾。你的工作是要教會他們如何讓自己更好，當他們感到恐懼、焦慮和羞愧時，就無法獲得最好的學習。

透過以下幾種方式與孩子建立聯繫，讓他們仔細聆聽接下來的對話：

「當你最終必須坦誠時，這件事並不容易，但對於想要提供幫助的人們，我覺得最好不要對他們有所隱瞞。」

「這很不容易。我相信你現在有許多複雜的情緒。別擔心，我們可以一起思考接下來該怎麼做。」

「我還記得，我曾經有幾次成績下滑，那種落後的感覺真的很差。要改善你的課業

成績，需要你做一些努力，但只要有目標和支持，你就能做到。」

INTERVIEW：訊問以收集資料

正如人們所說，每個故事都有三個版本：你的版本、我的版本以及真相。現在，是時候好好理解孩子對真相的認知了，而他們很有可能對你坦誠一切，因為你已是他的好盟友，或至少是一位善解人意的權威人物。因此，你要在這個階段提出自己迫切要瞭解的問題，此刻不是檢視孩子是否撒謊或教訓他們的時機。將這個階段視為一個中立的實況調查任務。你要扮演的角色是一位優秀、甚至不帶情緒的地方檢察官，雖然你在該案件中沒有舉足輕重的職責，但仍需要多方訪談來收集資料。

＃「你什麼時候意識到自己的成績下滑了？」

＃「你認為這次成績不佳的最大原因是什麼？」

＃「你有想過要和我聊聊嗎？」

＃「當我拿到成績單時，你覺得會發生什麼事？」

ECHO：回應對方

BRIEF對話模式中的每一個步驟，都是為下一步做準備。以上數個步驟都能是為了引領你到最後、也最重要的一步，就是提供回饋。然而，任何以回饋來開啟對話的人都明白，這作法往往效果不佳。因此，回應對方的步驟，一部分是為了驗證，有助於打開孩子的心胸，讓他們在下一階段能聆聽你的建議（或要求），另一部分則是為了瞭解孩子的理解程度，確保此時已釐清所有事實。回應對方，對話如下方：

＃ **以「聽起來像」或「我正在聽」來開啟對話：「看起來你的成績好像下滑了，但你好像可以自己解決這件事。」**

＃ **以簡單的總結來說明關鍵事實：「好吧，你以為自己仍維持著原有的成績水平，但後來的結果你也感到很驚訝。」**

＃ **用他所說的話作為提問：「你覺得這主要都是老師的錯，我這麼說對嗎？」**

FEEDBACK：提供回饋

這就是你一直在等待的那個時刻。「提供回饋」的步驟就是最終要提供建議、指引，或是當你需要堅定的解決方案因而立下新規定的時候。我發現，當你詢問青年少是否願意聽聽回饋時，他們會有最佳的反應。但是，也有些時候你不能坐等孩子向你尋求指引，而必須設立嚴格的界限。在這種情況下，不必加以詢問，只需清楚說明規定即可。

回饋應該要和訊問及回饋階段所發現的問題有直接關係。不要將你和孩子的其他問題在此一塊算帳，而將論點升級為「好吧，除了你的成績之外，你的房間也是一團亂，對你的妹妹態度也很差，對我也很不尊重。」當你在生某人的氣時，你很容易盡其所能地加入其他論證就為了證明他們是錯的，而你是對的，讓爭論火上加油，這不僅不公平還適得其反。

在一同討論的這些情境中，假設你在訊問時發現孩子已認知到自己的成績退步，你認為他們能自己應付，然後儘管他們也上了線上數學課程，卻無法改善，接著就恐慌地逃避問題。回饋的對話過程就如下：

＃ **總結失敗的關鍵原因，並指出下一次如何避免：「我很高興你想自己解決這個問題，但早日尋求幫助，將會有更好的結果。下次，當你的成績開始下降時，我希望你能立即告知我，我們能安排一個計畫，在開始退步之前將成績提升。你可以把這件事想像成一場籃球比賽，在第四節嚴重落後才要改變局面，遠比在比賽一開始就調整作法還要更加困難。」**

如果可以的話，你能詢問孩子是否準備好進行回饋，接著再以指引來追蹤現況：「你願意聽我的想法嗎？」暫停。「好的，我們必須要全力投入來擺脫現況，我們一同來制定計畫。告訴我，你覺得第一步要做什麼，然後我再提出我的想法。」

如果你認為當下必須提出迅速且堅定的結論：「長久以來，你可能試著要保密這件事以避免更大的懲罰，但現在你知道自己必須將空閒時間都用來提升成績。如果你早點提出問題，你或許只要花一個週末趕進度就能解決問題。現在，看來得要花上幾個週末的時間加強課程業並補習。在我們看到你加強所有課業、成績上也反映出成效之前，你每個週末都要在家，並在廚房餐桌上加強課業，我也會在廚房監看你。」

注意：透過幾個初步的步驟，你應該已和孩子建立一種融洽關係，也已讓孩子卸下心防，當他們逐漸適應這種方法，他們甚至會變得意外地健談。較長的對話很棒，但是我很喜歡這個「簡短易懂」（BRIEF）的縮寫之意。最好是以時間有長有短的對話來交錯，以多次的簡短對話討論同一個議題，比長時間的單一對話更好，如果你一週後又對孩子提起同一件事，因為太害怕面對你的說教，孩子可能會將你說的話當背景音樂，甚至遠離你。

當你把話說完時，就快速地轉換話題。「總之，這件事可以好好想一下。那麼，你下午要做什麼事？」或「好吧，看來我們講完這件事了。感謝你和我聊聊。那麼，你看到即將上映的漫威電影預告片了嗎？」

當你練習簡短對話的次數越多，你會發現你的孩子更願意傾吐心聲，也能信任地與你討論任何事情。

孩子十四歲前，迫切需進行這些對話的原因

在過去十年中，親子教養最大的轉變之一，就是家長對科技產品的恐懼侵害了他們的決策方式。由於擔心戀童癖、來意不善的孩子、自卑及社交能力低落，家長們經常陷入防守的狀態，而沒有養成強力的進攻戰術。我們總是擔心孩子成長過程中身處陌生領域，並將「長期監控他們的能力」及「培養他們保護自己的能力」混為一談。當然，監視和保護不是同一件事。如果你想在孩子掉入洞口前抓住他們，那麼你會錯過許多機會，無法和他們談論何時會有意外陷阱，而行進之間該如何避險。安裝最新的監視軟體並不保證你孩子的安全，只會在孩子們已搞砸時告知你。事實上，在這樣的數位時代，老派的對話比以往更加重要。

當你撫養孩子長大時，你不會注意到時光消逝。前一分鐘孩子才八歲，下一刻卻已高中畢業。在孩子十四歲時開啟十四個對話的意義，是為了即時地設下立足點，讓你能與孩子進行這些重要的對話。這些對話不能再等了。

我們應該將十四歲視為另一種十八歲的階段。

在孩子的高中時期，許多家長們才開始感到恐慌，說明如何不把喜愛的衣物洗到縮水的前提下，還要同時灌輸孩子關於安全、獨立、責任感等人生課題。同時，在高中時期的尾聲，青少年經常忙著入學申請，接著就陷入怠學的狀態。

早點進行對話，能讓家長有時間教養孩子，而非一股腦地強迫孩子。

但是，以最重要的實際狀況切入，在十四歲之前進行對話和孩子的大腦發育息息相關。研究發現，以男性來說，年輕男性一生中最危險的年紀就是十四歲。一項針對九至三十五歲男性的研究發現，傾向冒險的最高年齡為十四‧三八歲。目前尚未有針對女性的類似研究，但由於我們知道女性比男性更早進入青春期，因此我們可想而知，引起男性衝動及冒險的大腦活動，女性也早於男性。此外，青春期的大腦從十一歲時開始刪除認定非必要的訊息，根據使用中及未使用的內容來決定刪去部分。這也意味著，你必須儘早開始，頻繁地以各種方法訓練自己進行和諧、周全又理性的對話，技巧熟練地讓孩子覺得這一切理所當然。最後，我們知道，在整個青春期，孩子們會開始遠離家長，開啟他們獲取成人身分認同的艱苦過程。

高中畢業前幾年，是他們開始拉開距離前的最佳時機，這時他們仍願意聆聽你的觀點。因此，關於如何於不同情境下做出絕佳選擇，中學時期就成了關鍵時刻，以進行重要且重覆的 BRIEF 對話模式。你準備好了嗎？我們出發吧！

讓我們來學習一種新語言吧！

注釋——

5 *1-2-3 Magic: Managing Difficult Behavior in Children 2-12*，湯瑪斯．菲蘭（Thomas W. Phelan, Ph. D.）的教養理論著作。

PART 2

家長的全新技能包

與中學生對話，不同於與任何其他年齡層對象的對話。家長們不時會因孩子的氣憤、惱怒或不當一回事的反應而感到困惑，即便只是無傷大雅地詢問他們今天過得如何。這不全然是孩子的錯。在此年紀階段，青少年地自然會開始拉遠距離，並且逐漸認知到如何在關係中共處而非盡力地反抗，這樣的傾向會是維持良好溝通的關鍵之一。

與青春期初期的孩子們一同諮商十四年之後，我收集了許多技巧，這些技巧將徹底改變家庭中親子對話的遊戲規則，而我現在就將這個全新技能包交給你。這些技巧並非針對某一個特定主題，因此在與孩子的對話中，你可以開始練習這些技巧。

改善與青少年對話的九種方法

1 成為孩子的人生副手

當孩子上國中時，大多數家長認為最好要加以控管，因為青春期初期時，孩子暴露於有更多潛在危機的世界。的確，你的孩子所經歷的事會嚇到、震驚甚至冒犯到你，但要忍住想立即強行限制的衝動。

面對眼前的新環境，如果你的孩子能以謹慎的態度、健全的批判性分析、好奇及懷疑的絕佳平衡，以及頭腦清楚的自我意識來應對，那就太棒了。唉呀，孩子若沒有機會練習這些技能，就永遠也學不會了。

大概在十一歲，孩子的大腦開始有成人大腦所需要的關鍵改變，但此後需要約十至十四年時間來鞏固這些變化。對於你們雙方而言，耐心皆是關鍵。在這段時間，前額葉皮質（prefrontal cortex）會稍稍休息一段時間，前額葉皮質負責批判性思維、解決問題、解讀面部表情，以及風險分析等。我告訴孩子們，這就像是你最喜歡的一家商店，經理午休時去後面吃東西，只不過這個午休時間會花上十年。這位經理仍在現場，但不會密切地注意，這讓店家被偷竊的可能性提高，甚至被破壞、遭受永久的損失。

這位經理（前額葉皮質）休息時，大腦的情感主導中心杏仁核（amygdala）會上下跳躍並同時揮舞手臂並大喊「選我！選我！」想要採取行動，進一步掌權。但問題是，杏仁核總是衝動行事，喜歡嘗試新事物，想在冒險中得到樂趣，在一系列激烈的情緒中茁壯成長，認為難得有機會成為決策者，這局面太令人興奮了。我們以前都有和這種經理共事的經驗，有時很有趣，但很多時候面對不可預測又令人恐懼的情況時，距離危險邊緣太近了，令人感到不安。

當經理下班時，這家商店需要的是什麼？

答案是，一位優秀的副理。這裡要強調的是「副」這個字，成為管理者不是副手的工作。在此，副理的功能是為了協助經理，成為他的另一對眼睛、另一對耳朵，根據需求來提供援助。一位忠誠的副手一向願意提供支援，但對於要接任完全不感興趣。

現在，我們花一點時間，閉上眼睛，回想一下你遇過最糟糕的那位經理。你會如何形容這個人？與家長們對談時，我時常會得到以下描述：

 # 過度控制

 # 不良的溝通者（反覆無常、說話含糊不清、沒有重點）

 # 態度冷漠疏遠

 # 不尊重工作與生活的平衡，煩擾員工

 # 無法提供明確的晉升管道

 # 不願讓員工有機會改正自身的錯誤

 # 過於情緒化

 # 偏袒不公的傾向

毫無異議又最受歡迎的答案為：微觀管理者。

當你詢問一位中學生，家長如何無意間惹惱他們，你最後應該會得到相同的描述。請記住，與中學生進行的所有對話中，你只是他的另一對眼睛及耳朵，也是一雙援助之手，你的孩子需要更頻繁練習責任感及決策能力，才能成為一名出色的管理者。你所要盡力做的是回應他們的決策、價值觀及品格，但最終你只是一位副手。在擔任這項新職務時，你該這麼說：

 # 「我該怎麼為你提供支援？」

 # 「若要成功完成這件事，你需要什麼？」

 # 「當你思考這件事時，我會在此傾聽。」

 # 「你需要聽看看我針對這件事的回饋嗎？」

 # 「需要我幫助，和你聊聊有哪些選項嗎？」

2 「眉頭像打了肉毒桿菌」般不動聲色

多年來，我與許多中學生家長的諮商案例，最能影響他們與孩子關係的一項調查中，我最常聽見就是這件事。這個小技巧始於哈佛大學教學醫院之一的麥克萊恩醫院的研究報告，由認知神經心理學及影像醫學擊中心主任黛博拉・尤格倫—陶德博士（Dr. Deborah Yurgelun-Todd）主導，這項關於面部表情解讀的研究，規模雖小卻相當有說服力。

首先，尤格倫—陶德博士對成年人進行了核磁共振檢查（MRI），接著讓他們看一些有面部表情的照片。接著，她要求參與者只單純透過照片上的面部表情來判斷人們的感受。在她的實驗中，成年人能百分之百地「解讀表情」，正確地判定人們基本的情緒。然後，尤格倫—陶德博士再以十幾歲的孩子為對象，重複這一項實驗。他們準確斷定情緒的成功率只有五〇%。為何有此差異？核磁共振檢查的結果顯示，成年人使用前額葉皮質來讀取他人的面部表情，青少年則是利用杏仁核，杏仁核是掌管情緒並協助情緒做出相對反應的部位。例如，戰鬥（fight）或逃跑（flight）反應，或是因恐懼時而嚇到無法動彈（freeze）。直到二十多歲時，人們才開始使用前額葉皮質來解讀他人的面部表情。

認真說來，這到底是什麼意思？

由於青少年無法正確解讀他人的面部表情，他們不得不對他人的感受做出假設。通常，當他們看到他人皺起眉頭時，他們會認定那代表憤怒的情緒。就我個人而言，基於許多原因，我聽孩子說話時常會皺眉頭。有時，這代表著我專注在他們所說的事。有時，則是因為我聆聽他們說的一件事，同時卻也處理著其他事務，並試著記得要寄出工作上的一封電子郵件，而我已忘了寄出兩次了。有時候，這是我表達同情的方式。有時候，只是因為我這張臉也已經四十八歲了。不管我的用意為何，我的孩子們都會將我皺眉頭的表情解讀為憤怒。

想像一種狀況，當你的孩子放學後進入家門，將背包丟在地板上，接著就走向電視。你半路阻止他們，想聽到他們聊聊今天如何。「歡迎回家！嘿，今天的數學考試怎麼樣？」（你在腦海裡輕拍自己肩頭以示肯定，因為你記得孩子今天有考試！）

「啊，我們根本都還不知道成績！你為什麼要這麼生氣？」

嗯，這並不是你所期望或應得的回應。可能發生的情境如下：當你的孩子抬起頭來時，無論你是否意識到了，你都會微微皺起眉頭。你想一下，當他們才剛經歷了七小時的感官超載，還要擔心同儕之間的比較，你的孩子當然會感到精疲力盡。看到你的表情後，他們立即得到一個結論，你的問題是基於憤怒或批判。「我到底做了什麼？我不過是問你一個問題而已啊？」每一天，我所接觸那些全國各地的家庭之中都在發生這種事。

少年的情緒很複雜，但其實可以簡單地避免這種情況。

接著來開始說明所謂的「眉頭像打了肉毒桿菌」。在你開始與中學生交談時，特別是當你聽見孩子的消息讓你驚訝或沮喪，而你感到措手不及時，我建議家長們：假裝你是深夜脫口秀節目中的一位名人，因為肉毒桿菌注射劑量過多，讓額頭動也動不了。你覺得自己像個機器人、像是一位溫順的家長，如果你有這種感覺，這代表你做對了。如果你感到恐懼或困惑，那表示你做錯了。你看起來要顯得不帶情緒，而不是感到震驚。

你可能會覺得不帶任何情緒也太無情了，但這只會讓孩子感到自在，表示你完全不批判他們。當你越頻繁練習這種不動聲色的表情，你就會明白自己設立安全且中立的場域來協商並解決問題，孩子更容易對你敞開心胸。

以不帶情緒的中立表情與你家的少年對話，還有兩個好理由。首先，他們不會將你的情緒誤讀為怒火，當你真的沒有生氣的時候。我並不是說你不該有或不該展現各種健康的情緒，包括對某些事有必要感到憤怒時。這方法旨在幫助你避開不良的溝通，而不是奪走你的人性。第二個原因是，為孩子創造一個聆聽你說話的機會。當你氣到臉紅脖子粗並怒吼著時，你的孩子立刻就會充耳不聞，指稱你「反應過度」。如果你能面色不改地說話，那你的孩子就沒有理由不聽下去。

3 掌握裝傻的藝術

社群媒體上有一篇廣為流傳的發文，是一張呼籲所有青少年的偽造傳單：

「現在就採取行動！厭倦了你愚蠢家長的騷擾了嗎？在你明白世上一切事物時，就搬家、找一份工作、自己付自己的帳單吧！」

這很有趣，因為它所言不假。事實上，儘管青少年缺乏我們的經驗或知識，但他們確實擁有一些我們欠缺的東西：看事物的新鮮角度、永無止境的樂觀精神，以及對自身能力的信念。

針對我們這些成年人創造的全球性問題，青春期青少年的天真無邪可能讓你感到反感。「那些管理政府的官員有夠愚蠢的。如果大家沒有錢的話，他們就多印一些鈔票啊，你們這些人怎麼沒想到這一點？」又或者，仗著自己年少的勇氣，他們總是高估自身的能力及專業知識水平。告訴我，你的孩子認為自己可以迎戰美國忍者勇士（American Ninja Warrior）[6]並輕鬆過關嗎？明天就能上場了嗎？在未經培訓的前提之下？

當你家的孩子認為自己明白所有天下事時，請你裝傻地提出問題，而非像一位律師般費力地收集更多證據，只為了證明孩子是錯誤的。好奇地提出探究性的問題：這件事該如何運作？那會是什麼樣的狀況？會產生什麼問題嗎？你會怎麼想這件事？最好的結果是什麼？最糟糕的情況是什麼？「當忍者障礙道上有六英尺的間隙，而你展開的羽翼寬度只有五英尺時，你將如何越過？你會建議兩側如何增加六英寸來補救呢？」

4 表現得毫無興趣

你可能還記得，當孩子還很小的時候，當你要坐下來喝杯熱咖啡、讀一本書，或開始與朋友聊天的那一刻……你的孩子說他要吃點心。當你無法隨傳隨到時，中學生也會做類似的事好吸引你注意。因此，我建議當你想要進一步地深入談話時，反而不要表現得太熱切。

情境A：

我：那麼……【**輕拍旁邊沙發上的位置**】你的那個指定作業進展如何？告訴我一切吧！

孩子：我現在不想說話了，我好累。

情境B：

我：喔，好吧！我很想聽聽你學校那個指定作業的一切進展情況，但不必現在談。我必須先出幾封電子郵件……

孩子：等等！我先告訴你啦，你等一下再發信。

這方法有時候有效，但一旦發揮作用了就會令人興奮不已，覺得自己完成了電影《瞞天過海》中最微不足道的騙術，而且還僥倖成功了。

5 避免突如其來的埋伏

青春期孩子在校園中要做的事太多了，從哪一位老師要他們交什麼作業，到午餐時間坐在什麼地方會有什麼或大或小的社交影響力。在中學生的一日生活之中面對著充滿選擇的樹狀圖。所以當你的孩子回家時就需要減壓，一點也不令人意外。所以當他們走入家門那一刻，你問他們今天過得如何，你家的青春期孩子因此會覺得你設下了埋伏。

要在輕鬆隨意的對話中得知更多事，請試著詢問你的孩子之後是否能稍晚的一個特定時刻能來更新近況。更好的方式，則是提供幾個時段的選項。「我想，現在你應該想放鬆一下，我很想聽聽你今天過得如何，確保你課業上的步調正常。晚餐後的十分鐘，我們能談談你最近過得如何嗎？如果今天太累了，早餐時再聊聊如何呢？你想要哪個時間？」

這種方法不僅給予孩子必要的減壓時間，也尊重他們為自己安排行程的自主權威（近期的青春期少年得到的少之又少），並且這點也呼應先前提及不要太熱切的守則。你對訊息的渴求越少，孩子反而越不會抗拒與你交談。

6 慢慢來

少年的大腦會因為興奮而擴張發展，當你在家中無論是喊叫、哭泣或懇求來表現高漲的情緒時，他們的大腦某一區塊就產生了滿足感（這就是立即的注意力轉移，他們就可以不聽你說的重點了！）。當你發現，自己難以避免與青春期孩子發生衝突時，請你明白，最好的工具之一就是爭取時間。中學生與小孩不同，他們不需要你立即反應，就能明白當下發生什麼事。事實上，正因為他們如此衝動，讓他們學會放慢並緩和反應只有益處。

例如，他對你發火，只因為你沒有在餐盒中裝入他想要的三明治，那你可能就該說：「嗯，我不知道該如何應對這件事。我會在花幾個小時的時間好好思考後再回覆你。」若你不再同樣以怒火回應，接著走離現場並思考下一步，這個嚇傻的孩子應該就會徹底放下自私的麻木心態。你或許會得到孩子的道歉，要你原諒他們。你要依據類似事件發生的頻率高低，來決定該立即接受道歉，或者仍需一些時間來思考。如果事件本身有嚴重的後果，而你想要強調事情的嚴重性，則可以補充說明：「關於這件事的後果，我需要認真地思考。我會盡快回覆你。」在做出判決之前，要讓孩子放慢腳步來思考，沒有比戲劇性的停頓更有效的方法了。

7 多重任務處理

由於少年可能不擅長解讀面部表情，和／或因為少年在某些議題上更容易感到情緒激動，因此也易受傷害，所以當他們看不見你的表情時，他們似乎更願意進行對話。許多家長經常會說，最好的親子對話都發生在車上，至少在手機和耳機占據這個空間之前。事實上，如果你還沒建立手機的使用規定，可以考慮將車內設為無電話區，這可以增進有質量的對話。無論是乘車、玩網路遊戲，騎腳踏車還是一起料理，當孩子們同時兼顧多件事情時都比較容易敞開心胸。讓事物有些變化，孩子就會有不懈怠的活力，因此你偶爾能要求你的孩子面對面交談，如一九五〇那個年代的電視劇《天才小麻煩》（*Leave It to Beaver*）劇中的父親沃德·克利弗（Ward Cleaver）一樣。一般而言，面對面的交談模式頂多讓孩子點頭幾次、一個字的回覆。忙碌地投入一個活動時，男孩特別似乎有更好的反應，所以當你想要展開對話時，把事情交待給他們或者讓他們動起來。比起只在書房裡談話的父親沃德，安迪·格里菲斯（Andy Griffith）更能在釣魚時成功地提點兒子人生課題。

8 完全不出聲的對話模式

相對於聆聽，有些孩子對文字有較好的反應。他們可能不是聽覺學習者，也可能在他人視線下要立即回覆讓他們無法自在放鬆，更擅長慢慢思考答案，可能也擔心你會誤解他們的意思。也可能是他們喜歡窩在床上思考高深艱難的問題。基於許多正當合理的理由，有些孩子更喜歡使用訊息文字、信件或日記來交流。如果你的孩子是這樣，你們即便不對話也能暢談一切。以我諮商的一些家庭為例，親子之間以一本線圈筆記本來回傳遞，他們可以在紙上詢問「接下來想看哪一部電影？」或是「那件事目前進展如何？」，也有一些人是利用科技方式來維繫，以活潑有趣也有實質對話的簡訊聊天。

9 指定一位代理人

最後，你不必是與青春期少年進行所有對話的那一個人。養一個孩子，需要一整個村莊的力量，所以請開始分工讓其他村民代理。詢問幾位你信賴的朋友，如果有機會討論重要議題時是否願意協力幫助。也讓你的孩子明白，當他們需要聊聊時，不僅只有你很樂意，凱西阿姨和媽媽最好的朋友喬也隨時為他們敞開大門。我的兩個孩子在他們一拿到手機時，就收到我一位好朋友傳來的簡訊。「嘿！我是希爾薇！快將我的電話號碼加到手機電話簿吧，無論你在哪裡、發生什麼不喜歡的事，請發訊息給我，我什麼都不會多問就立即來找你！」對於你的孩子而言，這是發展關係、增加信任，並且增加安全網的好方法。

在這裡，我以大方向說明如何與青春期少年進行交流，但是我不想過於簡化你孩子所擁有的細微差異及獨有特質。你的孩子可能熱愛你的感情奔放，想要好好坐下來進行正式對話，也會開心地與你分享今天的所有小事。又或者，你有一個口風很緊的孩子，你擔心能得知他生活中發生之事的唯一方法，就是情況糟到不行而最終爆發。儘管，透過進行青少年發育的研究，我們得到可以觀察的發展趨勢，而你最瞭解自己的孩子。選擇並調整最適合孩子個性的工具（甚至，我要特別提醒，不是選擇最適合你的選項）。請記住，即便是同個孩子，你和他在今天與一個月後進行的對話也需要以不同方法進行，同理可證，就算是同個家庭的兄弟姊妹，也需要以不同方式對話。在這幾年之中，你必須成為一位溝通的瑜珈修行者，要安然度過這些變化，你必須保有靈活彈性及開放態度，這將是維繫對話的關鍵。

注釋——

6 美國的真人秀競技娛樂節目，旨在挑戰人體身體極限。

PART 3

對話破局關鍵

在我的大學教育課程中，教授們反覆地提點我們一件事，若要教會學生一個新概念，導師必須同時傳達正確和錯誤的做事方式，讓學生在經驗的兩端都有防禦危險的護欄。當你在教導孩子觸覺上的新技能時，你自然也會這麼做。「切東西時要這樣握刀，而不是那樣」或是「在等待擊球時要高舉球拍，不能壓這麼低。」以身體進行示範時，我們本能地提出正確與錯誤的姿態，但解釋更需要用到腦力的新想法時，我們時常忽略這項關鍵性的步驟，儘管這仍是學習過程中的要點之一。

在這裡，我將指出成年人在與青春期孩子聊天時會發生的差錯，以便你引以為鑑，不只是記得如何好好進行對話，也同時確知什麼會讓對話惡化。本書的第二部之中，你可以看到一些特定方法以及每組對話應該避免的句子，但現在，我們先開始來訓練你的耳朵，來瞭解這些普及且常見的方法如何破壞你原先的好意。

任何話題的十二個對話破局關鍵

1 避免立即投入對話

多數的家長們擔心孩子對於某些話題的反應，因此就猛力地立即開啟對話，像跳入冷水池一樣突如其來，希望趕緊結束最困難的那部分，然後就能適應水溫了。但是，當你一旦奮力地跳入時，你的孩子就立即離開泳池，準備衝向點心區。與其馬上跳入水中，你可以先在水中泡泡腳。提出敏感話題之前，請給自己和孩子足夠的時間來達成共識，或至少能以相同的心情來開展對話。想像一下，你和你緊張的孩子並肩坐在泳池邊緣，你想嘗試說服他們下水，你會怎麼做？該提供他笑聲、鼓勵、讓他分心的事物，還是支持？在此，你會得到一些相同又適切的工具。

2 關於孩子過去、現在以及未來的感受，不要自立假設

青春期的孩子渴望自主性，也因為情感如此個人且私密，當你擅自假想他們有什麼感受時，他們會認定這是種冒犯。當你提出「等你長大了，就會希望你當初做了不一樣的選擇了」時，孩子無處可逃，不是（A）默許就是（B）與你爭辯。重點劇透：到了青春期的初期，多數孩子早已準備好要爭辯了，所以請繫好你的安全帶。事實上，孩子們不會知道自己成為大人之後對某事有何種看法，所以當你說你明白他們的感受，這不全然公平，假設青春期孩

子有一件他們無法忍受的事（但有一百萬件小事，哈哈哈），那就是大人們聲稱自己比他們更瞭解自己。與其假設，倒不如從好奇心出發。提出你真正的疑問，並專心聆聽他們的觀點。

3 避免含糊其詞

青春期的孩子喜歡明確的事。一方面，模糊的語言能有各種解讀，往往會造成誤解，並且可能讓人們覺得被誤導或被愚弄。另一方面，青春期孩子很敏感，但不必擔心是否要戰戰兢兢地面對他們的感受，不必為了自己想要對話的企圖而運用策略擊敗他們的敏感反應，傾向聆聽事實及數據，而非意見面及情緒。為了要做到這點，在貿然開啟一個話題前，你應該先深入研究數據。例如，與其說：「我聽說，中學的孩子對電子菸的使用太猖獗廣泛了，完全不受控制。太可怕了！」你應該採用事實來表述，而不是情緒。「我看到一個數據，中學裡嘗試使用電子菸的孩子人數已增加到四八％，這對你而言準確嗎？」

依據以上原則，當你的孩子上了中學之後，就該拋開模糊的大方向，當你對他們解釋身體及其一切相關功能時，包括青春期及健康性行為等各面向。如果只是為了減緩尷尬，言行保守而完全不談性或身體構造，最好的情況是毫無幫助，而最壞的情況就是讓孩子身陷危險。此外，當你的孩子認為你不是可靠的知識來源時，他們就不會再向你尋求協助了，而是Google。

4 避免用絕對的字眼

相對於模糊不明，有時家長們以絕對性來傳達觀念的重要性，把話說死而沒有彈性的空間。當我們熱切地想被認真對待時，我們就傾向用這種方式表達，而這種絕對性的陳述常常令人聽來絕望。「你從來都不聽我說話！」是一種冒犯性的指控，即便是為了傳達「我需要有人聽到我的聲音」。文字如**每個人**、**只有**、**全然地**、**完全是**、**總是**，以及從不有可能造成傷害，因為這些文字往往不正確。當孩子覺得你誇大其詞時，他們就不會相信在對話之中能被公正地對待。對話結束。

5 避免迂迴表達你的需求

很多時候，我們以暗示來表示我們的需求，並非明確地提出。也許，我們覺得無權滿足自身的需求，或者大人沒有教導我們要為自己辯護。又或許，以一些方式直接要求想要的東西，是不禮貌或自私的。參考以下各語句：「你把空閒時間都留給朋友，都不花時間與家人相處。」你想說的重點是什麼？你期待這句話帶來什麼結果？再次提醒，不要讓這種對話開放各種詮釋角度。與其提出一項指控，不如提出你想要什麼。「我們這星期能花些時間相處嗎？我好想你！如果你星期六有空閒時間，我很樂意和你一起在室外玩球，或者是做其他有趣的事。」

6 不要威脅

面對一個不合作的孩子，絕望的家長提出嚇唬人的威脅，這種情境你親眼看過幾次了？「如果你不乖乖的，我就收拾好所有東西，我們立即離開游泳池！」家長期望的是讓這威脅盡可能產生戲劇變化，孩子就會好好表現，而且迅速改善！同時，正在偷聽的你用常識判斷也猜得到，要一下收好保冰袋、沙灘包、毛巾以及游泳泡棉棒（foam noodles），同時將一個濕答答、不受控制的野孩子帶離這些好玩事物，看來這件事永遠不會發生了。

那個孩子也明白。那些嚇唬人的空洞威脅只教會孩子如何不斷突破極限，並忽略事情的後果。空洞威脅雖然讓我感到煩厭，但我也不喜歡真槍實彈的實質威脅，因為威脅充滿敵意、憤怒及報復性。另一方面來說，明確地說明後果，也只是陳述事實。也許這比較關乎個人風格，但我一直認為毫不遲疑的停頓，加上嚴正的輕聲細語，遠比你大聲喊叫有效多了。（小聲耳語）「聽我說。我已要求你不要搗亂了，但你沒有停止。如果你再踢你弟弟的話，接下來的三十分鐘你就要和我並肩坐在這個椅子上，當我閱讀我的書時，你什麼事都不能做。」這威脅一點也不空洞，家長不會覺得自己被懲罰，甚至不必動怒。這說有多嚴肅就有多嚴肅。

談論威脅這件事，我就要提到一個特定的威脅，讓我感到格外憂心，有家長和我說他們無計可施時會用這一招：醫學治療上的威脅。「如果你不停止這種行為，我就必須帶你去看治療師！」這種威脅療法，與每年進行一次身體檢查以、看牙醫作為對孩子的威脅，並沒有什麼不同。將任何醫療照護作為一種懲罰，是非常危險的。

7 避免被動攻擊

這一向是我個人的致命弱點。如果你也像我一樣，有時會覺得未受到充分賞識而掙扎，在心靈虛弱之時，你會發現自己說出被動的攻擊性言論（passive-aggressive）。當我能夠冷靜地思考時，我才發現自己有受害者般的舉止，我猜自己想迫使他人成為我的幫手（天呀，這也太不文明了）。但是，自我察覺不就是一件令人驚奇的事嗎？對我而言，感謝之意很重要，當我察覺到親人不珍惜我的用心時，有時我會下意識地表現得受傷而讓他們感到內疚，接著就會因心軟而珍惜我。這是一種可怕的本能，而我也已學會不沉迷於此。對於我所需要的事物，現在的我傾向開口要求，而不是試著刻意安排情境，這只會讓關心我的人們感到困惑並和我疏遠。

身為家長們，請巧妙地避免以下幾個常見的被動攻擊性言論：

「開心一點啊。」

這句或任何類似這句話的其他版本，這暗示某人開不起玩笑。如果這是一個帶著良善意圖、不傷大雅的笑話，人們就會大笑。如果不是如此，開玩笑的人就有責任糾正作法，而不是要聽者不要如此敏感。

「好喔。」

如同「好喔，做你想做的事吧」或「不，我很好」，這些聽起來都不太好。人們沒有必要猜測你的感受。如果你不習慣談論自己的感覺，你可以說：「我不太確定我現在的感受，我需要一些時間來思考。」想要更誠實面對自己的感受，你也可以開始以寫日記、寫在手機記事本上的方式來探索並追蹤自己的真實反應。

「不要反應過度。」

因為對方有情緒反應，就讓他覺得自己失控或因此內疚，這是不公平的。的確，若以成人的情緒來衡量，青春期孩子有時會過度反應。不過，如果你以青春期孩子的情緒量表來看，就可能不是反應過度。情緒反應是很私人的。如果你不想放任青春期孩子的情感反應，你或許就可以說：「你聽起來很沮喪，我想這感覺不太舒服。當我有這種感覺時，我也覺得很討厭。我建議你花二十分鐘時間（寫日記、哭泣、跑步、洗澡、獨處）然後再下樓來，到時我會準備好一杯熱茶及一對傾聽的耳朵。」

「隨便你。」

警告你一下，青春期的孩子只看字面上的意義。若不明確說出你的意思，就準備被孩子驚嚇吧！有一次，我沒有嚴守門禁規定，我的爸媽因而感到沮喪，他們高舉雙手並大聲地說：「好吧，妳自己決定，妳自行決定幾點才是回家的合理時間。」他們以為我一定會很高興，覺得被當成一個成年人對待，我一定就會糾正自己的行為了。你知道這個故事的結局吧？隔週的星期六，我凌晨二點才回家，接著就被禁足了。

「你一定是搞錯我的重點了。」

我把這句放在最後，因為它害我烤焦了餅乾。偶爾，無論是談政治或育兒的網站討論對話中，我都會看到這一句，但和我一同諮商的孩子們也會告訴我，他們有些老師也會表達類似觀點：「這件事我已經解釋過了，我不重複了。」這些類似的評論，都是假設自己早已清楚闡明了自身觀點，是聽眾沒有認真地關注，又或是不夠聰明才不理解。但問題是，我們每個人處理或理解訊息的方式不盡相同。當你認為這件事看起來清楚易懂，對他人來說卻可能曖昧不明，即便你解釋得再好。你的解釋儘管準確，但可能無法引起對方的共鳴。

如果你的目標是提高理解力，那麼在解釋基本原理時就應該努力保持彈性。我們都有過這種痛苦經驗，打電話給客戶服務部，聽著對方讀著既有的劇本來「解釋」完全不合常理的事，但客服人員還是不斷重複同樣的台詞。

8 不要害怕設下界限

一般而言，我希望你抱持著開放態度來進入這些對話主題，看看能為你帶來什麼改變。話雖如此，有時候你的言論還未到可以進行辯證的時機。不是每一種情況，都需要你針對動機、情況以及結果來進行認真的探索。有時候，你說的話要像安全門一樣運作。當你與孩子的對話目的是支持他做出更好的決策時，請使用 BRIEF 對話模式。但是，當你需要快速對話來表述明確界線、期望及後果，請不要使用 BRIEF 對話模式。當你的孩子在情緒層面或身體上身處危險時，現在就請你當那道安全門。如果情況是這樣，一開始就讓孩子預知即將要發生的事。「現在的對話，無關於我們要探討的話題，但我希望之後經過我進一步的思考後，能與你一起討論。現在，我需要的是說明一些訊息，控制損害的程度，讓事情不再惡化並確保你的安全。」

9 避免為了證明自己而落入陷阱

青春期少年喜歡延長某些對話過程，只為了辯論的刺激感。在十一歲左右，孩子的大腦有了轉變，從原先只以具體方式進行思考，變成開始接受假設。這讓中學生成為天生的辯論者，儘管他們的辯證有點糟糕。當你的孩子不同意你的意見時，他們傾向於：A先下一個不合邏輯的結論，然後再加入大量的不當證據來支持他們的決定，或者B進行攻擊，試圖讓你為自己的立場進行辯護。當你站不住腳時，他們就會順勢推你一把，讓你一步一步退到角落。

為了讓青春期孩子不要再對你糾纏不休，你可能會不斷嘗試要尋求那個「證明」，好讓他們相信你的觀點。面對這些戰術，你不要上當。你不必試圖證明晚上九點其實是合理就寢時間，你只需要簡單地說：「我知道你很沮喪，而且希望就寢時間有所變動。我很抱歉讓你不開心，但我們之後才會調整就寢時間。如果我能做些什麼讓你的睡前時光更加愉快，請告訴我。」就此結案。

10 避免讓自己成為故事的中心

眾所周知，國中生以自我為中心，但這是有充分的理由。年輕人尋求獨立（現在提醒自己正是時候，這是目標！）的關鍵步驟之一，就是釐清與雙親分開的自己到底是誰。家長越是想成為孩子人生故事的重心，青春期孩子就越是使力脫離。孩子在中學時會開始向外發展，你的本能是拉近和他們的距離（確保他們的安全！讓他們重視家人！），但有助於孩子安全成長並保有聯繫的最佳方法，是為他們提供探索的空間，以及一個能返回的安全之處。

在孩子的故事中，當你要優先安插自己成為其中的角色時，對他們而言過於刻意而不自然。例如，如果孩子向你表示，學校有人對他態度惡劣時，而你回答「喔，有人傷害到你，這也會同時傷害到我」或「你傷心時我也會傷心」時，你已將自己當成了共同主演的角色。你的目的是表現出同理心，但孩子們並不樂見家長出現在他們的社交情境中。你可以說「這聽起來太令人不開心了，有什麼我能幫忙的嗎？」光是傾聽，就已是表達支持的絕佳方式。

11 避免使用誇張的語句

誇飾法是一種放大的言語或是誇大其詞，就和預防腺鼠疫（the bubonic plague）一樣至關重要。當家長們希望讓自己說的話特別有重量時，誇飾法就會悄悄地進入對話中。但很不幸的是，誇飾法只會帶來反效果，讓情況看起來更不可信。通常，當家長將自己與孩子的童年進行比較時，那通常就採用誇飾法。我們都很熟悉這種說法，我們的祖父母必須在大雪之中爬山上學去，對吧？現代的對等標準是：「好吧，我在沒有社群媒體的情況下長大，並且也以某種方式生存下來了，而你也可以。」針對社群媒體，如果你認真地認著討論什麼可以做、什麼不能做，那麼你等同為對話劃上句點了。當然，孩子也可以像他們的家長一樣，在沒有社群媒體的情況下生存。然而，若真的只談生存這件事，對於親子教養而言門檻也真的太低了。

有時，家長會說出這種話，看似能為現下狀況帶來幽默感或趣味，儘管我認為這是一項較為寬容的定義。就本質而言，我認為這種評論是表面的挖苦。在上面的示例中，某種方式這個詞聽來像是指孩子不夠聰明，無法意識到在無社群媒體的前提，人們仍可以生存。它輕忽了孩子想要適應、想要快樂，並及與同儕交流的真實感覺。你可能不同意社群媒體在這方面的助益，但對孩子來說，他們的感受仍是真確存在的。最後，對於超出孩子控制範圍的事（無論是雙親當時的童年，或是 Instagram 發明的時機），若要將過錯推到孩子身上，整件事情又要歸咎於自我中心的問題：「為什麼你會需要我沒有的東西？」。當心，誇大其詞只會讓情況適得其反。

12 不要窮追不捨

什麼事情比較重要？得到最終的結論、澄清並確立你的觀點，還是保留對話空間，之後若任何一方有疑問、有進一步思考時，樂於再次回到討論之中？我們都明白，面對過度解釋事物的那種人，我們只會堅定地對自己發誓再也不問他們任何問題。若你堅持要當那個立下最終定論的人，同樣也疏遠了你期待他們聆聽的人們！如果你要說的只剩一件事，你能試著採用這個方法：「我覺得，關於該主題，我們都再想到更多能談的事。我們何不休息一下，享受一下放鬆時光，然後過幾天再回來談呢？」然後，將想法記下來，這樣就不會忘記了。

需要學習吸收的事情太多了，所以別期待自己能立即地順暢對話。學習一種新語言的確本來就會令人笨拙且不自在，更別提一開始就要與以其為母語的人交流，這當然會讓人感到迷失。你一定會到達終點，但需要時間及練習。當你試著說青少年的語言時，請別讓自己沉溺於未成功的對話中。總會有些時候在嘗試了之後，卻無法立即見效，那就繼續嘗試。最終，你會突然發現自己能一塊輕鬆對話了。

第二部

十四個重要對話

PART 4

我們來聊聊親子關係

進行正向對話的基礎，是贏得信任及建立融洽關係。在本單元中，你將學習如何讓青春期孩子建立好奇心而不是讓孩子有過度索求的風險，如何確保自己適度地分享過往人生經驗而又不過度分享、讓你的青春期孩子知明白你的角度，並知道該如何小心地引導孩子對事物抱持更開放的心態。

還記得你的孩子什麼時候爬到你膝上時，用他胖胖的小手中捧著你的臉頰並好奇地注視著你的雙眼嗎？這不是要叫你十二歲的孩子這樣做（這樣也太怪異了吧），但你可能正在尋求至少得到一個點頭致意，像孩子年幼時那般純潔又溫柔的聯繫。這一路上，你是如何從那個到達這裡的？而現在，你的笑聲會讓孩子聽聞時畏縮，又或者當你將手輕靠在他們肩膀時，他們的反應像是被化學藥劑燒傷一樣？在這個緊張且紛亂的時代，你如何進行有意義的對話？

這並不容易，但並非完全辦不到。你與青春期孩子的互動只要透過一些微小的調整，就能改變你們的關係，同時兼顧他們對獨立性的需求以及你對親密關係的渴求。

第一項也同時是首要的任務，就是進行Paer2內容所說的調整，從經理轉移至副理的位置（請參考三十四頁）。我怎麼強調都不為過的是，這項改變將會改變你的互動模式。

第二，現在正是時候，在孩子面前重新自我介紹了。你是一個有血有淚的人，除了當他們的家長之餘，你也擁有自己的興趣和才能，你可以利用這些興趣及才能在你們之間建立一種新聯繫。在你後續深入閱讀這本書並進行一些更豐富的實質對話之前，本章將為提供一些啟動對話的方法，幫助你先建立友好的融洽關係。

我不是要建議你別採用家長的姿態教養，並開始與孩子當朋友，而是建議你對自己的人際關係保有開放態度，這能讓你以更加成熟的方式瞭解彼此。你可以思考的方向之一，是師生關係如何隨著時間進展改變。幼兒園老師與學生的關係，與高中老師與學生的關係有極大的不同。兩種情況中，老師都不應該成為學生最好的朋友，但關係邊界的彈性確實也放寬許多。與年紀較長的學生一起做事，讓老師有機會分享更多個人的興趣、幽默感，人性，甚至是缺點。如此一來，他們為學生創造一個可以展現脆弱的空間，而這種空間就會產生最有效的學習。

不斷發展進化的家庭民主

你們之中有些家長讓那套法國式教養蕩然無存：你的孩子長大後聽的是大衛．鮑伊和披頭四的音樂，與你一起用餐時吃著美味的咖哩飯及辣味鮪魚壽司捲，有禮貌地聽你與你的朋友談論時事，然後無縫接軌地參與你原有的興趣。大多數的我們在生孩子之前，對這般生活模式有相當的忠誠，但一路走來，我們最終還是同意被劫持為人質。通常是從這樣的一個晚上開始：你終於有機會品嚐試那家朋友們都熱愛的新餐廳，在你向店員報上名字後，你的孩子花了二十九分鐘抱怨三十分鐘的等待時間，接著拒絕吃東西，因為在他們那盤二十美元的起士通心粉**上面撒有麵包粉**。當下你意識到，現在開始你得要默默地迎合他們的需求，將自己的需要擱置一旁，這樣就不會如此痛苦了。直到有一天，送孩子們去上學的幾小時後，你突然發現自己正開著休旅車四處行駛，車裡滿是小金魚香脆餅的餅乾屑，而你哼著反覆播放的基茲．博普兒童樂團（Kidz Bop）[1]歌曲。

到了他們上中學時，專制的時代必須結束了。從今天開始，你們一家即將步入民主之路。你會發現，這將有兩個意想不到的好處：首先，你的青春期孩子將學會以相互尊重來和他人相處、成為有禮的好客人，並擁抱更多不同的人生經歷。第二，當你的青春期孩子意識到他們不是你世界的中心時，他們不會感到憤怒或憤慨不平，而是覺得**鬆了一口氣**。當青少年如釋重負時，他們會開始對你敞開心胸。我來進一步解釋說明。

孩子們希望你對他們感到好奇，而非依賴

蘭妮是中學夏季領導營中的其中一位女孩，她向我坦承，她認為學校裡大多數的孩子都不喜歡她。我們談論了她與同儕的相處經驗，以及他們的互動為何會讓她覺得自己像個失敗者。過去一年之中，她在學校時總是感到迷茫和孤獨。當我問蘭妮是否考慮請家長讓她轉學至另一所學校，而她坦承自己不曾向他們提及這件事。我問她原因，她說：「我媽媽會很傷心，她會哭得很厲害。我不想讓她這麼難過。」透過更多的對話，我瞭解到，蘭妮的媽媽就是她最大的粉絲，她自己沒什麼朋友，而婚姻以失敗告終，她迫切的需要，不僅有確保蘭妮被她寵愛，二來利用蘭妮來實現自己的幸福。至少蘭妮自己看待此事的觀點是這樣，但這就是重點了。

你的青春期孩子只希望你是一位獨立而自足的人，擁有可以讓你忙碌且充實的愛好、興趣及朋友。當他們知道這一點時，他們就明白自己可以與你分享生活中發生的事，不必擔心除了自己之外，還要額外承擔你帶來的情緒反應。在動蕩的這幾年中，孩子若確知你夠強大，足以應付他們發生的一切而不被擊倒，就會給予他們強烈的安全感。面對每個孩子青春期初期的起起伏伏，如果你都要全力投入情感，最終也只會精疲力盡，這都是可想而知的。

最重要就是那一些小事

最有意義的對話，結尾不一定總是一個重大的頓悟，或傳道解惑的時刻。另外，也很重要的一點是，提出一個要點後就停頓休息，激發彼此初步的好奇心、輕鬆閒聊，這就是最好的動機。要拉近距離，通常是從日常生活的小事分享開始，或和孩子聊他們可能不知道的過往小事。在親子共處的時間之外，你一天中最美好的時光是什麼？你對哪首歌有最深刻的回憶？對你有最大的影響是哪本書？瞭解你自己的缺點和弱點，也能讓你的青春期孩子受益。你有哪些缺點？讓你焦慮的是什麼事？上一次感到害怕是什麼時候？我會如此建議，不是因為與孩子分享更多關於自己的訊息，可以讓自己看起來更酷或是讓你和孩子相處更有樂趣，儘管這兩件事都同時有令人愉悅的副作用。

你的孩子已準備好進一步全盤瞭解你是怎樣的人，藉著這種方式發展你們關係的同時，你也確立自己是他可以信任且仰賴的人，特別是接下來更加複雜的青少年時期。

這種聯繫的真正意義就在此。

小心，別過度分享

也許你已準備好要打開心扉進行更多的成人對話，但你猶豫不決，因為你目前還不清楚在這個遊戲階段做什麼才恰當。你要如何知道分享變成**過度**分享？我想起幼兒園老師的一種技巧，用來減少不計其數的小報告：他們向孩子們解釋如何區分打小報告（tattling）和通報（telling）：「如果你跟老師說，只是為了想找別人麻煩，這是打小報告。如果你跟老師說，是為了防止某人受傷，那就是通報。」通報是有幫助的，而打小報告則不會。要與青春期孩子建立進一步的親密關係時，你可以用類似方式來檢查動機。如果你的分享是為建立聯繫或是提供孩子中立、醫學上的參考，幫助他們就自身的選擇做出更明智決定，請你繼續。如果你想以情感來影響青春期孩子的決定（例如，讓孩子留下深刻印象、驚嚇或是操控孩子），請降低強度。關於你什麼時候不該分享，以下清單有進一步檢視方法：

不要為了恐嚇而分享

「上高中時，我有一次喝太多酒，自己醉倒了，還在別人家的門廊上醒來，所以我藉由這經驗中告訴你，你必須要小心，別犯下和我一樣的錯誤。」使用這種方法的家長們迫切希望孩子守規矩，因為他們從個人經驗得知錯誤判斷可能帶來創傷。但這麼想就錯了，你以為孩子知道家長曾做出錯誤選擇，他們更能為自己做出妥當的選擇，但實際上無太大效果，甚至適得其反。對於你的錯誤，你家的青少年可能不予重視，並根據他們收集與你相關的所有證據來進行評估。「是呀，但這也沒什麼大不了的，你的人生也沒有因此毀掉或什麼的。」此外，青少年不認為自己像家長一樣。聆聽你的故事時，他們比較傾向於認定：「那種事永遠都不會發生在我身上，因為我和你有極大的差異。」

不要為了留下深刻印象而分享

「有一次，我和朋友們在樹林裡舉行了一場盛大的聚會，警察來了，我被禁足了一星期！」你看，我就和你一樣！我不僅僅只是一位關心稅務的會計師。我以前也很酷，也許藉由這個故事，你也發現我現在還是蠻酷的！家長們會分享類似的事情，像是像著要想辦法混進一個私人的撲克牌賽局。你無需如此費勁地證明自己，就為了開啟難以啟齒的對話，說明自己也曾趁著大人不注意時，做一些青少年會做的事。

不要為了操控利用而分享

「你想知道我為什麼對你父親如此生氣嗎？你怎麼不問他做了什麼事，破壞了我的信任？他並不是你認為的那種聖人。」絕對不要分享自己的私事，別為了讓自己感覺良好就讓別人難堪。這對你不會加分，而是顯得心胸狹窄。

不要分享過多關於你私密的個人過往

健康知識網站 Girlology.com 共同創辦人梅麗莎・福爾摩斯（Melisa Holmes）博士及崔喜・哈奇森（Trish Hutchison）告訴家長們，孩子無需瞭解家長的性經歷，也能自己的親密關係做出明智的決定。孩子可能會問：「初次＿＿時，**你**是幾歲？」福爾摩斯和哈奇森一致認定最好的回應為：「我的責任是幫助你為自己做出最佳決定，而你的決定不應該被任何人的選擇而影響。」我同意，根據我的判斷，相對於釐清各項選擇，分享個人經驗更容易擾亂孩子的思維。

所以……我應該分享什麼？

分享關於危險行為的事實真相

若是要保護孩子的安全，關於你個人的過往軼事沒有太大用處。把這些事保留著，待他們成年時再說。數據、研究以及醫療建議都是很棒的來源。當你的青春期孩子準備升上六年級時，你必須準備好成為一本可靠的百科全書，概括所有主題的臨床資訊。別擔心，你不必一切都懂，但是你要樂於尋求答案並在得到解答時回報。

分享個人情感上的困難經歷

在孩子想聽的時候，分享你個人情感上的困難經歷你怎麼知道他們何時準備好了？就是直接問。當你的孩子因崩壞的友情掙扎痛苦，請詢問他：「如果我和你分享我以前的類似經驗，對你有幫助嗎？」

分享決策

考量人們做出正確決策的種種方法，並幫助你的孩子在多種方法之中尋得自己最喜歡的那些，例如：製作列有優缺點的清單、徵求回饋、祈禱／冥想／安靜反思、研究、視覺化、以日記記錄，甚至是擲硬幣。分享過程，而非決定。

分享你的感受

讓你的青春期孩子知道你當下經歷的感覺（而不是分享你對於他們個人經歷的感受）會很有幫助。對於即將到來的家庭聚會，你是否感到很有壓力？對政治問題感到擔憂？對同事感到嫉妒？孩子雖不是你的至交，但你也不必對他們隱藏你那些複雜情緒。當他們觀察你如何於情感生活的範疇內確立方向，瞭解什麼方法讓你有效應對消極情緒並擁抱正面情緒，這對他們受益匪淺。

分享你的價值觀

年輕的青少年質疑家長的價值觀，這並非少見的狀況。你為此付出越多努力，他們越是會反抗。但是，如果你能分享個人的價值觀之於你重要的原因，而不投射這種重要性在他們身上的話，那你就有較大勝算讓他們慎重考慮，並讓他們尊重你的種種信念。「我知道大多數人都不再寫感謝卡了，但是我相信感激是得到幸福的關鍵，而我希望我做這件事能表達自己多麼感謝對他人的善意。」

你的回憶

儘管我並不鼓勵你分享自己青春期那些不修邊幅或胡鬧的細節，但我確實認為分享青春期的戀愛關係、冒險以及經歷的相關故事，是一種產生聯繫的絕佳方式。辨別出哪些是適當分享的回憶後，要分享什麼實用的經驗法則？你知道的，人們總是不斷和孩子們說，「你不希望祖母或老師看到的東西，就不要在發布在網路上了」。同樣地，我也建議家長們，你不想與新同事或新朋友分享的私人故事，也不要與青少年分享。

分享日常的大小事

藉由瞭解他人不知道，卻只有彼此之間明白的那些小事，這不就是成就親密感的方法嗎？不必煩惱是否要交待你每分每秒的生活劇本，只需選擇少許個人時刻來與彼此分享。你在上班途中注意到了什麼？開啟 Podcast 時是否聽見一件趣聞？你午餐吃了什麼？少即是多，你的家人無法參與你的一整天，但邀請他們瞭解你部分的日常很關鍵，無論這些事乍看之下多麼無趣或無關緊要。

當我上船後，我的孩子卻跳船了

現在，讀者們之中一定有許多人認為我像是對著唱詩班傳道。你很樂意與你的青春期孩子聊天，但是你得到的回應往往只有「好」、「好吧」以及「講完了嗎？」我知道我前面說過了，但我還是要再說一遍：這將是一場漫長的比賽。

要表現得心態開放、樂於接納事物是一門藝術，但又不能顯得刻意強求。練習次數越多，你就越能說服你的孩子你是個可從容相處的人，能輕鬆地和你談論一些小事——之後，也能與你談論大事。在某些情況下，從長計議需要耗時**許多年**。如果你的孩子無法立即接受，也請不要過度緊張。維持航向並堅持到底。一致性是贏得信任的關鍵。

在每一個單元中，我將向你概述主題，然後提供一或兩個例子，以示範如何與青少年就該主題進行對話。藉著這裡的內容，我們將為接下來的所有對話打下基礎，因此接下來的例句對話都會有些不同。在此，「BRIEF」對話模式首字字母的意思（brief，「簡短易懂」之意）就更加貼切了。當你證明自己能快速開啟並結束對話時，不僅可減輕孩子的壓力，他們更願意開誠布公。我們這就來看看，你該如何與青春期孩子建立不斷進展的親子關係。

BEGIN：平和地開啟對話

家長：嘿，我想告訴你我今天讀的一些東西，能和你聊兩分鐘嗎？

孩子：好。

家長：太好了！我正在閱讀的是那本關於家長和青春期孩子的書。

孩子：好。【警告：即將翻白眼】

RELATE：與孩子產生「聯繫」

家長：我知道這不是一本你會感興趣的書，但這本書讓我有一些想法，接下來會讓你的生活更加輕鬆，這樣聽起來是否更有趣了呢？

孩子：這本書有叫你買新手機給我嗎？

家長：哈！不……事情不是這樣的。我還沒讀完這本書呢！

INTERVIEW：訊問以收集資料

【我常說，關鍵是彈性，針對這個簡短談話，我認為你不必提問。跳過這步。】

ECHO：回應對方

【既然你已跳過了訊問，就不需要回應了。這個例子太簡短了，其實算不上 BRIEF，而是少了 I、E 的 BRF。】

FEEDBACK：提供回饋

家長：嗯，我剛讀到一件有趣的事，從你這個年紀開始，我們的關係將會開始有些轉變。你正在逐漸成為一個成年人，所以我們的談話將不再只是關於我告訴你該怎麼做，而是一塊討論更多關於你的選擇。我的責任是傾聽，並幫助你做出最有利於你健康及幸福的決定。你的責任是和我談論你正在面臨的事情，而我可以支持你。這聽起來如何？該減少的是我告訴你該怎麼做，要做更多的是我們一起討論這些決策。

孩子：好的，交換條件是什麼？

家長：知道要問這點，你也太機靈了。沒有交換條件，但要有一個重要的區分方式。若是涉及到你當下的安全時，負責的人仍是我。我必須確保你不會犯下讓你身處永久危險的錯誤。但是，若是關於其他需要解決之事，無論是朋友、學校作業或是介於兩者之間的一切，我就會像是你的後援人員……你的副理。我知道，你有時會做了讓你驕傲的選擇，有時候也會做出令你後悔的決定。這很正常。重點不在於做出完美的選擇，而是學著做出自己覺得最好的選擇，我會一旁協助你思考這一切。有事請隨時告知我，以便我能以任何你需要的方式提供幫助。基本上大概就是這樣了。我希望分享這件事，彼此就能有共識。我現在要去忙一些事，但如果你想出去玩或去目標百貨（Target）之類的，我三十分鐘後有空。

運氣好的話，你的青春期孩子會想進一步聊聊你讀過的東西、有什麼預期發生的事等，但他們很有可能先認真考慮一下。上述例子是進行未來對話前的絕佳方案，當你以恭維的方式來表達你的期許，孩子們就會想達到你期許的水平。「哇，你是個年輕的大人了，現在我們可以用成熟方式來交談」的說法，相較於「如果你想被當成一個大人，你和我說話的方式就要開始像個大人一樣」更能鼓舞人心。

與孩子開啟各種趣事主題的對話方法

你做的微觀管理越少（如待辦事項清單、監督功課截止日期、安排他與朋友的社交活動），就越能騰出更多空間來發展你與青春期孩子的關係。對孩子需要做的事減少介入，但對於孩子的想法增加好奇心，不要只是提出日常任務的要求，你也可以分享更多關於自己的事。這是讓孩子自然而然對你產生興趣的方法，而不是只將你視為嚴厲的工頭。

\# \# \#

以下是問題／對話的提示清單，你可以用來與孩子進行輕鬆有趣又簡短的聊天。這些問題會於書末附錄重複（請參考四百二十頁），你可以撕下提示清單，將這個頁面放於你和孩子之間，這就是開啟對話的第一道菜。雖然這些問題之中，大部分是以你來詢問孩子，但這些設定也能讓他們主動提問。有一些問題也能雙向發問：你或你的孩子可以彼此提問。

除了部分問題只是為了增加樂趣（「這就是閒聊」），我還加入一些關於個人喜好的部分。當你的孩子還小時，你或許能用熊抱或笑鬧方式來終結他們的崩潰，但現在你若嘗試其中一個方法，你很有可能讓孩子陷入極度憤怒或尷尬的境界。當你準備好面對不斷改變的親子互動時，在他們的青春期重新理解對他們的偏好，要處理衝突、情緒、期望及其他潛在情緒劇變的來源，將有極大幫助。

如果孩子只是不習慣你嘗試以這種方式與他們產生聯繫，他們可能會表示「這很愚蠢」或只是沉默以對。如果這種情況發生了，請不要擔心。只要說一些較不帶壓力的話，像是「是的，現在狀況不一樣，對吧？我只是想要聽聽你的意見。如果你又有想到什麼事，我就在這裡。」然後，就去做你想做的事。運氣好的話，一旦他們放下震驚及懷疑的情緒，你就會得到更理想的回覆。

開啟親子聊天模式

家長對孩子：

 # 考量我們居住的地方，你認為你的第一份工作會是什麼？

 # 如果你要帶一個新生參觀你的學校，學校哪個區域會讓他留下深刻印象，你又會跳過哪個區域？

 # 你的朋友喜歡來我們家的原因什麼？你喜歡去他們家又是基於什麼原因？

 # 在學校午餐時揚聲器大聲響起，大多數的孩子會為哪一首歌而興奮激動？

孩子對家長：

＃你的第一份工作是什麼？你最糟糕的一份工作是什麼？

＃你高中時成績最好的科目是什麼？和／或你的大學主修科系是什麼？你為什麼選擇這個科系？

＃在我出生之前，你做過什麼很酷的事？

＃你的家長應該可以做得更好的事是什麼？他們做得很好的是哪些事？

家長對孩子、孩子對家長：

＃如果你可以和家人之外的任何人共度時光，那個人會是誰？

＃什麼東西能讓你笑，但可能不應該笑？

＃能讓你大笑，但可能不太應該笑的事情，會是什麼？

＃你希望你的朋友們能多為你做些什麼事情？

＃如果明天就突然是一個沒有任何職責的自由日，你會做些什麼事？

＃你最不喜歡做的一件家事是什麼？

＃你最近在電視上或書中看到最可怕的事是什麼？

＃我們的家中有什麼事情，可能是只有你知道的？

＃如果你可以重新設計我們的城鎮，你會改變的一件事是什麼？

＃人們都說你長得像哪一位名人？

＃如果你贏得了一場比賽並可以見到一位神秘名人，你會希望是誰？你最不希望是誰？

＃回想一下，除了家人之外那些你時常共處的那些人。如果你可以選擇一個人，讓自己和這個人更相像，這個人會是誰？為什麼？

個人喜好選項

＃當好事發生在你身上時，你喜歡得到許多關注還是少一些關注？這是否會因為發生的地點而有所不同？（例如，在公共場所或是在家中。）

＃當你覺得難過的時候，你希望我不時關心你還是讓你一個人靜靜？

＃當你度過了不順利的一天後，我能做些什麼讓你的心情更好一些？

＃當我欣賞你所做的事情時，你希望我如何表達？擁抱、擊掌、正面的文字訊息、面對面的讚美，或是昂貴的禮物及奢華的度假旅程？

＃當我想誇耀你的時候，我能對什麼人說？只有家人、特定的幾位朋友，還是社交媒體上的全世界？

＃當我們發生爭執時，你想要當下說清楚還是事後再討論？事後再討論是多久之後？

＃當我需要你幫我做某件事時，你希望我直接告訴你還是寫下字條給你？

＃當我們需要談論一個問題時，你希望地點是你的房間、我的房間、在車子裡，還是在其他地方？

＃當你有朋友來家裡玩的時候，你希望我和他們聊天聊到什麼程度？

對話破局關鍵

「如果你不喜歡我，那很好。這表示我盡了我的責任。」

關於「壞家長」的榮譽徽章，你得要慎重地考慮。良好的養養方式，並不代表你和孩子得要關係惡劣。當然，當你設下限制時，孩子有時一定會覺得你很刻薄。是的，當這種情況發生時，你與其他家長們在大笑之中得以團結，這感覺真好。請注意，你不要默然地接受這種「壞家長」的比喻，會阻礙你與孩子建立正向的關係。不要以刻薄為傲，而是公平且堅定地設定限制，這是一個好式，讓你家的青少年孩子明白未來也能和你一樣，如此對待他們的朋友、老闆，以及另一半。

「最重要的，這件事的教訓是……」

抵抗想要說教的衝動。當你和孩子開始分享更多事情後，你會很想以如何精進自己來回應他們的軼事。最近，我和家人們參加市區一個重大的體育賽事。我們十幾歲的孩子們分別於體育場附近停車，而我和丈夫把車停在他的公司，在五個街區之外。活動結束後，孩子們困在地下室，花了一個半小時等待汽車長龍，又花了半小時等待升降車位。他們感到幽閉恐懼及焦慮。老公為孩子們感到難過，卻也不知道如何幫助他們，在他們感知到危機時期，只能注意下次不再發生這種情況。「在這裡要吸取的教訓，是永遠不要把車停在比賽場地附近，因為之後會很麻煩。」毋庸置疑，我們的孩子在掙扎之中接受教訓，並不滿意。請記住，經驗往往是最好的老師。你需要的只有傾聽和同情。

時間有點急？你的速成課程在此

\# 在青春期的早期，你與孩子的關係應該更加成熟，也會因為你努力打造簡單又自在的對話空間而有所進展，不必總是說教的時刻。邁向相互尊重的路徑，首要關鍵是將愉快對話放在第一位。

\# 如果你向孩子說明預期的親子關係發展，孩子就會更加積極地回應你想建立互動的嘗試。

＃隨著孩子逐漸長大，他們處理情緒、衝突和解決問題的傾向，每隔一段時間都會發生變化。你可以與孩子討論接下來如何處理這些應對傾向。

＃分享很好，但不要過度分享。分享你個人的價值觀、對於自身經歷（但不是他們的經歷）的感受、關於健康話題的客觀事實、有趣的回憶，以及他們從未見過屬於你日常生活中的事。如果目的是為了令孩子留下深刻印象、阻嚇或控制他，請避免分享。如果你將一些青春期的個人故事告訴了孩子，而這些不是你會告訴老闆或新朋友的事，那麼這就表示你過度分享。

＃不要指望在與孩子的新關係中立即得到滿足。你的孩子會逐漸打開心胸，這需要很長一段時間。堅持到底。你投入的時間和耐心將會是值得的。

注釋——

1 Kidz Bop，兒童為主的美國歌唱團體及品牌，由童聲代替原唱歌手演繹流行歌曲來製作為合輯。

PART 5

我們來聊聊獨立

在這個單元中，你將瞭解到獨立不像是我們以為的那樣，至少在開始時，關於變得獨立的計畫周密的對話，包括認識到實踐獨立自主的兩種主要方式，接受錯誤會發生，明白如何為更進一步的獨立設定里程碑，以及（有時）對過多的自由說「不」。

還記得你的孩子剛學走路的時候嗎？他們會頻繁地跌倒、把東西撞倒，大哭、受傷並發出哀鳴——而你還要逗他們開心！現在，面對你的青春期孩子試著離開你身邊的獨立嘗試，如果你也能以相同的熱情面對，甚至在他們拉遠距離時給予支持，並在他們跌倒時低調處理，那在接下來的十年中你就能保有更健全的心智。

但是，我們有時也只想要孩子順從聽話，依照我們的要求按部就班、當我們希望他們待在家裡時就在身邊，因為培養孩子獨立是一件艱難且惱人的差事。在我們的想像之中，我們認為獨立的青少年就該自己洗衣服、兼差打工，當我們不在家時也能自己煮晚餐時。事實上，他們會與你爭論比較可能是因為門禁、因為他用 Netflix 觀看大人的節目、模仿朋友的所作所為，為了擺脫你的批判目光才躲在房間裡。

在最終成熟的獨立之前，當家長以真實角度看待青少年的生活突然出現獨立行為時，他們就能區分什麼是合理又適切發展的獨立性，什麼是不安全的冒險。中學為孩子們開啟充滿潛在危險的新世界，但應對危險的可能，家長的直覺往往是壓制孩子的自主權，但實際上只是縮小他們的世界。

不幸的是，當我們不給孩子們機會來測試他們的獨立性時，我們就剝奪了他們練習的機會——但不斷練習才能邁向成熟。孩子若漸進地接觸更多需要獨立思考及解決問題的活動，就能學會衡量情況的安全性、讀懂人們的意圖、傾聽自己的直覺，甚至學會與自己相處，而不必仰靠他人來得到快樂。比起強行限制，討論為孩子開啟中學這個世界的各種合理方式，更能讓身處青春期的孩子更加安全。

學會接受嘗試也可能會失敗

五年級的時候，我和家人住在波士頓的郊區。有一個星期六，我爸媽宣告我們今天要去市區觀光，並叫我做好準備。基於某種原因，我決定今天是我在沙灘上寫字的日子。我堅決地表明立場自己年紀夠大了，可以一個人待在家。「妳知道我們會出門一整天，對吧？」他們提問。我聽出他們語氣中的疑惑，但這只是讓我的決心更加堅定。我保證我會沒事，並強調在城市裡走來走去，我會有多麼無聊。我發誓，他們不在的時候我不需要任何東西。

然而，在我爸媽出門大約一個小時後，我感受到一陣恐懼。我不記得是否有什麼特別的事讓我開始覺得不對勁，我感到格外地孤寂，晚餐前的那段時光變得不可思議地漫長。

在爸媽出門大約一小時又十分鐘後，我出現在鄰居的前門，淚流滿面，渾身顫抖，聲稱他們不在家時我覺得肚子不舒服，儘管那只是我想找人照顧我的詭計。我和藹的鄰居有四個六歲以下的孩子，他邀請我進門，並讓我和那群小孩玩。當我冷靜下來後，她給我一杯薑汁汽水，讓我的胃緩和一些。我記得，她先是熟練地搖晃薑汁汽水以釋放氣泡，這樣我的胃才不會因碳酸作用被刺激。是的，你永遠不會忘記你進入成年時期的一開始，在鄰居浴室裡面對自己神經質的腹瀉發作，拿著一個三歲孩子的塑膠吸管杯，喝下已無氣泡的薑汁汽水（這裡請下悲傷的長號配樂）。

在那之後，有很長一段時間，我爸媽都不願意再給我獨自一人的機會，因為即使我確定自己準備好了，但我其實還沒有。那天，我確實地感覺到自己的失敗，但回想此事，我也理解我當時必須這麼做，無論是主張自己的獨立性，或是在意識到自己的不自量力而尋求更多幫助。作為一個成年人，我要給小米雪兒一點讚許，並將之視為一種成功，但十二歲的我卻自認失敗。

很難斷定什麼時候該給予更多自由。如成長過程中許多事件，自立不是線性發生的。有一天，你的青春期孩子顯得特別成熟，你相信他們能幫你處理報稅事宜，但隔天，他們又會因為晚餐吃魚，又發了一頓原因不明的脾氣。前進了兩步，卻後退一步。

走向獨立的那條道路上總有許多坑洞。你的責任不是幫助孩子避開坑洞，而是教他們在車子爆胎時如何修理。

兩種獨立

在我的工作之中，我發現當孩子們在小學畢業後，有兩種主張獨立的主要方式：第一，在家中與家人隔離；第二，與家人分開以探索世界。這兩種情形都會讓家長們非常擔心。

在我協助你開始與孩子談論獨立之前，先瞭解隔絕（isolation）與探索（exploration）的概念，這可能對你有所幫助，這樣就能理解什麼是正常及安全的狀態，又或者需要投入更加關注。

透過隔絕而獨立

為什麼青春期的孩子在房間裡花上這麼多時間？為什麼他們不再（自願）參加家人的電影或遊戲之夜？為什麼家庭聚餐變得像是需要終點線的一場計時賽，而孩子總是會起身衝回自己房間？你們曾經很親密，但近來你覺得孩子像是人間蒸發了。

別擔心。不是你的原因，是他們。

青少年需要繭居（cocoon）。一九八〇年代初期，費絲・波普康（Faith Popcorn）創造了這一個術語，她是一位趨勢預言專家，擁有一個奇特又引人注目的姓名[2]（這件事雖無關緊要，但不能不提）。波普康將繭居描述為「當外界變得過於強硬又可怕時，想要留在裡面的衝動」。自從這個字詞加入我們的字典之後，就頻繁用來描述青少年與他們房間的關係。

青少年之所以要繭居，是因為在生活中大多數事物都在面臨變化的時候——無論是他們的身體、大腦、情感、朋友，甚至他們的自我概念（self-concepts）——臥室是他們安全的避風港。在房間裡，他們可以思考任何或一切令人厭煩的事情，或是將這些事擱置一旁，讓忙碌頭腦中的混亂思緒得以休息一下。

多數的孩子非常重視繭居，如果允許，他們會突然重新裝修或重新布置他們的青春期的房間，反映他們全新的自我意識。他們更想要確立此處是他們的空間，絕對不屬於母親或父親。由於經濟能力有限，青少年時期的我無法重新裝修我的房間，所以我就收集舊雜誌上的黑白頁面廣告，覆蓋了搬進來時原有的壁紙，像是一七七五年的殖民主題。這樣的裝潢風格並非是我的首選，但它傳達一個明確的訊息：這是**我的**空間，不是別人的。最終，孩子們總會離開他們的厚繭，帶著更堅固的自我意識。過程看來像是孩子無意識地與家長隔絕，但對孩子而言是安全的成長空間。

繭居過程進展順利時，孩子們在家中會安全地感受到獨立和自主感。不順利時，孩子們會變得過於自我放縱，忘記他們仍然是家庭的成員之一、他們仍然必須做家事、和他人進行愉快的交談，而且必於自身需求與群體利益之間取得平衡。當你與青春期孩子談論繭居的習慣時，記住並非所有的孤立行為都是負面的。在他們的需求與家庭的需求之間達成和解。你將在這個單元的後方看到這點。

透過探索而獨立

相較於在家隔絕，有時青春期孩子會想透過冒險，進入沒有你的世界來主張他們的獨立性。然而，由於我們頻繁地接觸新聞，這些新聞對我們聲明每個孩子似乎都面臨著槍支、毒品和性交易的致命危險，因此家長有了限制自由的反應。蘭諾・史坎納茲（Lenore Skenazy）[3]寫下一本不可思議的好書，關於這種鎮壓現象的危險：**自由放養的孩子**。對於讓孩子探索你的社區、城鎮或城市，如果你會感到緊張，我強烈建議你閱讀這本書。

在中學時探索世界，可能看來都像是無家長監督下進行以下事物：和朋友一起去百貨商場、去溜冰場或彈跳床樂園和同學見面、騎腳踏車去加油站買巧克力棒、乘坐公共交通工具，或搭別人的車在電影院或小店下車吃午餐。以上這些都是在中學時相當典型的探索。

在這些情境之中，青春期孩子會有三種學習行為：

1 學習如何安全地判斷交通事宜、陌生人和公共場所。

2 學習維護自己的權益，藉由尋求指導或幫助（例如，「這要怎麼處理？自動投幣機壞了，但我已經投幣了。」），或是自己點餐、思考小費怎麼給，或者是避免讓那些不喜歡孩子們又四處閒晃的暴躁人士對他們大吼大叫。

3 學習如何為自己思考、主動思考，並試著慢慢接受自己思維上的發聲。如果他們所聽見的全是大人叫他們該怎麼做的聲音，這點就要讓青少年慢慢聆聽自己可能還不熟悉的內在聲音。

當探索過程順利進行時，孩子們對自己克服障礙、解決問題的能力就會有信心。讓孩子有機會獲得這種信心，其實就會讓他們更安全，因為如果有人鎖定你的孩子，無論是控制欲強大的朋友、學校裡的小惡霸、百貨碰到更大一點的青少年，還是懷有惡意的陌生人，你都會希望孩子自信又聰明大聲為自己發聲，有必要就更拉高音量，並尋求幫助。任何層面上，做壞事的人們都不喜歡有觀眾的注目。

當探索過程出差錯時，各種問題都有可能發生。就像我一樣，當我爸媽將我單獨留在家中時，孩子們的要求可能已超出他們的承受能力。類似的經歷可能會造成孩子情緒低落，但不太可能產生長期的影響（但有一天要寫書時可能就派得上用場了）。我更憂心的，是那些還未學會如何安全探索就出門的孩子。他們可能會冒著被車撞或迷路的風險，或是如上所述，如果有人為了測試孩子界限而接近他們，他們會不知道該如何為自己發聲或尋求協助。

探索世界的青少年們也冒著做出愚蠢抉擇的風險。也許，他們會因為太吵鬧而被踢出商店，或因為小費給得太少、把環境弄得髒亂而被服務人員吼叫。或許，去體育用品店時，他們決定要偷一顆高爾夫球，看看不付錢會發生什麼事。提前思考當你不在孩子身邊時你希望他們如何做各種抉擇，及早進行這些對話。

在這個單元中，我將提供一些情境對話，可用於隔絕和探索的討論對話中，那麼你就能提供青春期孩子想要及需要的自由，確保你是安全且優良的公民，也同時設下合理的界限。

談論隔絕

在任何一個晚上，在這個國家任何一個家庭之中，都可能出現這種情況：熱情的家長希望孩子和他們一起出門玩，但青少年不感興趣。這不是家長所樂見的，但正向地看待此事，這是開展談話的一個絕佳入場券。

BEGIN：平和地開啟對話

【這一天，全家終於聚在一起，青春期孩子主動走向臥房，而不是和家人相處。】

家長：你要回房間了嗎？

孩子：是啊。

家長：好的。你的房間還舒服嗎？還是房間還有什麼需要的東西嗎？

孩子：還可以。是說，我可以買一台電視嗎？

RELATE：與孩子產生聯繫

家長：我之前也很想要放一台電視。但不幸的是，房間裡不能放電視。我知道有電話應該會很有趣，但這確實會破壞你的睡眠並分散你對作業的注意力。不過我很高興你喜歡自己的房間。很樂見它是你喜歡待的地方。

孩子：謝謝，再見。

家長：我不想打擾你放鬆的時間，但我確實想找點時間陪你玩，你放鬆休息後我們可以花時間相處嗎？晚飯後結束的十五分鐘後如何？

孩子：好啊，很棒。

INTERVIEW：訊問以收集資料

【晚飯後】

家長：感謝你的陪伴。我喜歡聽你聊聊你和你的這一天。

孩子：好啊，你想讓我和你說什麼事？

家長：喔，沒什麼特別的。我在想，現在你年紀大了，你想要花更多時間在房間裡，而不像以前一樣喜歡和家人在一起。我記得我也曾有這種感覺，在你這個年紀的時候。我只是想確認你的狀況，並分享我對此的期望，因為你也已經到了需要更多隱私的年紀了。

孩子：呃……

家長：現在你花更多時間待在房間裡，是因為你喜歡這樣，還是我們在家裡做了什麼你不喜歡的事情？

孩子：可以說實話嗎？大部分的時候，我也只是喜歡發簡訊給朋友，我不想讓煩人的妹妹站在我背後偷看。有時候，我只是喜歡在我的筆記型電腦上看自己想看的節目。就好像，如果我在這裡看節目時，你總是會問我「那是誰？」或「這是什麼節目？」或「你今天有什麼家庭作業？」當你問我一些事情時，我不可能每一次都按下暫停鍵。

家長：這聽來很合理。

孩子：但我也不希望你因此而覺得冒犯，我只是覺得我在房間裡更輕鬆一些。當我在房間裡時，我不會對任何人生氣。

家長：我明白了。我沒有覺得冒犯，這有助於我理解。

ECHO：回應對方

家長：你有時希望有一些隱私，放鬆的時候也不想被打擾。這聽起來很合理。

孩子：謝謝。

FEEDBACK：提供回饋

家長：就我的角度來看，我很高興在家裡你有個地方讓你能全然地做自己、放鬆，也玩得開心。我很高興這些事是我們能為你做的，因為這些長大的關鍵要素。我也想確保你知道你對我們有多重要，而我們無法與你共度家庭時光時我們也很想念你。隨著你年齡的增長，我也不期望你每晚都與我們在客廳裡共處。但我確實認為，我們可以達成很好的妥協，這樣你能有自己的獨處時間，而我們也有「你的時間」。

我們希望讓你繼續擁有房間裡的獨處時光，但我也請你為做三件事以作為回報：維持良好的成績及課外活動表現。這可能是顯而易見的事！當我們端菜上桌時，加入大家的家庭晚餐，每個月至少參加一次家人的電影之夜。每天為家庭的「更大利益」貢獻十分鐘[4]。我們可以理解，在你這個年紀時會想要很多「自己的時間」，但除非每個人都有所貢獻，不然我們這個家庭也不能好好運作。你可以選擇你想要回饋的方式：遛狗、清空洗碗機中的碗盤、擦拭廚房的流理檯……確保自己每天都有做有一些回饋。只要你能對這些事物負責任，你就可以自由地聽音樂、傳訊息給你的朋友，或者讓自己盡情地放鬆！

當你的孩子開始疏遠時，感覺到被遺棄的痛苦，是自然的事。我記得，我朋友的丈夫告訴她，「你表現得好像我們女兒是學校最受歡迎的女孩，你在討好她！你意會做任何事情來引起她注意。」

有時候，對孩子們而言，我們想要保持聯繫的渴望表現得太黏人，這方式肯定會備受冷落。當你對他們最不關切時，就是他們對你最感興趣的時候。他們選擇在你最無法抽身時要對話，因為意味著這也是你最不情緒化的時刻。整整一天下來，這些孩子得要面對自己反覆無常的情緒，甚至同學們的善變。這對他們，甚至對你而言，都一樣令人筋疲力盡。這就是為什麼，當你看似對他們投入最少情感時，他們會選擇敞開心扉：當你要離開那個空間時、專心處理電子郵件時，或者最終要坐下來看你最喜歡的節目時。對於他們要說的事，你越是投入且感興趣，他們就越不願意說出口。

在本書中的十四種關鍵對話中，時機幾乎都很重要，尤其是要和孩子談論他們為自己設下的隔絕時。循著這些方向，涉及你想與孩子共度時光的期望，若深思熟慮這問題會有所幫助：你需要從孩子身上得到什麼，而他們成長所需的東西又是什麼。**享受**他人的陪伴以及**需要**他人的陪伴，是有差別的。我曾與一些家長諮商，他們認為他們需要孩子在身旁，因為他們不再喜歡與另一半共度時光，或是經常獨自一人且渴望他人陪伴，或是當孩子不在身邊時會極度擔心。仍被家長綁在身旁的孩子們儘管已準備好脫離，只要還同住一個屋簷下可能就會遵守規矩，但年滿十八歲後，這些孩子往往是最快逃走且不再保持聯絡的。與家長有較佳長期關係的孩子，他們的家長往往很尊重孩子並給予他們隱私。如果你急迫想要孩子的關注，最好先請提醒自己，現在給予他們空間，是為了投資有更多時間相處的未來。

對話破局關鍵

試圖要說服青少年花更多時間與你相處，最明顯的難題之一，就是他們想在房間裡獨處，而且不想對話往往會同時發生的狀態。這可能會導致對話變得單向而片面。在此時，青春期孩子很容易被嚇跑，所以進行重要對話時，我的建議是保有耐心及遊戲的精神。請將這件事當成釣魚，對於什麼會讓他們受驚、什麼事能讓他們上鉤，要保持敏感。少說話，保持冷靜。最後，同樣也很重要的一點，是盡量避免採用引發讓孩子反彈的無效策略，引起注意但不會有成果。

強制進行你的議程

如果青春期孩子不想參加家庭活動，請彈性地處理，至少在某些時候是如此（有時候，我並不反對強制參與，但如果提前宣告就會有所改善）。儘管如此，純粹為了對孩子嚴格（例如，「我們家都是在星期日的下午一起出門辦事」，又或者「其他日子你可以待在你的房間裡，但我現在要你下樓和我們一起」）只會讓你一無所獲，搞得大家悶悶不樂又壞了氣氛。

踩在痛處上

「發生了什麼事嗎？有什麼問題嗎？告訴我發生了怎麼了。」聽起來有點耳熟嗎？如果你真的很擔心，帶著一杯茶或甜點來敲孩子的房門，問問他們是否還好，如果他們想聊聊他們這一天過得如何，請表明你願意傾聽。但是，若當下反覆地詢問，聽起來更像是質疑而非擔心。這行為只會讓孩子認為你不信任，變得更加沉默。

訴諸受害者

有時候，在詢問、懇求以及辯論之後，家長覺得自己別無選擇，只能升級他們的策略。你已嘗試了善良和邏輯的招數，何不試試憐憫的方式呢？這往往是放棄前的最後一搏，一方面是想要傷害孩子，因為他讓你飽受折磨，對話大致是像這樣：「我原本很期待能共度一個美好的家庭之夜，但如果每一件事都要和我作對的話，那你還是回你房間吧。」我可以理解這種衝動，也承認我認同這種策略，因為我也曾因為沮喪而這麼做。毫不意外地，這招數**永遠不會**奏效。到了中學時，青少年幾乎要被自己（以及無數同儕的）情緒搞到窒息，而且是一整天。這確實很累人，而你還要加入劇本裡？你們只會兩敗俱傷。然而，當你進一步增援，表示能為他們創造一個平靜放鬆的空間時，孩子們會回報你，與你分享更多的時間及想法，甚至一直到高中階段也如此。

給孩子更多獨立，卻背負不公正的惡名

當你正適應著孩子逐漸遠離你，這同時意味著與被拒絕的感受搏鬥。你可能無意間聽到一些家長對這件事開玩笑或表示同情，但這並非身為家長會引以為豪的里程碑。當這種情

況開始在家中發生時，我發現家長們往往會感到羞恥或尷尬。因為中學階段的孩子發展速度很不同，所以你很難理解你朋友的孩子在足球比賽後會擁抱他們，而你的孩子卻在上車並關上車窗後才會願意你對話。在公共場合時，當你的孩子變得陰沉不定、悶悶不樂或與你疏遠時，不要感到難過。這意味著他們正在一步步走向獨立，而這是你所企望的事。請記住你的期待！當孩子開始保持距離時，我希望家長們可以自由在地吹噓此事。「嘿，看看是誰家的七年級孩子，在中學的校園開放日時，不與任何的家族友人們交談！**是我們家的孩子呢！**看來我們做對了！」要陳述這些顯而易見的事情，別大聲說出來（當然也不要當著孩子的面說！），只要在你腦海中自豪地想著。

當你家的青春期孩子開始與你保持距離時，尤其是在公共場合，你可能會感到被拒絕或尷尬，但更令人感到恥辱的狀況，是孩子在公共場合無人監督，而家長被貼上縱容孩子的標籤了。「每個人的觀念不一樣，但我永遠不會讓我的孩子獨自去百貨商場。如果發生了任何事情，我永遠無法原諒自己。」這是一種奇怪的自誇說法，意指那些讓孩子獨自探索公共空間的家長：第一，不瞭解其中涉及的風險；第二，瞭解風險但選擇刻意地忽略；第三，當孩子發生悲劇了也能殘酷無情地接受。我明白也理解，當孩子開始在你不在場時探索世界，你擔心會有什麼事發生。我和所有家長一樣，我們都曾有可怕的想像力。然而，這不僅不公平，且這可能隨機發生在任何人身上的可怕事情，若歸咎於家長，也同樣殘酷。

這些家長絕不讓孩子在無人看管的前提下外出冒險，要找到證據（孩子在溜冰場被誘拐的新聞在網路上瘋傳、在公園裡的小孩被強行綁架帶走、有一個孩童描述自己在幼兒園家長日失蹤的事件）來支持這些家長的決定，並非是件難事。我對這些故事所喚起的恐懼表示同情，會有這種感受是很自然的。但是，我們如何處理這些感受呢？我認為，我們不應該以這些事件作為安全考量上的決定。我鼓勵家長們參考少年及青少年涉案的犯罪數據和機率。有人會說，「機率並不重要。對我的孩子來說，只要發生一次，那就夠了。我的職責是防範危險的**可能性**，無論可能性多麼小。」

對此，我的回應很簡單：面臨隨機的悲劇事件，你根本無法試圖讓你的孩子完全安全。車禍會發生，陌生人的綁架（但很少見）會發生，癌症也是。請立即減輕自己的負擔。盡你所能，採取合理的預防措施——繫好安全帶、全家一同參加自我防衛課程、好好吃飯——然而，別讓對於不太可能發生的悲劇成為恐懼，讓你和孩子遠離正常的生活模式。

針對探索的討論

孩子第一次要求在無家長監督的情況下探索世界，最常見方式之一，是要求要與朋友一起去百貨商場逛逛。有些家長應對這種成年禮的方式是一塊同行去逛其他商店，讓孩子們有時間探索，同時也仍附近，以防有緊急情況發生（九〇％的「緊急情況」是有人身上沒錢了，需要現金去美食廣場買東西）。這是很好的第一步，但真正的獨立滋味，是青春期孩子成為自己的安全網，體驗那令人有些振奮又有點可怕的感受。

以下是當你的孩子要求出跨出一步並邁向獨立時，可能產生的對話模式：

BEGIN：平和地開啟對話

家長：你這個週末有什麼計畫嗎？

孩子：其實，有一些同學明天要去商場，我也想要去……

家長：聽起來很有趣。會有人和你們同行，還是只有你的同學們？

孩子：也許有一位家長也會去……我還不知道會怎麼安排。[5]

【家長們，抵制你急忙要收集訊息的衝動，在此只要產生聯繫。】

RELATE：與孩子產生聯繫

家長：我以前也很喜歡和朋友一起去逛百貨商場。嘿，說到那個百貨商場，你知道他們正在擴展美食廣場嗎？

孩子：不會吧，真的嗎？

家長：對呀！我們來為這件好事祈求好運。你希望有什麼店家加入？

孩子：他們需要開一家 Chipotle 墨西哥餐廳。

家長：是啊，這樣就太好了！

INTERVIEW：訊問以收集資料

家長：我知道你還不確定細節，如果你明天早上確定了，我們再談。如果是有家長會在那裡，那還要取決於時間點。如果沒有家長的話，我需要更多訊息。如果我告訴你我所需要的訊息，這樣對你會有所幫助嗎？

孩子：好的。

家長：我會想知道有誰會去、你會在商場待多久，而且誰會載你回家。

孩子：好的，我會告訴你。你要答應我了嗎？

家長：我可能會，如果我知道更多細節的話。還有如果你同意與我談談我需要涵蓋的一切安全事項。

孩子：當然。

【第二天早上】

孩子：安琪的媽媽會開車送我們去商場，而她爸爸會來接我們。我們會從一點待到四點。還有，我想西蒙也會來。

家長：你們三個人嗎？

孩子：應該是。

家長：這計畫聽起來還不是很確定……

孩子：我們可能會在那邊和一些人碰面。但我還不知道是誰，可能是西蒙的一些朋友。

家長：你認識他們嗎？你們上同一所學校嗎？

孩子：對啦，天啊，我又不是要去商場和陌生人碰面！

家長：好的，我只是想瞭解一下，因為我沒聽過你提到這些人。再和我說你可能碰面的人，要讓我知道。

【之後】

孩子：有我、安琪、西蒙及她的朋友艾凡和麥可。如果狀況不是我說的這樣，我不希望你也不要生我的氣。我無法控制誰會來或不來。

家長：如果你必須要安排計畫，不必知道誰要來嗎？

孩子：如果有人最後一刻發訊息問「你在哪裡？」然後就過來的話，也是很突然的事。

ECHO：回應對方

家長：我明白你的意思。聽起來有些人可能會意外地突然出現。我在你這年紀時，大家無法這麼做，因為沒有人有手機。必須預先安排計畫，但現在每個人都能以電話聯繫，許多事就更加突然了。

孩子：沒錯！

FEEDBACK：提供回饋

家長：我明白，當家長不在你身邊時，有些事情是你無法控制的，例如在你預期之外有另一個孩子出現了。因此，我們來談談這種情況下，哪些是你能控制的事。我想，我們如果能在某些關鍵上得到共識的話，我們彼此都會為你做好準備。我希望能偶爾到你的消息，我才不會擔心。如果你要在商場待三個小時，你覺得你可以多久發個訊息給我？

孩子：每隔一小時？但我不想花上所有時間向你報備我們做的所有事。我可以就和你說我很好嗎？

家長：我同意。一小時一次。在你的手機上設定計時器6。另外，我們來回顧一些你可能知道，但我必須重申的安全事項。不可以離開商場。如果有人讓你覺得不安全，你可以隨時請商店店員呼叫保全人員。眼睛直視前方，才能注意四周發生了什麼事。自動手扶梯不要走錯方向。如果同行的任何人做了讓你覺得不舒服的事，請發「晚餐吃什麼？」的給我，然後我就會傳訊息給你，說明我需要提早去接你的藉口。還有最後一件事，記住你的禮貌。不要在商場裡奔跑。不要搗亂。要把東西擺回去原位。當人們已經很努力地工作時，你不該讓他們的工作更加辛苦。你同意這些事嗎？

孩子：是的。

家長：玩得開心！

在這個情境中，只要遵守 BRIEF 對話模式，家長就能維持積極的對話，也能讓身處新環境的孩子聚焦在合理的控制範圍內。

對話破局關鍵

我知道，當你身處難堪的狀態時，從你口中說出的話有時並不如預設的精心對話那般「有成效」。由於你的對話會比劇場上更加即興，你無法準確記住要說哪些台詞。與其試圖從頭到尾都精心設計，不如避開那些會破壞表演的事。在即興演出的訓練中，演員被訓練以「是，而且」來代替「不」（會徹底地破壞了這場戲），因為這能讓表演活靈活現的。以下這些短句有可能會扼殺你與青春期孩子的對話。

「我知道你準備好了，但我還沒準備好。」

在此，你利用情感作為角力，而青春期孩子對此往往有負面的反應。藉著將自己定位為壞人，你啟動了一場關於誰應該贏得這場爭論的辯論會——是你承認已準備好採取下一步行動的人，或者是只為了讓自己安穩而妨礙前者的人。這是一個很簡單的選擇。

「我太愛你了，捨不得放你走。」

你會開車送孩子上學嗎？去玩雪橇？送他們去夏令營？讓他們進行各種身體接觸的運動？我們一直讓孩子處於危險之中。表達你的拒絕作為一種愛的行為，並不會讓他們更滿意現況。他們甚至會反駁你。「喔，所以其他家長都不愛他們的孩子。這就是你的重點嗎？」這一句只像是要避開問題。與其迴避，不如提出你拒絕的充分理由。

「我擔心的並不是你——而是外面的那些人。」

孩子們會察覺到這句至理名言不太真誠，但他們沒有錯。家長可能會認為這是種更溫和、更善意的方式，只是讓孩子失望而不會侮辱到他們，基於世上那些無窮無盡、你無以控制的事情，或許這是你遮遮掩掩的安全傘，卻不是一種真實的表達方式。有些時候，想必你

還是要讓孩子在沒有你的陪伴下離家。這會是因為那一天，世界就沒有恐懼、誘惑或干擾了嗎？不是。這是因為在那一天，你會有相當的信心，確知你的孩子碰到這些挑戰時，他們已有能力應對。請記住，你無法保護你的孩子免於世上一切侵擾，但獨立自主後隨之而來的就是可預知的頻繁測試，你要確保他們能順利通過。

「我說不行。」

接著就是「因為……」的對話場景了！認真說來，有許多時候你都應該要拒絕。但我認為有種更加有效的表達方式，我們來看看如何進行。

當不行就是最佳答案時

我們都看到了，正如我第一次獨自在家的經歷，當孩子渴望獨立時卻不一定能證明他們準備好了。你的青春期孩子可能很想做朋友們正在做的一些事，但你很清楚，他們過於衝動、焦慮、不負責任，注意力發散以致於無法讓他們獨自外出，即便是幾個小時。當你拒絕時，你的青春期孩子會感到失望。這也沒關係。學習如何面對失望也是一項重要的人生技能。但是，當你拒絕青春期孩子的請求時若過於嚴苛，他們可能會認為若要達到他們的目的，偷偷摸摸是唯一的途徑。相反地，理解他們對於獨立的渴望，並和孩子一同建立可預見的里程碑，讓他能逐步達到以獲得自主獨立。

一開始，你可以這麼說：「我知道你想和你的朋友一起去商場，很抱歉你因為我說現在還不是時候而感到不開心。我也希望能讓你去，但我也想確保你準備好了。好消息是，你可以做一些事情來證明你已做好準備。在你採取下一步行動之前，以下是我需要確保你做得到的事項。」

以下是獨立里程碑的一份清單，你可以用它來與孩子溝通。當然，你可以依據自己的優先選擇及孩子的需求來進行調整。

為了準備在無大人監護情況下外出，以下是證明你已做好準備的事項：

 # 當你不理解家庭作業或不認同成績時，會直接與老師討論。

 # 自己打電話訂餐。

 # 自己向餐廳侍者、圖書館管理員或店員提出問題。

 # 過馬路之前先看左右兩側！

 # 在公共場所時有良好的禮儀舉止：不要撞到人、大喊大叫或打斷別人的話。

 # 在朋友家時，在合理的時間內回覆我的訊息或電話。什麼是合理的時間？我們再來討論。

 # 當朋友要求你做你不想做的事情時，要說不。

 # 聽我解釋為何成年人從不需要向孩子或青少年尋求幫助。

 # 當一個陌生人接近你並讓你感到不舒服時，要練習說：「我現在要去接我爸爸了。」

 # 記住我的電話號碼。有了手機之後，人們都不再記住號碼了。當你的手機沒電或遺失時，這就很重要了。

你可以利用這個清單，或自己客製化一個適合你家庭狀況的清單[7]。無論你選擇什麼里程碑項目，請確保這些不是隨意的項目，也與準備就緒有直接相關。向青春期孩子說明你的清單，你可以用這種方式：「我並非為了把事情變得困難，或者讓你需要花更長時間獲得許可，才列出這一堆隨機的挑戰。這個包含數個任務的組合，可以證明你瞭解安全的重要性，當我們不在一起時，你也會有責任地與我溝通，你可以與不認識的成年人清楚地溝通，你有足夠的自信對朋友及陌生人說不（因為，在某些時候，他們可能會要求你做一些你覺得不對的事情），並且也對身邊的人表達成熟完善的禮儀。我們一同來建立這份清單，以幫助你達成目標。」

你的孩子並不會因為你提供這個機會而擁抱你、感謝你，但他們會理解你的期望，並可預見那一條通往更多自由的道路。

對家長和孩子而言，獨立都是一件難事，如同成長的痛苦般。要把你的孩子送到百貨商場，忍住不偷偷跟蹤他們，而且當你看你們最喜歡的那部電影時，很難不想念那段彼此一起吃爆米花的時光。但是，也總會有其他的樂趣：看著你的孩子成長，長成另一位有能力、有自信，及責任感的青少年，也許你也能利用一些空出來的時間來探索自己身為家長之外的興趣。

時間有點急？你的速成課程在此

- 在孩子的青少年時期，給予他們更多的獨立性，遠比壓制他們更為安全。學習安全為何，以及如何應對陌生的人、地點和情況，青春期孩子需要練習。
- 面對其實超乎他們所能承受的範圍，你的孩子幾乎會肯定地認為他們已準備好接受了。沒關係。搞清楚該如何面對自己的失敗，也是現在就能開始學習的重要生人生技能。
- 青少年以兩種方式來尋求獨立：將自己與家人隔絕，和／或在沒有成年人監督的情況下探索他們鄰近的社群。
- 這個年齡層的孩子，需要學習如何安全自信地探索公共場所，並與陌生人互動。
- 家長若能尊重青少年隱私的需求，與孩子會有更佳的長期關係。在整個青春期中，孩子們若認為家長極度嚴格或過度需要陪伴時，他們會迫不及待地想要體驗正常狀態下的自由。一旦這些孩子離家時，就會因為害怕回到共依存症（codependency）的狀態，而與家人斷絕關係。

＃相較於其他年齡層，十至十四歲孩子在成熟度及社會情感的發展範圍最為廣泛。因此，有些孩子比同儕更早或更晚準備好獨立。在這幾年之中，關於他人教養孩子的方法，家長們往往更高的批判性。請忍住你與他人比較家規的衝動。總是會有更嚴格或更寬容的家庭。選擇對你家庭最好的方式，特別是對你的孩子，別浪費任何情感能量在他人如何為自己的家庭做選擇。

＃青春期的孩子需要限制。對於你的孩子而言，這些限制不應該讓他們覺得隨心所欲，因為這種感覺會導致不安全的叛逆。該說不的時候，向你的孩子說明原因，更重要的是，你的孩子才能以具體方式向你證明他們已經準備好要承擔更多責任及自由了。

2 Popcorn，與英文「爆米花」同字，以作者姓為書名的暢銷著作《爆米花報告——生活型態新預言》（The Popcorn Report，時報出版）。

3 著有《學會放手，孩子更獨立：讓孩子快樂自信，爸媽不要被各種擔心逼得抓狂》（Free-Range Kids）一書，二〇一三年木馬文化出版。

4 作者註：十分鐘是我合理的隨意評估。你的家庭結構或許需要孩子做更多事情，因此你應該將每天的家務時間設定為適合你家狀況，請記住，如果你的孩子有緊湊日程，就可能很難安排進去了。

5 養育青少年令人憤怒的層面之一，是他們不擅長與朋友一同制定計畫。極有幫助的一件是，就是記得你的孩子正在發展自己的計畫能力，雖然一開始可能會有些笨拙，但這最終都會得到回報，而你再也不必參與最終的那些邏輯細節。

6 這合理嗎？如果這能讓你放心，我第一次這麼認為，但並非總是如此。如果你的孩子表現出他們可以做到這一點，請放鬆規則。你希望他們和他們的朋友在一起，注意他們的環境，而不是一直和你報備。

7 此清單的假設前提，是你的孩子不會因為膚色而成為其他兒童、成人、保安人員或警察鎖定的目標。除了這些相關談話之外，較深膚色兒童的家長則要「談論」如何在公共場所保持安全，特別是面對警察的盤問該如何應對。如果是白人，你可以分享你的權利所帶來的額外安全感，並談論如何於他人有相關經歷時如何提供見證且支持，說明在公共場合保護安全性較低人們的責任。例如，你可能不希望你的孩子介入肢體衝突，但你可以讓他們明白如果目睹騷擾事件時，他們應該立即打電話給你，你可以與他們保持電話聯繫，確認他們舉報的方式及單位，或者是以用手機錄製事件過程，作為支持受害者的檔案資料。

PART 6

我們來聊聊變化莫測的友誼

在這個單元中，你將會瞭解到談論友誼議題為何會特別敏感，關於朋友之間戲劇性事件的對話中，你為何不該投入情感，如何讓不斷變化的關係正常化，如何強調與其尋求一位極致完美的朋友，我們可以交不同的朋友以滿足不同的需要。

回想一下，你有個朋友去商店購物時總會打電話問你需要什麼，當你在聚會上講一件趣聞時總是笑得特別大聲，或者傳訊息給你為一件事同仇敵愾。真摯的友誼是神奇的事，與真心的朋友聯繫時，無論時間多麼短暫，都必定會減輕壓力、振奮精神，讓你的一天充滿活力。友誼為我們人生帶來目的、快樂，以及慰藉。

然而……說到了中學。

中學是一個奇怪／美妙／**超級糟糕**的友誼時期。

在這個年紀，你的孩子心心念念著對他們的朋友及同學，不在乎邏輯、理性、先前的承諾、門禁、家人共處時光，以及地域限制。在六年級到九年級之間，孩子們願意做任何事情來融入同儕的社交圈。

原因如下：在沒有你的協助前提下，釐清如何在這世界上獲得成功。當你的孩子將朋友置於家庭之上，你可能會因此感到沮喪，但請記住，從統計數字上而言，我們之中很少有人能仰賴家庭血統、隨之而來的社會關係、遺產或企業，來打通我們的人生道路。在家庭之外，我們大多數人不得不尋求確保我們未來幸福及維持生計的方法。我們家庭以外的社交關係，是為我們成年後的成功做好準備，無論是大事，例如被公司聘用、尋找另一半，或是一些小事，例如與鄰居交朋友，而他們會在你去度假時幫你收取郵件等。中學的孩子直覺上認知到這件事，就會開始探索如何與家人之外的人們建立聯繫並被接受的種種方式，對你而言可能看來很極端，但確實有利於發展目的。

儘管有這種的動力，在中學時期交朋友並不容易。這是一種關係技能，學習需要時間來反覆試驗，特別是因為當你的孩子按照自己的節奏來發展社交技能時，他們的同儕也同時以不同速度來發展其社交技能。你想像一下，同一個平面上有一堆機械齒輪，各自以不同的速度旋轉著。儘管困難重重，但有時兩個齒輪正好緊扣，那個部分就能順暢地運行。然而，一般的情況下，這些齒輪會不停相互碰撞，錯過彼此的時機及恰當位置。最終，這些孩子們不再如此迅速地轉變，他們個性安穩下來，讓更容易熟悉彼此步調。但是，這種齒輪運作的前面幾年簡直是慘不忍睹。

在我參與的暑期女童領導訓練營中，莉亞是一位典型的七年級學生。她的媽媽喬絲琳描述，對她女兒而言，中學是一段格格不入且孤獨的時期。在整個小學階段，莉亞最好的朋友一直是一位名為麥拉的女孩。中學時，他們突然不在同個班級了，當兩人共處的時候，莉亞就會抱怨。「媽媽，她還在玩辦家家酒。」因為兩人不再有共同的日常生活，也不再有共同的興趣，友誼已走到了盡頭。莉亞想要的不再是一個玩伴；她想要的是一個好姊妹，一個能和她分享暗戀和惱怒，一個會因兩人私下的笑話而一同大笑出聲的人。

即便如此，令人遺憾的是，麥拉留下的空白至今未有人填補。她中學的其餘時光，大多只是表面上的互動，即使不是很深刻，也至少是令人愉快的交流。喬絲琳和我提及，她給莉亞許多認識新朋友的機會，但不會給她尋找替代者的壓力。相反地，喬絲琳重新定義，上高中前的前幾年只是比賽的第一輪，莉亞很快就會愛上這場比賽。喬絲琳告訴她，上高中後會找到許多機會，她在高中將與一大群像她這樣的新朋友共處，而他們也一直在練習著，就等著比賽開始。有時，練習並不像遊戲那麼有趣，卻是你學著進步的方法。

正常化青春期孩子的友誼

看著你的孩子期待著一位親密摯友出現，視線內卻毫無任何一位潛在的候選人，看著他們過度在意人們的看法、為了有機會和他人相處而犧牲自我價值，以及那些不善待他卻能給予社交地位的孩子，這些事總是讓你難受。

某些層面上，我們的文化為孩子們設下了陷阱。我們宣揚良好的友誼是完整青少年體驗的一部分，因為美好友誼會為我們帶來精采的故事。許多內容創作者將青春期的友誼浪漫化，如同賀曼電影[8]處理愛情議題的方式：有一個鍋就會配上一個蓋的絕配組合、有陽就有陰的互補關係，而搞砸事情的災星都會有一位救星。播放任何關於青少年議題的 Netflix 原創電影，或是閱讀任何一本偉大的青少年小說，你都會看到一位完美搭檔（好笑有趣！給予支持！個性古怪！無限忠誠！）如同青少年生活中的標準配備。

實際上，中學的友誼並不是 Netflix 原創電影上演的那樣，卻更像我們小時候在週六早晨看卡通時的那些玩具廣告。我還記得，身為一個獨生女，我曾經渴望像那些孩子一樣玩得開心，要求家長買芭比吉普車或風火輪軌道，直到他們屈服為止。但是，在我撕下玩具包裝後沒多久，我就突然明白這情況和廣告完全不同。那些孩子只是假裝玩得開心，場景設計師刻意讓這些玩具看起來比實際上更酷炫，但一般情況而言，我可能連尺寸正確的電池也沒有。多麼巨大的失望啊！尤其是電視上那些孩子看來正享受**人生最快樂時光**的時候。

那麼，面臨你青少年孩子對於理想好友的理願景，以及年少友誼往往動盪且不可預測的現實，你該如何調解？一開始，先談談友情有起有落本來就是種常態。提醒你的孩子，在觀看 Netflix 或閱讀蘭波．羅威[9]的書籍時，友誼很少會像電視上或書本中那樣（重要的免責聲明：我喜歡 Netflix、蘭波．羅威、約翰．葛林[10]、博．伯納姆[11]以及許多令人驚嘆的青少年作品創作者。他們不僅提供了絕佳的娛樂性，而你也能藉由這些故事來與孩子談論小說與現實人生的差異）。

在現實中，小學的友誼在中學時終止是預料中的事，而初識的友誼也會歷經起起落落。有些孩子會被最好的朋友拋棄，有些則拋下了朋友。有些孩子則是直到高中或高中畢業後，才找到他們丟失的那一片拼圖。還有一些人似乎在摯友旋轉門來回尋覓。你會發現，在中學時能找到一位靈魂伴侶就是已絕佳的中獎機會，但機率很小。畢竟，我們和中學教室時坐旁邊的同學，現在也大多不是最好的朋友了。但對於那一％的人，友誼能從七年級一直延續至十二年級的人，恭喜你！你真的中樂透了。

對於另外九九％的人來說，成功的樣貌，可能不像是和彼此分享心形項鏈墜的另外半顆心，或者約在學校外見面再一同進校。擁有友誼的廣泛的經歷，包括好的及壞的，可以幫助孩子們瞭解好朋友的要素為何，而最終明白如何選人生伴侶。提醒你的青春期孩子，即使他們正在掙扎、孤獨或是懷疑人生，他們的職責是對全新經歷及陌生人抱持著開放的態度。學習如何與不同的人們對話，在不同的朋友群體中也能交流順暢，發起活動邀請，有禮地拒絕他人，並認清人們的那些作為會讓他們感覺好或不好，這些事能讓孩子在友誼的成功之路上奠定基礎。聽來或許像是 Pinterest 上的金句，但我還是要冒這個風險說這件事，中學時期的友誼即使大獲全勝，重點仍是關乎這趟旅程上學會的事，而非最終結果（不好意思，我現在要把這個長句刺青在身上）。

在接下來幾年之中，你和你的孩子會以各種方式來談論友誼。以下說明是我進行諮商的多數家庭中出現的其中兩種情形。

除了提供正確或錯誤的答案，來幫助你的孩子度過年少友誼的高潮及低谷之外，我希望這些例句對話能讓你瞭解這個話題的整體氛圍。接著，在孩子上高中之前，你可以調整這些特定對話中的想法和投入情緒，以調整作為談論友誼的其他方式。

我們先來看看，討論處於不斷變化狀態的友誼，你如何在家中自然而然地產生對話。

BEGIN：平和地開啟對話

家長：嘿，這個週末我們要邀請柏克米爾一家人來露天燒烤嗎？

孩子：我們一定要嗎？

家長：嗯，沒有……你和喬許還好嗎？

孩子：我們還好。但我只是不想。

家長：好的，沒問題。

【控制你想說「你和喬許不是最好的朋友嗎！」這種回覆的衝動，或是「可是我們很喜歡與柏克米爾一家人的家庭遊戲之夜。」】

RELATE：與孩子產生聯繫

家長：我不確定對這狀況是否有誤會，只是讓你知道一下，我以前也很討厭我的爸媽要我和鄰居一塊玩，但我並不想。我知道朋友總是會來來去去的，但你們如果還是老樣子的話，我可以暫時延後這項安排。

孩子：好的，就這麼做。

家長：因為我和喬許的爸媽是朋友，關於我的時間如何安排、如何處理這件事，你能給我一些建議嗎？我只是想要確保不搞砸這件事。

孩子：什麼意思？

INTERVIEW：訊問以收集資料

家長：嗯，如果你覺得你需要休息一下，接下來幾個週末我就不會請他們來家裡玩，或者在他們打電話來時說我們已有安排計畫了。但是，如果你認為這個中斷需要更漫長的時間，我也不能無限期地拖延，所以我們得要為此擬定計畫。

孩子：喬許現在變得很煩。當我計畫好要和其他同學去上下一堂課時，他就在學校的教室外等我，他會突然出現並主導原本我和他人的對話。搞得好像是我們必須一起做所有事情。他每天放學後都會傳訊息給我，但我也想和其他人一起出去玩。

家長：喔，是啊，我明白你的意思。當朋友對你如此需要時，這真的很難處理。你認為，他交不到其他的朋友嗎？

孩子：我不知道。但如果他能讓我休息一下，他就可以結交其他朋友了。

家長：在不傷害他的前提下，你是否能傳達這個訊息給他呢？

孩子：我不會直白地對他說離我遠一點，因為這就太過分了。但有些人就是會這麼做。基本上，我就是想辦法要避開他。我不明白他為何不明白我的暗示。

家長：你認為，他是否有可能明白你的暗示，卻希望這不是真的？或是這件事已超出他的理解範圍了？

孩子：當他沒在預期的地方找到我時，他會生氣。他會發給我一百萬則如「你在哪裡？」

的簡訊，但我都會忽略這件事，所以他應該要明白暗示。但他沒有，所以我會在放學後傳訊息說我剛才不能查看手機。

家長：我明白了。他在小學時也會對你這樣嗎？還是他近來的行為？

孩子：應該這麼說吧，我們小學時沒有手機，所以他不能一直傳訊息給我，但以前他比較冷靜一些。

ECHO：回應對方

家長：無論是基於什麼原因，聽起來喬許現在很需要幫助，而這件事對你而言很麻煩。

孩子：這太過頭了。我希望他能放過我。

FEEDBACK：提供回饋

家長：這件事我尊重你。在這個年齡階段，你部分的職責是搞清楚如何與人建立界限及限制。這樣的學習很困難，因為當你和某人相處很長一段時間後，他們有時會認為你的限制應該不適用於他們身上。

孩子：他絕對是在挑戰我的極限。

家長：我願意幫忙。我想要分享一些想法，如果你能仔細考量，然後再告訴我該關於如何進行這件事的回饋，會很有幫助的。

這狀況對我們而言不太尋常，因為我們的家人一直以來都是朋友。我想，我和你爸爸會安排這個週末和喬許的爸媽共進晚餐，把孩子們留在家裡。我會和他們說我需要一個「沒孩子的休息時間」。你接下來有幾個星期的時間來思考你想如何處理這件事，但我不能永遠停滯不前。雖然我永遠都不會強迫你與某人當朋友，但我希望你和我們大家在一起時，能將他視為家族的朋友。如果你可以保持友善而不必親近，那麼你就可以為彼此好好地解決難題。

最後一件事：我認為你應該考慮如何以更好的方法向喬許傳達你的界限，因為你忽略或避開他時，他似乎未收到你要傳達的訊息。既然無視他的簡訊是行不通的，或許你可以禮貌地拒絕？拒絕他人不是惡劣的事。事實上，與其讓他們一頭霧水，這樣更好。無論如何，這是值得思考的事情。我們幾個星期後再來交換意見，看看到時候你對家庭聚會有什麼感受。

關於處理友誼破裂的家庭來說，這是特定卻常見的情況。無論事件的來龍去脈如何，以下為適用於所有關於友誼討論的三個關鍵訊息：

1 你的孩子要和誰成為朋友，是他們的選擇，而不是你的選擇。你可以限制你的孩子可以去哪裡、可以做什麼事，但你不能限制他們可以和誰說話，尤其不能對他們覺得有趣的人加以限制。如果你的孩子陷入一種模式，總是被那些會做不良選擇或惡劣對待他們的人所吸引，一位好顧問可以幫助他們清楚檢視彼此的關係。

2 你的孩子不需要和每個人都成為朋友（或友好），但大家都理當以尊嚴對待他人。如果你不熟悉作者羅瑟琳．懷斯曼（Rosalind Wiseman）關於青春孩子的作品，可透過她設立的文化尊嚴網站（Cultures of Dignity），請查看她對於尊嚴（dignity）與尊重（respect）之間的區分。懷斯曼教導青少年，尊重是贏來的（我們面對現實吧——並非所有孩子都會互相尊重），但尊嚴是人與生俱來的。

3 希臘哲學家赫拉克利特（Heraclitus）有一句話說得對：「唯一持續不變的事情就是改變。」（The only thing that is constant is change.）朋友之間的感情很濃烈，但不是永久的。當你和孩子談論他們的人際關係時，提醒他們不要過河拆橋。畢竟，如果事情可以改變一次，就肯定會再次變動（關於老赫拉克利特的題外話：雖然這個時代的歷史細節模糊不明，但我可以肯定地說，在中學時他一定早已培養強大的應對能力了，才能接受自己生來是這個名字）。

超級好朋友的代替品

我兒子小時候，他有時會以樂高積木來組建洛克人（Mega Man）[12]。每一次組合的洛克人看起來都不一樣，看起來也都不像個人類。他就是一團不協調的積木，混雜著輪子、窗戶、頭部、門、機器零件，以及其他可以組裝上去的東西。建造洛克人的宗旨，並非為了實現現實主義。這是為了將盡可能的多種可能性，塞進一個如真人般的動畫人物。

我的兒子正在做一件大事（甚至如洛克人般巨大）。

很多時候，成年人會期望一個人能做好全部的事。我們抱持著難以達成的標準，尋求著一位合作夥伴：**請保有全然的穩定，但有自發的一面，時常沉思卻也直言不諱，享受安靜的閱讀的夜晚，卻也能當宴會上的靈魂人物，完全坦誠的同時也留有些許神祕的空間……**就當我們找不到這頭不存在的獨角獸時，我們就會認為自己格格不入而注定孤軍奮戰，被放逐且不完整。

請小心，不要因為期待孩子有完美的友誼或朋友，從而讓孩子失敗。相反地，和他們討論與不同的人之間的聯繫，如何滿足不同需求的價值。最好的朋友，不必是友金字塔頂端的獨家頭銜。這應該是透過時間付出並建立信任的人，能進入這個友誼內圈的標準。

一旦理解這點之後，對孩子的青春期早期有極大幫助，特別是他們渴望有好朋友的時刻，以及之後高中後期發展愛情關係時。目前，你的孩子可能找不到另一位不僅喜歡聽音樂劇、學習手語、愛吃炸秋葵，而且還學跆拳道的中學生。然而，也許在童軍活動時，他會認識一位熟知《漢密爾頓》（Hamilton）音樂劇原聲帶所有歌詞的朋友，有一位不介意吃秋葵的同校好友，還有一位今夏準備要嘗試學習跆拳道的鄰居好友。如果找不到完美的真心好友，孩子們可以與各種各樣的人一同拼湊出豐富的生活體驗，融合幾個不同的人，創造出一位超級好朋友（就像洛克人的窗戶、輪子以及額外的頭部積木組件都能單獨出售）。

就這些新友誼的新面貌，我們來看看能如何與讀中學的孩子進行對話。

BEGIN：平和地開啟對話

家長：**【和孩子一起看電視】**這個節目讓我想瞭解一些事情。我應該要按下暫停，還是你希望我之後再說？

孩子：你可以按下暫停。

RELATE：與孩子產生聯繫

家長：**【按下暫停】**劇中主角和他最好的朋友的方式……這對我來說，似乎不太真實。

孩子：為什麼？

家長：他們大吵了一架，但後來開了一個玩笑，很快就沒事了。我在你這個年紀時，我的經歷不是這樣。我有一些朋友，但不是你在電視上看到那種完美又牢不可破的友誼。

INTERVIEW：訊問以收集資料

家長：對你而言，你覺得這寫實嗎？

孩子：這只是電視劇，所以我認為它不一定是寫實的。很多人和朋友們都很容易相處，但有一些人更為敏感。還有一些人喜歡演各種小劇場。電視劇裡無法記錄所有類型的人。

家長：沒錯。可能是我比較敏感吧。你認為，你很適合現有的朋友圈，還是你希望有什麼改變？

孩子：我朋友圈裡的人都很好，但沒錯，我希望能有一位朋友，對我喜愛的事物一樣感興趣。我以前會和麗茲一起做所有事情，但現在我們在不同的學校，身邊沒有一個超棒的朋友，但這一群人很不錯了。

ECHO：回應對方

家長：你說的事，聽起來也像是我所記得的狀況。我想，大部分的人到了中學時，就會經歷友誼的轉變，感覺會比小學時聯繫更少一些了。

孩子：是啊，我喜歡我的朋友圈，但我仍在等待找到中學最好的朋友。

FEEDBACK：提供回饋

家長：在你現在的人生時期，這完全是正常的。你知道嗎？只有一%的人會在高中期間與中學最好的朋友保持密切的聯繫？所以，就算你是之後才找到那個人，你仍走在正常的軌道上。

孩子：這是真的嗎？這也太令人沮喪了。

家長：這是真的，但我認為這件事令人感到解脫。這能可以減輕你想要完美關係的壓力。與其尋找能成為你完美摯友的人，你可以試著在加入一個團體時與許多不同的人產生聯繫。你可以有一位讓你開懷大笑的朋友，一位你喜歡和他一塊學習的朋友，及一位足球技能和你不相上下的朋友。這就是我提出這件事的原因。像這樣的電視劇，讓你覺得好像應該有一位完美的最佳好友，但事實上只是高中時的狀態。就現在而言，你只是在自己應該在的地方。

我應該再按下播放鍵嗎？

假設所有人都有一位最好的朋友，是不正確的想法，而當你重新建立孩子的期望時，你可以幫助他們，讓他們對自己原本的樣子感到更自在。還有什麼事會比對自己感到自在，讓你更容易結交朋友的呢？這極有可能成為自我實現的預言：不要在意找到那一位親密好友，更有可能儘早找到他。

對話破局關鍵

就友誼的議題，要與你家的中學生進行愉快交談的最大障礙之一，是他們積極地不采信你對他們朋友的看法。你對他人的批判性越高（一般而言是如此，他們這個年紀的人更是如此），他們越有可能否定你的意見。針對他們對於朋友的詮釋，要維持中立且開放的心態。讓他們看到一位良好傾聽者的意義，而非一位老師。最重要的是，避免以下破壞對話的關鍵，這些肯定會阻斷好的對話。

「我不喜歡你和某某交朋友。」

當你的孩子上中學時，你無法控制他們和誰交朋友。你可以制定規則，規定他們能在課餘時間和誰一起出去玩，但不可能監管他們上課時間和誰相處，或在公共場合遇見誰。或許你對某人有負面印象，但你也可能誤會了。若有人控制其伴侶能與誰交朋友時，就是關係中濫用權力的危險信號。你絕對不會希望你的青少年孩子認為這很正常，只因為他們看到你這麼做。你可以限制孩子與某人的互動，而不該禁止他和某人來往。

「這樣或許比較好，我本來就不喜歡他們。」

當你的孩子被他原先以為是朋友的人傷害時，你可能會想以羞辱對方的言論，就為了讓你的孩子感覺好一些。請記住，你的孩子之所以受到傷害，是因為當初他那麼喜歡那個人，而現在可能還是。他們會認為這句是你對他們判斷力的控訴。而且，當你感到受傷時，聽見別人說這樣比較好，其實才更痛呀。

「我希望人們能像我一樣看待你。」

這太噁心了，你的孩子就是這麼想的。沒有一個孩子會希望學校裡其他人看待他們的方式，就如同他們四十五歲的家長一樣。

「你最終會找到你要的人。」

也許不會。也許，與其所有事都依賴著同一個人，你的人生中有許多讓你以不同方式仰賴的人們，這同樣令人感到心滿意足。

「記住要善待每一個人。」

你的孩子聽見這句話，只會認為自己好像還在上幼稚園。「對那個把我推入洗手間的惡霸好一點？對那位假裝是好友的敵人，那位叫大家不要在午餐時和我對話的人微笑？」中學的社交世界太複雜了，這種簡化的方式不適用。相反地，證實社交動態種種細微差別的存在，也需要靈機一動的反應來配合各情況的需求。

「但是——【那個人】人真的很好耶！」

從艾迪．哈斯克爾[13]、納莉．奧爾森[14]、踢哥．馬份[15]，以及蕾吉娜．喬治這些角色身上，我們學到了什麼？你孩子對另一個孩子的看法，對他們而言就是真相。如同醫生請你以一至十的範圍說明疼痛一樣，他信任你對於自己疼痛的感知，而你也必須相信孩子的話，瞭解其他人讓他有何感受。與其要求他們對某人個性進行更準確的評斷，不如關注於孩子如何說明自己的感受。然後盡全力幫助孩子處理這些感受，而不是糾正他們的詮釋。

「真正的朋友才不會這樣對你。」

我們很容易利用孩子與同儕的不良互動，教導他們好朋友該做什麼、不該做什麼，但對孩子而言，若聽見你說這些話也會同時感到疑惑，「他們是我的朋友，但他們確實這麼做了。」當你認為孩子被朋友惡劣對待時，試著請他們想像其他人的處境。「你覺得這樣好嗎？如果你妹妹和朋友發生同樣的事情，你會給她什麼建議？」

展望未來

青春期的初期只是學習如何結交新朋友的開始，不受家長或老師的影響，也不是什麼相親配對。中學生需要你將一開始的顛簸正常化，這樣他們才能不受被人喜歡的壓力影響並得到放鬆，逐漸瞭解自己，並明白該對朋友抱持何種期望。該年齡層的孩子常常會覺得漂浮不定、沒有歸屬，但你能將他的這種感受形塑成他們在高中時長遠關係的練習，為這段時期帶來重大的人生意義。

而且，現在是個好時機，讓你的孩子思考他們想要（並希望成為）哪一種朋友。他們選擇的種種特質將作為其未來各種關係的路標，首先是友誼，接著是愛情。這不需要是白紙黑紙上的實際列表，不過可以是隨意聊天的話題。關於孩子應該尋找有哪些特質的朋友，克制你想要列出清單的誘惑。你的清單可能聽起來就像個通稱特質的教育字典：善良的、支持的、公正的、風趣的、可靠的等等。此外，你會列上的，是那些對你而言最重要的屬性。在你的清單上，也許穩定性很重要，但尋求冒險對你的孩子而言也很重要。是時候讓你的孩子發展自己的情感詞彙了，要支持這一點的發展，你可以詢問他們對於某些人或互動有什麼樣的感受。這是一個絕佳的起點，讓他們認明自己想在朋友身上尋求什麼，你也可以開始發現這些模式：「我注意到，你似乎最喜歡與內向的／外向的／有創意的／有好奇心的／彬彬有禮的／自發的朋友在一起。你認為是這樣嗎？」

當你思考著孩子在未來幾年會如何結交新朋友時，請在腦海中想像一個遊樂園。有一位家長拿著大家的外套及包包，正在雲霄飛車旁的長凳上等著，你看到了嗎？那個人就是現在的你。在孩子這個年齡階段，不要和他們一同體驗友誼帶來的所有情緒起伏。在此，你只需要鼓勵他們冒險、盡可能地享受樂趣，在他們緊張或不開心時給予安慰，並提供你還能合理忍受的各種服務，像是提供冷飲及點心、司機專車接送等等。

時間有點急？你的速成課程在此

＃要成為一位獨立的成年人要歷經一個轉變，從討家長喜歡的人，成為一個同儕中成功的人。這成為被朋友和同學接受的全新壓力，會讓孩子們更難應對青春期友誼自然發生的各種轉變。

＃只有一％的人，能將七年級時結交的友誼維繫至十二年級。提醒青春期的孩子，學習如何與新朋友交談，對於陌生體驗抱持著開放的態度，會比在十二歲時找到靈魂伴侶更讓他們受益。

＃流行文化將青少年時期的友誼浪漫化了，增加孩子們尋找最佳好友的壓力。關於青少年的友誼，家長要提供正常的真實寫照。覺得自己格格不入，或者渴望更棒的友誼，甚至哀悼消逝的友誼，這些狀況雖不理想，卻完全正常。

＃當孩子們不想再維持舊有友誼時，教他們如何以尊嚴待人，即便不打算要維持密切往來。

＃幫助孩子們認知，他們可能不會有一位對他們而言無所不能的朋友。擁有滿足他們不同需求的各種朋友，也同樣令人滿足。

＃當你評論他們的朋友時，孩子們會變得充滿防衛心。利用他人現實生活中或書本／

電視上的經歷，來談論好朋友該如何對待彼此。

注釋——

8 Hallmark movies，賀曼公司旗下的業務多元化，包括賀卡、文具，及電影，其電影劇及電影敘述的多以簡單的愛情故事為主題。

9 Rainbow Rowell，美國作者，著有《這不是告別》等青少年為主要閱讀族群的愛情小說。

10 John Green，美國作者，著有《生命中的美好缺憾》等暢銷愛情小說。

11 Bo Burnham，美國演員、電影導演、編劇，以及詩人。

12 日本的電子遊戲系列，情節主要圍繞在未來世界的電腦、人工智慧，以及機器人和人類的關係。

13 Eddie Haskell，電視劇《天才小鞭》（Leave It to Beaver）中的角色。

14 Nellie Oleson，兒童自傳小說《草原上的小房子》（Little House on the Prairie）系列中的角色。

15 Draco Malfoy，小說及電影《哈利波特》（Harry Potter）系列的惡霸角色。

16 Regina George，電影《辣妹過招》（Mean Girls）中的校園風雲人物。

PART 7

我們來聊聊創造力

在這個單元中，你將會發現創造力對未來幸福及成功至關重要的原因，在這個創造力看似面臨消失的時代該如何培養創造力，在青少年時期會取代遊戲的事物是什麼，科技如何與創造力完美地結合，並說明利用簡單的居家樂趣引發更多創造力的對話方式。

創造力很重要的原因

請將時間快轉至十年後：你十二歲的孩子如今已二十二歲，並開始在一家大型國營銀行做他的第一份基層工作。你覺得你在此的職責已完成，你準備好要來慶祝了。你也應該要。你夢寐以求的就是讓孩子們走出家門並支付自己的帳單，而你的夢想實現了。

現在想像一下，你家那位才剛成年不久的大人，在銀行的部門會議上，面對一位因為無人能解決問題而感到恐慌的老闆。老闆焦急地踱步，要求「我們要解決這個問題！為什麼沒人知道這裡發生了什麼事？」創造力不僅限於藝術家的專業領域。創造力是所有工作的重要關鍵，無論你以設計衣服或在銀行工作來維持生計。

二〇一〇年，針對來自六十個國家的一千五百位CEO的一項問卷，認定「未來成功的最關鍵因素」為創造力。開場場景的那一位老闆，並不需要他人以剪貼工藝來裝飾他的辦公桌，好讓辦公室更漂亮。她需要的是一位能解決問題的人，而這個人需要具備創造性及靈活的思維。沒有實踐過創造性思維的年輕人，將會在工作中陷入困境，甚至是人生。他們習慣接受事物的現狀。作為領導者，無論是於工作或在其他事物上，都必須具有足夠的創造力來質疑事物，以不同的方式看待事物，並以巧妙機靈的方式執行新想法。

甚至，需要有創意思考者的人，還不僅是孩子未來的雇主。當你的孩子租不到房子時，該怎麼辦？或者，當他們被邀請參加一場他們負擔不起的婚禮怎麼辦？當問題出現時，你希望他們不會來睡你家沙發或是向你伸手要錢。我們怎麼能指望這些年輕人能有效解決他們以前從未遇到過的問題？所以他們要不時地腦力激盪並且有創造性思維。

這就讓我必須談及韌性，這種能走出各種艱難情況的能力令人稱羨。創造力和靈活度兩者往往是齊頭並進的，而死板僵化是心理健康的敵人。孩子此生之中會不斷面臨失敗、不時感到痛苦，但越能學會用各種有創造性的方式克服，就會成為越來越有韌性的人。

最後但同樣重要的一點是，創造力很有趣，若沒有許多樂趣，算得上什麼樣的人生？對我而言，在紙上寫下文字，是我所知最有趣的創意途徑，雖我有些朋友寧可去縫製衣服或親手去製作一個陶罐。我不擅長做手工藝，但無論方法是什麼，創造力都會造就一樣成品。大多數的我們每天努力工作，卻無法看到或觸及我們辛勤工作下的成果。一直以來不斷努力地累積成果，但沒有任何具體物件讓你指著，說出「你看，我做到了」可能會令人感到沮喪。

我住在美國銀行業務規模第二大的城市，許多我認識的銀行家告訴我，他們最快樂的事，是種植花草、粉刷房間，甚至是好好做一頓料理。他們熱愛他們的工作，多數的時間很喜歡，但他們的日常工作比不上成就這些有形的事物，能如此為他們帶來快樂。讓他們的青春期保有這種快樂及自尊心，這會使這些未來的大人得到人生的動力，這點與我所能想到的養育大小事同樣重要。

談論關於創造力的價值，似乎不是中學時期的首要任務，但請你花一些時間想像一個高中生要面臨多少可能發生的挑戰：不講理的老師、咄咄逼人的男朋友或女朋友、勸誘或逼迫你的朋友，以及耗費精力的行程表。其中任何一項，都有可能導致青少年屈服讓步，因而違背自身直覺，但習慣以創造力來解決問題並有管道排解壓力的人，儘管面臨必然的挑戰卻也能保有真實自我。

青春期的創造力，會發生什麼事？

孩子天生就有豐富的創造力，這有兩個主要的好處：一，在漫長日子，創造力讓孩子們保持忙碌，二，創造力有助於他們對你表達其感受。孩子們會送上超大的串珠項鍊或是蠟筆畫作來表達他們的感激和愛意。又或者在很糟糕的一天，他們會像可愛的小精神病患者一樣，不討人喜歡地把寫有「我恨你！」的畫作塞入你的門縫下。至少，你知道他們的立場了。

這幾天，你大多處於黑暗之中。隨著孩子從小學畢業，對情感表達的豐富想像力會減弱，這不僅是因為這時藝術課程減少的關係。是否是因為不再想對你表達感謝，中學生才停止為你送上手作物品？他們一般的豐富情感被按到靜音了嗎？或者，是創造力的泉源在青春期時就枯竭了？

讓我們先來檢視感謝這件事，因為有許多家長都為了孩子不知感恩而痛苦掙扎著。我們都知道，青春期孩子渴望感覺更成熟。對他們來說，對達對家長的感激似乎很幼稚，甚至感覺上與依賴是一回事（並不是）。你會說：「當你在學校的時候，我幫你整理了你的房間！」然而，你不但沒有得到一個擁抱，卻是「我沒有要求你這麼做」。唉呀，你的青春期孩子正在想，「我可以自己整理，用自己喜歡的方式，按照自己的行程，我又不是小孩了。」所以，是的，在這幾年之中，感激之情多少會消滅一些。然而，創造力……它又去哪裡？

長達一整個下午的對峙爭鬥，你兒子想玩《要塞英雄》（*Fortnite*）線上遊戲，女兒瘋狂地在 Netflix 上連看《六人行》所有十季，或者大女兒在 Snapchat 中無休止地滑手機，手機似乎是個罪魁禍首。毫無疑問地，螢幕讓人很容易忘記時間，但說到社群媒體上的無意義消費或電視節目，成年人可能和大家一樣有罪。我只是不相信，削弱孩子們創造力的罪魁禍首，科技是唯一要究責的對象。

他們的想像力看似消失，但實際上可能只是暫時遷移了位置。就像孩子們在中學時從具體思維轉換為假設思維一樣，他們的創意產物也變得較無形、較不明確，也不那麼具象了。不同於過往創造有趣的新遊戲、藝術成品、堡壘或烘焙點心，此時中學生的創造動力，可能是為了成就更巨大的事物：他們自己。青少年總是努著要努力建造他們的新個人品牌。我記得，青春期的我，許多精力都在費心實現如何讓瀏海尖挺但還要有層次。這花上數個小時的觀察和練習，最終我在創意的呈現上表現不佳，頭髮不僅扁塌並抹上過多的髮膠。一九八〇那個年代，如果有像 YouTube 上那些髮型教學的奇妙東西，我可以保證，我花費在瀏海上的時間至少會增加十倍。

同樣地，當你的孩子在這個年齡時，可能無法展示太多的努力成果，但他們可能會花費大量的創造力來思考且練習他們想成為什麼樣的人，以及他們希望他人如何看待他們。然而……你希望你的青春期孩子認知到貢獻比索求更加重要，因為和一個似乎總是心煩意亂、心不在焉或自我中心的人一起生活並不有趣。那麼，你該如何進行激發青春期孩子創造力的對話，不僅是基於自私考量，而也為他們的朋友、家人及這個社會做出貢獻呢？

如何談論創造力

創造力無處不在，所以有許多自然的方式來切入該話題。

我發現鼓勵創造力的一種簡單方法，是抓住青春期孩子近乎很普及的創業和賺錢渴望。早期的創業嘗試，往往取代了中學孩子的「遊戲」。這種時候，孩子們開始當臨時褓姆、提供寵物護理或是修剪草皮的服務，或販售品質不佳的手工隔熱墊、餅乾、手鐲、紮染工藝品，以及書籤。

在一場於波士頓舉辦的教養主題講座中，聽眾之中有一位女士要求我解釋讓孩子們自行創業的原因，家長承擔了大多的重擔，如補貨、清理、運送貨物給客戶等等。她（正確）的評估指出，這個年齡的孩子有許多的想法，卻難以堅持到底。換句話說，他們還沒有準備好。沒錯！但我並不是建議你的孩子要開啟一項成功的志業。這是一個極不可能的終點，然而，我在報紙上讀到，有一些超棒的孩子們開始在市區範圍內為無家可歸的人提供衣物，或販售出創紀錄數量的餅乾來資助癌症相關單位，或者修剪許多人家的草坪好讓家人一塊去度假。

也許你也讀過這些文章，把這些文章給你的孩子閱讀，作為有足夠的毅力也能實現目標的例子。對於一個中學生而言，這可能相當於讓他們看一篇關於籃球運動員史蒂芬．柯瑞的文章，接著說：「你也有可能進入NBA！」當然，也許吧！但是，可能性幾乎也不太高。

> 不要讓創造力的超級巨星欺騙你，讓你誤以為這個極為短暫的時間就並非不是真正目標。

我在教養主題講座中給這位媽媽的回答，並非不參與孩子的創業活動。除此之外，或許當你幫助採購物資時，孩子們**應該**還在此掙扎前進。困難重重時，正是他們發揮創造力的時候。答應孩子，目的不是為了支持一個成功計畫。而是要認可創造力、好奇心和參與度的重要性。這關乎激發孩子的想像力。是的，即使有一半的手工隔熱墊從未送至顧客手上（你看，作為一個例子，這裡就提供一個關於如何後續追蹤的學習機會，該如何寄出有創意的電子郵件）。

這就來看看，關於以創意開展小型企業的對話，該如何使用 BRIEF 對話模型。

BEGIN：平和地開啟對話

孩子：媽媽、我和傑米要製作紮染的襪子並在學校販售。

家長：喔，酷耶！那你要去哪裡買製作材料？

孩子：我不知道。你是否可以……

RELATE：與孩子產生聯繫

家長：我很高興你想到用創意的方式來賺取收入。你要詢問我是否能幫你買材料嗎？你希望費用也由我來支付嗎？

孩子：嗯，我們沒有錢，這也是我們要做生意的原因。

家長：我明白了。我自己也是一個企業主，我也同意你可能需要一筆投資資金。

INTERVIEW：訊問以收集資料

家長：你可以在亞馬遜上搜尋價格合理的白襪子和紮染工具，再回覆我嗎？

孩子：好！你要給我們多少錢？

家長：喔，我還不確定。我需要考量一些數據。你先研究一下再回覆我。我再給你一個答覆。

【五分鐘後】

孩子：好了！襪子需要三十美元，紮染工具要十五美元。除非是要買更多顏色的高階組合，就會是三十美元。

家長：製作這些襪子要花四十五到六十美元？那要買到幾雙襪子？

孩子：我們可以買三十美元有二十雙白襪子的組合。

家長：那你們紮染之後要賣多少錢？

【關鍵是保持平穩的音調。無論這個想法現在看起來多麼荒謬，先不要以用字或語氣提供回饋，你只要收集資料。】

孩子：嗯，我不知道。或許一雙十五美元吧？

家長：你聽起來不太確定。這是你們雙方都同意的定價嗎？

孩子：我不知道，可能高一點或低一點。你覺得呢？我們只想盡可能多賺一點錢。

ECHO：回應對方

家長：我知道了。聽起來，你想要花最少費用來獲得最高利潤。這是很好的商業觀念。此外，你還需要某種方式來購買你開業的用品。到目前為止，我說的對嗎？

孩子：沒錯！

FEEDBACK：提供回饋

家長：首先，我認為這是一個很酷的主意。以材料的成本來說，四十五至六十美元對我也是一筆不小的數目。我所願意做的事情，是貢獻十五美元於第一批購買的襪子。其餘金額你可以用自己的存款補足。賣掉你的第一批貨品之後，你就可以償還我的十五美元。至於紮染部分，我願意花十五美元買下較小的工具套組，但你不必償還我銷售所得，我接受你以價值十五美元的家事來支付。

這取決於你如何為襪子定價。以你這個年齡的孩子來說，十五美元對我而言很多，但你可以多做一些「市場調查」，問問你的朋友願意支付多少金額。你也可以預先接下一些訂單。這部分完全取決於你。如果你的產品銷量不足以讓你償還我第一批襪子的費用，我們會從你的零用錢扣除。但是，如果你努力工作，那麼你就賺到足夠的錢來訂購更多材料，再賺更多的錢！我想我不用說了，你只能在室外進行紮染，在你開始進行之前我先幫你確認材料設置。這聽起來不錯吧？

這個假設性的商業冒險是否會賺錢，甚至是否過得了計畫階段，有人能夠確定地斷言嗎？然而，花費在規畫、夢想及執行上的時間——即便這會是一個短暫的階段——也相當地值得。

如果家長一開始就對計畫抱持懷疑態度，並批評孩子以前造成的混亂局面，那這次談話可能會邁向全然不同的方向。孩子若無意中聽見家長向朋友抱怨孩子只會上YouTube看別人在做些什麼事，孩子的創意火花可能一開始就被澆滅了。

社群媒體和創造力：網路天堂中的一場競賽

另一個容易提升創造力價值的空間，是關於社群媒體上的話題。它作為一種視覺媒介，易於察覺青春期孩子發布的內容是富有還是欠缺創造力。是的，我明白，有些家庭直到孩子中學畢業後才允許使用手機或應用程式。我不主張或反對任何特定年齡的人使用社群媒體。即使你的關注範圍內目前未涵蓋這個話題，我也希望對話的形式能帶來幫助（不過，我要補充一點，即使你的孩子還沒有電話或社群媒體的帳號，但他們身邊許多孩子都有，作為他們未來使用的基礎，和孩子談論創意內容仍然很有意義。你可以讓他看看你的發文或是名人的帳號來表述你的觀點）。

當我仔細研究一個青春期孩子的Instagram帳號時，我總是預期會看到各式各樣的照片，但如果我要和別人打賭的話，我會把錢押在一系列的自拍及一群朋友的團體照上。這樣滑手機的有趣程度，就像是閱讀一個無休止、無聊的連續句子一樣。

那麼，這將成為你利用 Instagram 來談論創造力的絕佳機會，或者，甚至要談談 Finsta[17]（你孩子使用假名設立的 Instagram 私密帳號）。多數擁有私密帳號的孩子，都會對家長隱瞞。雖然你無法提出你看不到的事，但你可以提到你知道有私密帳號的存在，但你不知道你的孩子是否也有，不過你希望他們如果有在網路上做**任何事**，無論這假帳號是否不為人知，這件事應該要能為他們的幸福做出貢獻，而不是讓他們自己或他人感到很差。

說到感覺很差，使用有創造性的社群媒體更有可能讓你感覺良好，而被動的社群媒體使用則會產生負面影響。二〇一七年，一項主題為「社交網站會增加或破壞個人的幸福感？一項批判性評論」的研究發現，「被動地使用社群媒體（所謂的被動潛水而不主動參與）與幸福感呈現負相關，但社群媒體的積極使用（發文、評論，以及分享）與幸福感呈現正相關」，這是一個很好的舉例，說明我們能以有創造性的方式使用社群媒體，而不是漫不經心地滑手機。

以下是一段關於社群媒體的對話，而創造性也能如此依循 BRIEF 對話模式。在此的對話主題為 Instagram 是這裡的主題，但社群媒體的應用程式的流行總是變化不斷。在此的建議適用於任何社群媒體。

BEGIN：平和地開啟對話

家長：嘿，你今天貼文的那張照片真可愛。

孩子：我要秀一下我的新耳環！

家長：是呀，很可愛！你想一塊去吃點小東西嗎？我想和你聊幾分鐘，關於社群媒體的事。沒什麼事！只是確認一切順利。

孩子：我做錯了什麼嗎？

RELATE：與孩子產生聯繫

家長：完全沒有。只是我今天早上在想，我如何在早餐時花了十分鐘滑臉書，然後發現到根本不那麼有趣。我不知道你瀏覽 Instagram 發文時是否也是這種情況。

孩子：有時候吧，我覺得。但我喜歡做這件事。有時很無聊，但大多很有趣。

NTERVIEW：訊問以收集資料

家長：你認識大多數的人似乎都會上傳自拍照，偶爾才會放上一張團體照。你覺得這是真的，還是你認為人們做的人遠比這說法更有創造力？

孩子：嗯，可能真的是這樣，但也沒什麼大不了的。

家長：我同意──沒什麼大不了的。我只是好奇，不同的人如何以不同方式使用該這個應用程式。你是否有追蹤不是你朋友的帳號？

孩子：不，你告訴我不要追蹤任何不是朋友的人。

家長：沒錯！但如果你想的話，你也可以追蹤一些較多人看且經過驗證的帳號。國家地理會放上一些很棒的照片。狗狗評分（We Rate Dog）這個帳號也很搞笑。我也追蹤了一些我喜歡的喜劇演員。如果你想的話，若要看到多樣化的消息來源，這會是個好方法。如果你都打算要使用這個應用程式，不妨從中獲取更多。

孩子：好的，太棒了。

家長：你覺得什麼樣的發文最無聊或最討厭？

孩子：呃，我討厭有人發「我今天看起來真的很醜」之類的內容，而你知道他們只是想得到讚美！

家長：這聽起來很討厭。男生會這麼做嗎？或者只有女生？

孩子：主要是女生。但是當那些男生用鏡像自拍來展示他們的腹肌時，這真的很奇怪。

家長：對啊，你能想像我這麼做了嗎？

孩子：噁心。絕對不要。你敢。

家長：哈——我絕對不會！但說真的，如果我每天都在臉書上發自拍照呢？如果有人每天只發布類似照片：無論是自拍，還是腹肌的照片，或他們晚餐的照片，這些都是所謂的「單一音符」。想像一下，如果一首歌之中只有一個音符，這會是世界上最無聊的歌曲。如果是你的帳號時，我鼓勵你多一些思考，要比這更有創意。

孩子：是呀，我知道。我只是不認為我可以在 Instagram 上扭轉這件事。

家長：為何不行？

孩子：因為我所有朋友的確都會放上大量的自拍照。我不覺得你沒有識到這只是很正常的事。

ECHO：回應對方

家長：我明白了。這似乎就是其他人使用該應用程式的方式。如果成為第一個作法不同的人讓人感覺很奇怪。

FEEDBACK：提供回饋

家長：以下是我的想法，我們也不必糾結在這件事。你的帳號，就像是瞭解你個人品牌的一扇窗。如果你的帳號中九〇%是自拍，它聽起來就可能像是一首只有單一音符的歌曲。如果你只放上自拍照，人們就看不到你做的那些很棒的事了。像是你去農場當志工、養了一隻可愛的狗，以及你拍攝的那些令人驚嘆的海灘美照。我只是覺得，這些對你而言會是很酷的攝影主題。

去看看五、六個有認證的帳號，有藍勾勾以標示為官方帳號的那些，可以是範圍廣泛的主題或是不同的人。大致瞭解你朋友圈之外的人如何發文。然後，或許也可以下載一個照片編輯的應用程式來處理你拍的照片。藉由在自然圖加入一些圖形設計的元素，你就能有一些很酷的成效。去玩玩看吧。你也不必發布你編輯的內容，但學習這些工具會很有趣的。如果你決定要開始拍攝更多不同事物，今年夏天我們也能看看是否有攝影的學習課程。聽起來不錯吧？

這裡有個重點要提醒，這些對話可能會經歷許多轉折及大轉彎，你會發現，關於這些關鍵議題，要告訴孩子的重要事物只會越來越多。保持專注、縮小範圍。這樣的對話很容易分枝成為無數的議題：網路安全、良好的網路公民、評論的禮儀，以及別過度發文，這裡僅舉少數幾例，但都很重要。但是，永遠不要因為沒有一次涵蓋所有事情，因而責備自己。記住，要保持簡短和專注（例如，在此的對話只針對創造力），否則你的孩子只會產生排斥。

對話破局關鍵

冗長的談話，並非是讓孩子停止傾聽的唯一因素。以下種種方式可能讓你無意中挫敗孩子和你談論此事的意圖：

「我無法再收拾另一個爛攤子了！」

創造力天生就是隨性懶散的，在已經夠混亂的一天中，若還要再清理一個爛攤子，你的直覺反應就是想說不，我理解也感同身受。當這件事的範圍只限於一個螢幕上時，混亂會少一些（孩子是否該使用電子產品的支持欄位中，你可以在此多打上一個勾），但是，關於創意有其獨特之處，需要你涉入參與事物其中；可以的時候，點頭同意還是值得做的。對某些想法，你可以而且也應該說「不」，不必擔心會扼殺孩子的創造力，只要你偶爾同意說「好」就沒問題。當你想要拒絕時，請嘗試使用「**好、不、好**」（the yes-no-yes approach）的方法，這可以平衡孩子對事物的熱忱及你想要圖個清靜安穩的需求。

「**好**，這聽起來是個好主意。**不**，我們今天不能做這件事，因為【請自行填空：我現在很疲累了，而這件事可能需要我協助，有一些家事需要完成，我們沒有材料了】。**好**，這個週末將是實踐這個有趣想法的最佳時機。」

「我不明白。」

本庭判你有罪。我有時不確定該怎麼表現對一個專案的熱情，特別是當我不理解該專案時，或者我的腦海中仍想著，「這件事的最終成果可能不會如他們預期。」在那當下，我解決之道是詢問流程。「喔……不錯。什麼，呃，這部分是什麼？你會怎麼什麼？你的意思是指這東西該移動到這裡嗎？」如果你真的很好奇，向某人詢問他們的流程會是件好事，但你若以邏輯提問來取代平淡的反應，你的青春期孩子就會察覺到。你的口吻聽來就會像是尋找流程之中的缺陷。如果你沒有正面的反應，試著詢問他們一、兩個經驗上的問題。「這是一件有趣的還是困難的事，還是兩者都有？過程中有讓你感到驚訝的事嗎？對於這項創作，你有什麼計畫？」

「你下一次能做得更好的是哪個部分？」

面對孩子時我們時常專注於結果，在無意識的情況下就直接進行評估。你專注在他們籌集了多少資金、他們贏得了多少獎項，或是師長給他們的諸多讚美。當然，為結果而奮力工作並學著衡量成功，是你希望孩子發展出的一項技能。本單元的重點是創造力本身，因此針對這些對話，請嘗試對他們的經驗做出反應並產生關聯，而不是談論什麼事有效而哪些無效，或是下次要如何改進。

「你現在能把它用在有意義的事情上嗎？」

有時候，我們無意間就會貶低孩子喜愛的創作類型，特別是與我們的大人朋友們談論彼此的孩子時。「她太有趣了，但我只是希望，她能將這種才能用在製作網路梗圖（或稱作迷因，aameme）之外的事物上，哈哈！」「他是一位優秀的寫作者，他的老師說他有天賦，但他著迷於繪製日本漫畫，每頁大約只有十個字。我們不希望他浪費自己的天賦就好了。」在中學時，你的孩子表達創造力的方式，相較於他們在小學或高中以後的表現方式，可能大不相同。這幾年的意義，就是為了記住創造性和探索全新表達方式的樂趣。

「這太酷了。但我會這麼做來讓它變得更好。」

如果你喜歡創新，或者你的孩子生來就有天賦，那麼你可能會對他們的企畫以及他們的潛力感到高興。你喜歡看他們做事，也許你甚至產生「讓它變得更好」的想法了！在此，我必須要檢視一下自己，因為創意會讓我興奮不已。當我的孩子想要寫下任何文字，我得要忍著不開口，咬到舌頭都痛了。當他們在社群媒體上發布一個有趣的標題時，我會發送一個簡短訊息說這讓我笑慘了，我必須要壓抑我的衝動，不糾正語法或建議後續再發一則有趣的發文（我不是每次都抗拒得了，這太難了）。但是，當我那一刻，想起我媽媽對我的每一項努力嘗試所提的改進建議，我就明白什麼是我不該做的事了。沒有什麼比建議更能扼殺動力了，即便是一項好建議。

藉由腦力激盪提升日常創造力

除了關於創意企畫或方法的特定對話之外，讓你的孩子保持創意思維的另一種方法，是經常在家中進行腦力激盪。這很簡單，你可以提出一堆想法，關於在哪裡吃飯、如何教家中狗兒新的技能、公路旅行該打包什麼東西、如何回應某人的刻薄評論，或是製作家事分配表的最佳方式。我們都忙碌到無法如此處理每一件小事，但時不時地讓孩子為常見的家庭任務或挑戰提出解決方案。

進行腦力激盪時，鼓勵創造力的關鍵是一開始就接受所有想法，即使是有點愚蠢的想法。我們多數人都是自發地思考，我們最壞的主意總會出現在先最佳想法之前。孩子最初提出的想法，即便很荒謬，如果你全然否決（「新的家事分配表中，不應該包含不超過兩分鐘的家事！」），你的孩子就不會再出任何主意了。寫下所有想法，在你得到一個的完整的列表後，從完美到糟糕來一一排列，然後再回到列表中刪去那些不可行的項目。

我們的大腦擅長駁倒各種創意。我們大多數的人都是以風險評估模式運作：「這太難了，或許結果會令人尷尬。我還沒準備好。」在我們有機會嘗試之前，我們極為擅長阻止自己的創意。以腦力激盪讓你的孩子適應創造性思維，教會他們如何對抗「你不能」的聲音，並傾聽「也許」的可能性。

將議題帶入家中的其他方法

我已分享兩個關於創意的舉例對話，但是如果這些特定情景都未自然地發生在孩子身上，你可以自然地提出這一點，在他們已進行中的事物上找些方法來鼓勵孩子。我常聽見中學男孩的家長們抱怨一件事，就是「他只想玩電子遊戲」。你如何找到**這其中**的創造力？好吧，你自己來推斷一下。也許，他有意願去上社區大學的程式編碼課程，開始學習電子遊戲設計師如何讓魔法成真。或者，他希望每個週六都在家中舉辦遊戲俱樂部（如果他能自己設計傳單並自己製作點心，也許你就會同意了）。由於他忙著玩電子遊戲，你可能不得不自己開啟這個話題，而不是等著他來向你提出要求。

家庭聚餐或搭車外出時，是隨性提出新話題的好時機。你可以引用我在本章一開始提及關於CEO的統計數據。「我今天聽到一些有趣的事情。一項針對CEO的調查發現，他們將創造力列為商業成功上最關鍵的要素。我覺得，大多數人並不同意有創意和成為商業人士是同一件事。你也對這件事感到驚訝嗎？」假裝天真單純有助於開啟這些對話，因為這改變了平時的互動模式，讓你的孩子覺得自己更為世故或更具洞察力。然後，一旦你「被說服」了，讓你的孩子知道你同意創造力的重要性。表示你願意支持他們，想要研究他們感興趣的領域中他們還能發展哪些有趣的事。明確表示，你不是想取代他們早已喜歡的東西，而是以更酷的方式提供支持。

你也可以嘗試這一種直接又有試探性的方法。「還記得，你以前會花上好幾個小時玩那些樂高組合嗎？你是否會懷念能動手進行這種小工程？」有些孩子會認為中學時期應該要停止玩樂了，但如果你允許的話，他們會樂於沉迷其中。如果你認為你家的青春期孩子對於更成熟的主題有反應，請於 Google 上搜尋「樂高建築系列」。主動提議要與他們一起打造樂高，讓他們明白不是只有孩子才能玩樂。「你這是幫了我一個大忙，因為我一直在思考看電影之外的家庭活動。」

最後，要有耐心。為這場勝利邁出第一步。如果你的青春期孩子們鑽研你的食譜，並且為家人做了一頓美味餐點，你會很開心的，但也許你能盡己所能的，不過就是在他們輕快穿越廚房進去房間時，倒掉他們為喜愛餅乾預先測量好的材料。稍後，當你們坐在一起吃餅乾時，你的青春期孩子肯定會搶功勞。「這都是我幫助製作的！」忍住你想要以事實反駁的衝動。（「是呀，幾乎沒幫忙吧！我不得不抓住你的手臂好讓你不要再倒入更多麵粉。」）讚揚那些微小的勝利，這都是為了讓孩子再次投入。「是的！謝謝你的幫忙。如果下次想再和我一起做菜，請告訴我。或者你如果想和朋友一起做點什麼的話，我也可以去買材料。」

不同於你必須要和孩子談論的一些嚴肅主題，這裡要談的主題就是要開心、有趣。對於他們的創造力的選擇，你越是積極、越是包容，他們現在及未來與你分享的可能性就越大。

鼓勵創造力的另外十種方法

要鼓勵你的孩子專注於創造力上有無窮無盡的方法，但在此有十件簡單的事，你可以為青春期孩子提供，或是當他們需要時也可取得，如此可激發他們的創造力。

1 一箱美術用品（通常最吸引人的是整齊完備的新工具，需要有人來弄亂）。

2 可以到印刷廠製作名片或傳單的禮金儲值卡。

3 空白日記本、彩色筆，及貼紙。

4 科技的使用權：平面造型設計的應用程式、YouTube 私人頻道、新興趣的線上課程等等。

5 訂閱（料理、自然、科學等）雜誌，其中頁面照片足以啟發靈感。

6 攝影課。

7 從 Craigslist 購買的廉價樂器。

8 允許他們裝飾自己房間。當你為他們做的越少、資助的越少，他們就會越有創意。

9 盥洗用品、化妝品、染髮劑（暫時或永久性的）及基於實驗性質的其他藥妝店用品。

10 無所事事，可以花很多很多時間盯著天花板看。

當你要激勵孩子的創造力時，不要忘了也給自己一些時間，讓自己安靜地坐下、做做白日夢，做一些手工藝，或是放縱自己的感官。當你的孩子上高中時，你會發現自己手上有更多的時間，因為他們很快就能自己開車外出，更頻繁地與朋友一起出去玩，不太需要你的協助和監督。如果你能再次拾回曾熱愛的興趣喜好，或是發掘新的愛好來進一步探索，你會發現這段時間不再孤獨，而且富有意義。作為額外的獎勵，你將實踐你所反覆宣揚的事，為你的孩子樹立一個極佳榜樣。

時間有點急？你的速成課程在此

 # 創造力是成功人生的一個重要面向，而不僅限於藝術類型。商界領袖將創造力視為成功的最大關鍵。

 # 注意，你要用有創意的方式來鼓勵創造力，這將有助形塑孩子的適應能力，讓他可以面臨青少年時期的種種挑戰。

♯ 在青少年時期的早期，創造力的改變有兩個重要的方向。首先，青春期孩子經常將其創造力轉為內在，努力以新方式對這個世界展示自我。第二，創造性的遊戲模式往往會被創業所取代。兩者都值得鼓勵。

♯ 科技不會只是令人麻木的一種空虛感。它可以成為孩子們表達自我的創意渠道。

♯ 在家中鼓勵創造性思維的最好方法之一，是盡可能多讓青春期孩子參與腦力激盪。他們需要明白，好點子往往就隱藏在他們那些不可行的想法之後。

♯ 找尋鼓勵創造力的方式，藉由孩子喜愛的事物來推斷。

注釋——

17 Finstas，指「fake Instagram」，多為私密的 Instagram 帳號，追蹤者極少並且是較親密的朋友。

PART 8

我們來聊聊照顧自己

討論構成自我照顧的各種要素，都以發展應對技巧為根基。在這個單元中，關於個人健康的各個面向，包括衛生、體重及自殘，你將瞭解到保持中立、不加以評判的重要性。你們的對話，應該從告訴一個小孩應該做什麼、什麼時候做，轉移至你家的青少年所該具備的責任，協助他們注意到對他們最合適的策略，無論是好好照顧自己的思想、身體或心靈。

我總是說中學是人生中最棘手的時期之一，因為你在中學時所發生的事情，會伴隨你很長一段時間。你可能還清楚地記得取笑你衣服的那個人，或者當你在課堂上回答錯誤時大聲取笑你的那個人。一般而言，相較於正面的經歷，人們對於負面的經歷記得更加清楚，這通常是因為悲傷或痛苦的經歷需要大量的反芻思考。我們需要記住糟糕的、可怕的、危險的以及令人不愉快的事件，才能避免重蹈覆轍。我們沒有必要記住平凡的日常瑣事，甚至是快樂的重要人生時刻，因為在我們大腦的生存工具包中這些事並沒有同樣的功效。

在中學時，尷尬會觸發我們的大腦反應，像是真正的危險一樣。身為一個成年人，多數的我們都能輕易擺脫尷尬，因為我們都有較強的自我意識。然而，當我們十二歲的時候，我們的脆弱自我上若有任何一個小傷痕，都可能成為我們成年後留下的疤痕。

如果人們總是帶著將青春期的痛苦前進是壞消息，那麼好消息就是孩子在青春期所習得的應對技巧及策略也會一路陪伴他們。這就是年輕時學習自我照顧很重要的原因。如果你的青春期孩子現在正練習全新的應對技巧，這些技能將隨身相伴並適用於往後的人生階段，可能是青少年年齡稍長或身為年輕人而更需要這些技能時——面臨失業時、面臨一段關係結束時，或面對一般人的日常生活壓力及責任遽增時。

近期，自我照顧（self-care）成了一個流行口號，但日益流行的趨勢不應當讓這件事的必要性變得麻木。孩子和家長都需要學習做好這件事。若能讓孩子看見你如何自我照顧，你也同時教會你的孩子如何照顧自己。注意：自我照顧，不要與物質主義或是縱容混為一談。相對於花一天在水療中心做療程或是購買一件新襯衫，這件事不僅更複雜也更個人化。自我照顧是各種習慣的骨幹，能保護你身體（body）、頭腦心智（mind），及靈性精神（spirit）的健全。實際上，每一個人的情況都不一樣。我認識許多家長都將個人需求放在他人需求之後。如果你就是如此，請記住，當你拒絕為自己騰出時間時，你就是成為一個犧牲者。如果你需要一些時間充電，請不要害怕說不，尤其是對你的孩子。正如作家安妮．拉莫特（Anne

Lamott）所說的，「只要拔掉電源插頭幾分鐘，幾乎什麼東西都會恢復正常的，包括你自己。」有時候，請讓你的青春期孩子明白這一點。

在這個單元中，我們將要來討論自我照顧，其中涵蓋小至最基本的觀念（衛生），大至最複雜的議題（自殺念頭）。在孩子青春期的一開始，我們對他們所說的大部分健康議題，若不是**指令性的**，像是「老天爺啊，請塗一下體香膏吧！」這種說法，就是**反應性的**，如同當你的孩子問你名人自殺的事件時，而你需要提供他們的答覆。但是家人們需要以更為預防性的方式與孩子們對話，維持他們的健康。讓我們來看看，如何及早進行自我照顧的對話，讓孩子維持長期的健康。

如何與孩子談論衛生議題而避免讓他們不開心

蘇珊是一個六年級男孩的媽媽，她向我傾訴她與兒子傑克的尷尬問題。「他身上有臭味，但我不知道該怎麼辦。我告訴他要使用體香膏，當我問他是否有使用體香膏時，他都說「有」，但我知道他沒有。」

如果每位來請教我該如何讓孩子擦上體香膏的家長，都給我一美元的話，我現在就會在土克凱可群島（Turks and Caico）的海灘上，啜飲著貴得離譜的琴通寧雞尾酒。雖然我們都同意體臭是個令人尷尬的問題，但這並非是個特別的問題。儘管如此，孩子們需要明白讓人聞到惡臭並不禮貌，所以你如何說服孩子去在意這件事？

實際上，試圖要說服他們可能就是問題所在。通常，家長將不關心衛生與不良品格混為一談。他們擔心他們的孩子沒有使用體香膏，是因為他們懶惰、不健康，或者缺乏正常的自我意識。他們擔心這會阻礙子女努力融入社會、結交朋友、找到工作、快樂，並且成為一個正常的成年人。因此，他們施壓、以甜言蜜語哄騙，甚至以言語羞辱孩子，希望能藉此避免他們將來的失敗。

衛生是需要減少說教、多採取對策的健康問題之一。當家長提及體味這件事時，孩子們會變得特別有防禦心。我記得，我十二歲的時候，當我媽媽熨燙完衣服後，走到我面前——手上緊握著襯衫——說：「你的襯衫的味道聞來很可怕，妳一定要擦體香膏。當熨斗燙到襯衫上時，氣味令人難以忍受。」

要讓對話破局，我想不出更好的一個例子了。我記得我一整個星期都不和她說話。

想起自己的屈辱，我建議有個發臭孩子的蘇珊購入六條全新的體香膏，在房子的四處戰略性地留下五條，另一條則放在她的車子裡。如此一來，兒子出門懶得上樓拿體香膏的時候，就可立即拿到後門桌子上的那一條了。如果他無法去拿桌上那條，他也能用她車上中控台上那一條。你明白我的意思了。在某個時間點，幾乎所有的青少年都會開始使用體香膏。當孩子們不願意配合時，在家裡四周放置體香膏，就是開始養成習慣的好方法。

當你進行衛生對談，是以討論自尊、團體生活，以及好好照顧自己身體機會的方式，那麼你的青春期孩子只會置之不理。進行一些相關對話可能還會更有效益，像是「有時要好好照顧自己的身體真的很痛苦。我們就把這些體香膏存放在四處，讓你盡可能輕鬆取得，這樣你就不必擔心了。」

妥善應對需要練習

我女兒上二年級的時候，她出現了嚴重的焦慮症，程度嚴重到了她幾乎每一天都從到校時一直哭到放學。她請求我讓她在家自學。那正是我最可怕的惡夢，所以我拒絕了。百分之百的時間都陪伴於孩子身邊是一種極大的負擔。百分之百的時間都陪伴你情緒焦慮的孩子身旁，更是關係破局的關鍵，對我們雙方都沒有幫助。我擔心我的在家自學課程，可能很快就演變成居家調酒學校。

然而，我確實竭盡全力，想辦法幫助她發展應對技巧。有長達幾個星期的時間，我每天、一整天都坐在學校的辦公室裡，她被允許每二十至三十分鐘就能過來找我，確保一切進展順利。她學校裡的相關支援人員在這過程中協助她。最終，我們逐漸戒斷這種方法，我坐到學校外面了。然後，我們減少了我在校園內的時間。雖然這些策略在短期內幫助她應對（並讓我不必提供在家自學），但直到我們找到一位超優秀的認知行為治療師，她才學會了安撫自己的技能，而不是仰賴著我才能安然度過一天。現在，作為一個年輕的成年人，我的女兒不僅獨立也成功。而且，讓我謙虛地吹噓一下，她還是一位非常成功的體香膏愛用者。

歷經這種高度焦慮的日子時，身為自僱工作者的我相當幸運，能夠擁有這種彈性我知道我非常幸運。每位家長都會在自身的情況下盡其所能。無論如何，當我們面臨危機時，家長可提供支援，讓問題在控制範圍內，但他們不應該讓根除問題的責任成為重擔。當我們為孩子剷除一路上的問題時，他們就會認定問題就該這麼處理——讓他人解決。他們就沒有練習應對的機會。

「先試試這件事」的方法

多數的青春期孩子都被自己的情緒淹沒，並經常要求家長為他們解決問題，即便他們無法清楚表達什麼問題需要解決，為什麼要解決，又該如何解決。你可以採取以下措施來減緩家中出現的這種行為。當你的青春期孩子感到快樂和放鬆時，請他們列出清單，寫下他們焦慮或沮喪時能有助於改善情緒的事項。例如，你可能會說，「嘿，我讀到有一本書中提到這個想法，我想和你一起試試看。當某事令人不愉快時，如果有一份易於取得且相對簡單的事項清單就很有幫助，這些事項是你可以自己完成並且可以改善心情的。當你感到心煩意亂時，通常會讓你心情更好的十件事是什麼？」

我將這項活動命名為「先試試這件事」（Try This First）。我來舉例，「先試試這件事」列表可能包括：投籃、閱讀、看電視節目、烘焙、做瑜伽、泡澡、將手機關機、冥想、觀看有小狗的YouTube影片、繪畫、聽音樂、跑步等等。控制一下你想編列孩子清單的衝動。你可能很討厭YouTube，但如果觀看二十分鐘的影片有助於調整心情，這就不全然是壞事。

孩子感到絕望卻含糊不清地表達，可能也讓你感到無能為力。「先試試這件事」讓你有跡可循、有話可說。舉例來說，想像一下孩子經歷很糟糕的一天，還哭著回家。你詢問發生了什麼事，但他們無法或不會表達。當然，你希望讓他們感覺好一些，但你不知道該怎麼做。與其要承擔揭開謎團的重擔，然後尋求真正能改善狀況的方法，你也可以說，「我很難過你遇到了不開心的事。你要不要看一下你的清單，接下來的二十分鐘選擇一件事來做呢？」（小提醒：如果你想要做更慷慨大方的事，你甚至可以在他們查看清單時，主動提議做點心來吃。）「你完成之後再來找我吧，我會在這裡陪你聊聊。」

這種方法關鍵是給予支持，同時也傳達信任感，相信你的孩子能找到讓自己改善心情的方式。這方法能幫助他們建立一種信念，相信自己其實並非無人支援，即便是手足無措的時候。想要讓你的青春期孩子更為堅韌嗎？請他們協助你打造屬於你的「先試試這件事」清單。這是一種很好的方式，可以巧妙地向孩子展示你人性的一面，並讓他們有機會思考他人的需求，而非只在意自己（無論是什麼時候，所有青少年都能從中受益）。孩子協助你列下清單的參與過程，當未來你需要一些時間來自我照顧時也能得到他們的支持。

營養及成長中的身體

琳達是一位成功的商務人士，擁有兩所美國常春藤盟校的學位，三個女兒分別是一至六年級。她的二女兒瑪麗告訴我，琳達希望她們健康。家中有許多致力於追求健康的規定，包括要求每天在固定時間活動、家裡不允許吃甜食、每一餐的餐盤上都必須放上一些綠色青菜。當朋友放學來家裡玩時，琳達要所有孩子下車從離家兩個街區距離的地方跑回家，好讓他們有些體能活動，也才能吃課後點心。所有的食物都是精心採購，低熱量、高營養，她期許自己用心地養育出堅毅又健康的女孩。

琳達對待健康的態度，就如同她經營事業的方式：紀律嚴明，以結果為最終導向。然而，對於女兒們，她的控制和小心謹慎可能會適得其反。在飲食和運動方面，我們能為孩子做最健康的事，就是教導他們如何找到和身體相處的快樂、自我調整，並且憑藉著自己直覺選擇食物。設下許多關於食物的規則，並不能讓孩子們學會如何相信自身的感受，而且可能會向孩子們發出損害自尊心、讓他們和食物形成不健康關係的信號。

在青春期的早期，你的孩子開始建立成為成年人所需的三個關鍵：成年人的身體、成年人的大腦，以及成年人的身分。這樣三重組合，我稱之為「中學建設項目」，對你的孩子而言，同時要面對這些事有莫大的壓力。大腦及身分的發展會發生於幕後，但身體的發展卻面臨著人們的檢視。

青春期跨越許多年，所以一個中學孩子掃視學校餐廳時，眼界所及會有看來仍像是三年級學生的同學，而有些人看起來就像是高中生。這可能會在孩子的腦海中種下自我懷疑的種子，因為他們每天都在思考著「我正常嗎？」當你周圍的每個人都有極大差異時，就很難搞清楚所謂的正常！作為一位家長，如何對孩子談「正常」，你可能會有自己的看法。對於自己的身體，我們都有背負著的包袱，並且被不正常的美容訊息（許多離譜地偽裝成談健康的訊息）所淹沒，我可以有把握地說，多數來諮商的家長們，對於青春期的正常身體發育都有錯誤認知。

每一年，我都會主持幾場母女會議。每一次，都有一個時間，女孩們都會離開這個空間，而媽媽們就會提問任何她們想知道的事。通常，我會巧妙地回答關於女孩體重及缺乏運動鍛鍊的問題。媽媽們總會擔心孩子的體重，**超級擔心**，尤其是在青春期一開始孩子們以驚人速度自然開始成長時。

在得出孩子不健康的結論之前，你需要瞭解孩子如何成長。平均來說，男孩在十二至十六歲之間會完成大部分的成長。在這四年中，他們的腳大致長成，體重則可能增加二十二點六至二十七點二公斤。十歲到十四歲之間，則是女孩成長最快的時期。平均來說，女孩們在這期間的身高可以增加二十五點四公分，體重則會增加十八點一至二十二點六公斤。這裡不是打字錯誤。在中學期間，青春期孩子的體重增加會是驚人數值。不需要警鈴大響。在此期間，當你注意到孩子體重增加許多時，你所能做的事情就是……**什麼都不做**。對他們身體的這番批評，你不會希望就此停留於他們正在發育的大腦中「揮之不去」的記憶中。「我絕對不會批評我孩子的身體或體重！我要強調的是做出健康選擇的重要性。」你如此反駁。你的孩子非常清楚，有些時候**健康**指的是**外表的吸引力**。作為一個籠統說法，這個字要小心翼翼地應對。

解釋統計學上的平均數值很有幫助，也有助於孩子於青春期時瞭解體重增加的健康數值，但如果你的孩子擔心的正是自己的外表時，特別面臨同儕的目光時，統計數據和數字就無法帶來多少安慰。我最喜歡對我諮商的孩子們（還有對有信心危機時的自己）說的句子之一，來自我的朋友兼作家蘿西．莫林納莉（Rosie Molinary），在她著作的書籍《美麗的你：徹底接受自我的每日指南》（*Beautiful You: A Daily Guide to Radical Self-Acceptance*，中文書名暫譯）中。「你來到底是有原因的。你有一份獨特的禮物要給予這個世界——這是一份迫切需要自我治癒的禮物——這與你的身體看起來的樣子毫無關係。」

從成人的角度來看，在理智層面上接受體重波動是一回事，但在情感層面上，許多家長仍然會質疑：「我家孩子的體重，會不會對他們造成一些社會後果？[18]」以及「我孩子的體重，是否反映了他們不良的健康狀況（老實說，這是否也同時反映了我的教養方式）？」

如果你擔心孩子的體重會導致他們被同儕取笑、故意讓他們難堪，請考慮以下問題：哪一個情況比較糟？被學校的孩子還是自己的家長擊垮信心？家長的職責是無條件地愛自己的孩子——無論他們的成就和失敗、外表的變化，或是身處自我懷疑的時刻。讓你的孩子知道很重要的這一點，無論他們對自己的感覺如何或是他人對他們說了什麼，他們一直都讓你感到快樂愉悅，和他們的外表沒有任何關係。

如果你的擔憂是出於健康的考量，請細想這一點：對於自己的身體，你的孩子所能做最健康的事情，就是學會自我調整。如果你為了要讓他們健康而控制或限制他們吃的食物，你就有可能破壞他們管理自己與食物之間關係的能力。要瞭解關於幫助孩子與食物維持健康關係的更多資訊，請閱讀愛倫．沙特（Ellyn Satter）的《我的孩子：以愛和良善心意來餵養》（*Child of Mine: Feeding with Love and Good Sense*，中文書名暫譯）。

你的職責，並不是為孩子的體型而苦惱——但這並不代表**他們**不會因此困擾。你家的青少年希望自己穿衣服好看、合身且充滿自信。你該如何提供協助？一整個青春期的期間，孩子的身型會非常自然地有所改變。你可以做的事，是幫助你的孩子以他們能感到自信的方式展示自我。當我的孩子難以找到合身衣物時，我總是會說，「這不是你身體的錯，而是衣服的錯。」然後，我會特別訂製讓他們更喜歡的衣物。

你應對的是一個不斷變化的目標，除非到了孩子停止成長的那一天，這可能要等到孩子高中畢業後。與其引發自我懷疑，倒不如增強他們的韌性。

關於營養的對話破局關鍵

在與孩子談論食物的對話中，請將情緒全然排除在外。以下是一些你可能會無意中將情緒帶入對話的狀況：

「我只是希望你身體健康。」

健康這個字詞聽起來很模糊，它可能代表著**纖瘦的**、**有吸引力的或有自我約束力的**，但這些都不等同於健康的意義。當你的孩子能夠自我調適時，他們就會健康了。你該說的話是，「這是你自己的身體。要注意什麼食物讓你有什麼感覺，並傾聽你的身體訴說它更需要什麼、又不需要什麼。」

「你很漂亮／帥氣，但我覺得如果你的體重數值更健康的話，可以增強你的自信。」

你的孩子所聽到的是他們還不夠漂亮或帥氣。與你的孩子討論他們最喜歡哪些食物及活動、原因為何，而不是暗示他們什麼部分未達期待值。

「當你吃得更好時，你的感受也會更好。」

這句試圖要讓健康飲食關乎感覺良好，而不是外表良好，這雖然是邁向正確方向的一大步，但食物帶給我們的感受不僅很個人也很不一致。與其提出種種的假設，不如建議青春期孩子寫日誌記錄自己餐後的感受，他們就能追蹤什麼食物會帶來正面或負面感受。

「但我花很多心思做了這頓飯。」

你是否曾被邀請到他人家中用餐，而有一盤令人噁心的食物擺在你面前，你是否會因此感到害怕？如果主人告訴你，他們花了多少心思來準備這些食物，你是否會因為被說服而覺得很想品嘗呢？內疚往往不會讓食物變得更加美味。我們都希望自己的努力被他人認可，但這並不能說服任何人因而不挑食。

「食物是身體的燃料。」

我曾於前面提及，不要以情緒化的方式和孩子談論食物或身體，但這並不意味著吃東西時要不帶任何情緒。雖然說，食物確實為你的身體提供了運作所需的能量，但這只是這個現代社會中食物的功能之一。如果食物純粹只是燃料，我們可以只吃粘糊糊的蛋白質，就能快樂地生存了。但食物代表著社群，這就是我們會一同聚餐的原因。食物代表快樂，這就我們喜歡美味食物的原因。美食代表文化，因為它就是我們之間的維繫。如果你剝奪食物為孩子帶來的內在聯繫及快樂，他們最後只會偷偷摸摸或私藏食物來追逐這些感知。此外，分享食物和外出用餐是孩子們早期能一同進行的社交活動。一起吃東西是一項有趣的、集體的、安全的活動。你要知道，這將構成孩子成為成年人早期的大量社交生活，而你無法在他身邊管控他們如何飲食，因此他們就需要儘早培養自我調整（self-regulation）[19]的能力。

睡眠很重要

美國的青少年平均每晚睡七個小時，但專家建議多數人的睡眠時間至少需要九個小時。要與孩子談論睡眠的重要性，可能會讓人覺得難以奏效，尤其是孩子早早就出門上學的時間表對你不利時。在青春期，孩子們的生理時鐘產生了變化，大約晚了兩個小時後才會自然地感到昏昏欲睡，這讓他們更難早起了。

就實際面來討論，家長可以做些什麼來解決問題。移除他們的電子產品是理想的選擇，一來是因為螢幕光線會抑制褪黑激素，也就是我們天然的睡眠激素，二來是因為他們難以抗拒看手機（及朋友）的誘惑。

越早養成這個習慣，就越容易保持下去。讓臥室維持於攝氏十八・三至二十度的溫度，也有助於引發冬眠的反應。最後，有相當重量的毯子有助於青少年入睡並維持在睡眠狀態。

不過，請記住，當涉及到孩子的不良睡眠習慣時，你要鬥爭的不僅是生理時鐘，還有他們的社交動力。在青春期的早期，孩子們需要相互聯繫。這就是他們練習成為一個成年人的方式。但是，日程安排太緊湊的孩子，在課後活動、家庭聚餐和花上數小時的家庭作業中，可能就失去練習的機會。孩子們或許只能在睡前和彼此聯繫對話。

你與孩子談論此事的方式相當重要。如果你淡化他們與朋友聯繫的需要，他們會認為你和他們認定重要的事情已脫節，特別是你要求他們犧牲友誼的時間，專注於對你而言重要的事情——家教輔導、做家事、鋼琴課，以及家庭時間。最終，你無法逼他入睡，所以你必須致力的事，是幫助他們理解你希望他們優先考慮的事，也就是安眠入睡。以下是關於睡眠的敏感對話，聽起來大致像是這樣：

BEGIN：平和地開啟對話

家長：嘿，小朋友，是關掉電視準備睡覺的時候了。

孩子：我能看完這部電影嗎？我現在六年級了，才沒有人這麼早睡覺。

家長：嗯，如果你想的話，我們當然可以討論一下就寢時間。問題是，我要睡覺了，而我今天晚上太累了，無法思考這件事。我累的時候就會很暴躁，我們明天晚飯前來談談這件事吧。

孩子：好吧，但我今天晚上可以晚點睡嗎？我一點也不累。

RELATE：與孩子產生聯繫

家長：我知道你現在不會累。如果你能維持低音量並保證在睡覺前關掉電視，我今天晚上就讓你看完這部電影。但這並不代表是一項新規定。在我們明天再次討論之前，這只是一個特殊的例外。

孩子：好的，非常感謝！我會安靜的。

家長：你理解而且也同意嗎？基於你明天想要進行的對話，遵守規則是你表現出責任感的一個好方法。

孩子：沒錯！

家長：好的，晚安！愛你！

INTERVIEW：訊問以收集資料

【第二天晚餐前】

家長：那麼，你還想聊聊關於就寢時間嗎？

孩子：對！我覺得我現在上中學了，不必再有就寢時間了，因為我有很多功課而且我也還不想睡，當我可以好好利用時間做一些事情時，我也只是躺在那裡什麼無所事事。

家長：如果不躺在床上，你會做些什麼事？

孩子：說真的，做什麼事都會更好。我可以做家庭作業、看電視、畫畫、吃點零食，做伏地挺身和仰臥起坐，或是在網路上做研究。做任何事情都會比我現在這樣盯著天花板看更好。

家長：你說沒有人和你一樣這麼早睡覺，你怎麼知道？你認為他們都幾點睡覺？

孩子：大多數孩子沒有就寢時間。他們可能是十一點或十二點上床睡覺。

家長：然後早上六點就起床去上學？

孩子：是的，這沒有什麼。

家長：那你早上會感覺如何呢？你覺得，當你一覺醒來去上學時，會精力充沛還是懶散遲鈍的呢？

孩子：是的，好吧，我就知道你會這麼說。我一開始會有點遲鈍，但到了學校時，我就會完全清醒了，一點也不會睏。我保證。

ECHO：回應對方

家長：告訴我，目前為止我的理解是否正確。你因為晚上躺在床上睡不著而感到沮喪，認為這是在浪費你的時間。你覺得自己已經很大了，不需要設立就寢時間，早上很累，但不會持續太久。我說的對嗎？

孩子：對，基本上是這樣。

FEEDBACK：提供回饋

家長：嗯，有幾種方法來看待這個問題。一方面，你長大了，我可以理解在同樣的就寢時間入睡越來越困難了。另一方面，我知道休息和睡眠看來似乎在浪費時間，因為那當下好像什麼事也沒發生，但實際上你可能未意識到，當我們的身體睡覺時，大腦就會開始發育。為了變得更加聰明，運動時有更快的反應能力，提高你的記憶力等等，你每晚必須睡九個小時左右。當你睡得不夠時，你的大腦無法完全充飽電量。這就像是你每次手機充電時，只讓手機充電至五〇%的電量。如果我們都在意是否要讓我們的手機充滿電量了，我們至少也應該同等關切我們的大腦，讓它們從晚上到天亮這時間內讓它恢復到百分百電量。即使你不想睡，你的大腦仍然需要充滿電量。就寢時間不是我們隨意做的決定，只為了向孩子們展示權力並強制執行。它對你的成長具有重要的意義。

我希望你能明白，為什麼對我們而言，不設就寢時間並非選項之一。但我願意在試驗的基礎上保有一些彈性，看看會發生什麼事。舉例說明，我們可以從每星期兩個晚上開始，讓就寢時間延後一小時。讓我們從星期三和星期四開始。如果你一個月內都沒有發現任何負面影響，我們可以來討論增加一個晚上。負面影響是：你的成績受到影響、你一整天下來都脾氣暴躁或難以交談、如果你變得更加健忘或難以集中注意力，或者是你爬不起來。我們這個星期就可以開始了！

如同多數關於身體健康的對話一樣，你能做到最好的事情就是教育你的孩子，設立合理且明確的期望，並保持冷靜，這樣你的孩子對進一步的討論才能保持開放的態度。

危險物件

想像一下，一場高中的派對。你會想起約翰．休斯[20]風格電影的場景嗎？出城的家長、各種大小及體型的小孩、足打通各個交際同溫層的酒後之勇，找到意料之外的愛情，然後（終於！）學校書呆子都得以被包容接受，這些都只要付出完全毀掉房子的小小代價。如果你和我一樣，是一九八〇年代長大的青少年，你就會明白飲酒是每個人的高中成年禮。

在中學喝酒就不能如此明目張膽了。根據二〇一〇年俄勒岡州里德學院一項研究發現，最常見的情況，是三至四個朋友於某人家中的小型聚會。這會少一些狂野派對的成分，多一些偷偷摸摸的實驗性質。儘管如此，你還是能夠想像。當我們難以想像這畫面時，這個領域就難以提出來談論了。進入電子菸的話題。

如果你現在不熟悉青少年吸電子菸的流行病，請告訴我你住在哪裡——因為我想要搬到那裡！這表示你所屬的醫療保健社群或學校管理部門做對了一些事，我們需要將讓這成為全國性的典範。

我們的下一代正面臨著難以控制的健康危機。最新的發表研究中，指出美國高中生的性行為、未採取避孕措施的性行為，以及青少年飲酒和吸食大麻的人數下降至二十年來的最低點，但正當我們為好消息而開心時，電子菸已偷偷從後門潛入，成為近期的誘惑。

由於電子菸及Juul[21]電子菸品牌的廣泛流行，青少年使用尼古丁的人數大幅地增加。Juul的行銷主打是幫助吸菸者戒菸的工具，卻在首次吸尼古丁的中學生、高中生之中特別受到歡迎。二〇一六年有一項研究報告指出，有五十萬名的中學生承認在過去的三十天內曾使用電子菸。它如此受到歡迎的程度，可能有以下三個主要原因：第一，雖然現在有許多口味已被禁止使用，但最初吸引年輕使用者的是它主打的水果口味。第二，對一些孩子而言，關於尼古丁的話題有種新鮮有趣的感受。第三，這點可能難以抗拒的，抽電子菸可以**偷偷摸摸的**。青春期早期的孩子會尋求反叛種種方法，抽電子菸就成了一種簡單方法。電子菸的煙霧無氣味且快速消散，因此即便是在課堂上使用也幾乎不會引起注意。輕巧的菸彈外型能輕易隱藏於上衣袖子裡，煙霧也能直接吹入袖中。因為菸彈外型看起來就像個隨身碟，要成為老師或家長眼皮底下的叛逆者輕而易舉。

對於電子菸這樣常見的東西，持續地維持對話很重要。多進行幾次簡短對話會比單次的長時間對話更加有效，因為在孩子們焦躁不安、把你拒之門外之前，他們只會願意聽你說這麼久（第二單元中，我曾介紹與青少年交談時都適用的一些技巧，無論主題是什麼。這是一個好時機，「眉頭如注射肉毒桿菌般不動聲色」在此至關重要，如果需要進修也建議你複習該單元）。

電子菸有吸引力的原因之一，是它代表一種冒險及叛逆的行為，因此很重要的一點是，你不能以唱反調的方式來參與對話，因為這會讓孩子採取相對的立場。與其說，「我知道抽電子菸很流行，但這東西太噁心了，對你很不好，如果你抽電子菸，你就會陷入種種困境。」試著以一種更具好奇心的方法進行。提到你已聽聞許多關於電子菸的事，你想知道它在你孩子的學校裡有多普及。如果孩子願意與你談論這件事，請以開放的心態傾聽。當我與我的孩子談論敏感的問題時，我找到一種有效的技巧，在此刻採用可能會有所幫助。我會假裝我是在和別人的孩子對話，而非對著自己的孩子，對我而言很有效。當我以想像來更加脫離當下情況時，我對孩子的未來就會少一些擔憂，自然而然地轉換成一種多一些好奇、少一些譴責的語氣。在對話之中，我發現這方法能創造更融洽的關係。我能瞭解更多事，而我的孩子們似乎也更願意接納我所要說的事。

許多家長試著要嚇唬他們的孩子，以未來的健康危機作為威脅，像是可能得到「爆米花肺」（popcorn lung）[22]的憂慮，這是一種損害肺部氣道的疾病，但這還未得到完全的證實。每當我不確定「網路事實」是否屬實時，我都會造訪 Snopes.com [23]這個事實查核的網站並輸入該事件的主要細節。在該網站上搜索「電子菸、爆米花肺」，會顯示哈佛大學於二〇一五年十二月曾進行一項研究，確認電子菸是否會導致爆米花肺。研究發現……有其可能性，但需要進一步研究來證實。家長們在 Google 上搜索**電子菸**和**爆米花**肺，可能會看到許多釣魚網站利用這種可能性，放上多張的並排照片，聲稱照片中男子因為吸電子菸導致爆米花肺而住院。事實上，男子因電子菸爆炸而臉部炸傷，而照片被錯誤引用。

這看來很像是我為了雞毛蒜皮的事爭論不休。嘴巴被炸開這種事，我們肯定希望我們的孩子們能避免，那麼拿這種照片來遏阻他們，倒也無傷大雅吧？好吧，如果你的孩子對於 Google 搜索很熟練（他們當然是），他們就能輕鬆找到反駁爆米花肺與電子菸有關聯性的文章，特別是來自 Vaping360.com 這種網路上的「新聞來源」。你的孩子可能瞭解得不夠深，所以沒有意識到名為Vaping360.com的網站並非提供健康及保健新聞的公正來源。但重點是，當你與你的孩子談論健康時，正確性相當重要。請在信譽良好、數據驅動的網站上進行研究，當然，絕對要不時更新你的研究。一開始動手寫這個單元時，毫無關於電子菸的死亡數據，但在我初稿完成後的短短幾個月內，截至二〇一九年九月為止，美國疾病管制暨預防中心（CDC）已宣布十二起死亡案例、八百〇五個電子菸導致肺部疾病的確診案例。在本書出版之際，這些統計數據又將會有巨大的變化。當事情發展得如此迅速時，你需要掌握準確的消息，否則你的青春期孩子將有理由不採信你的知識來源，接著質疑你的意見。

以下是關於電子菸（或任何物質實驗）可能發展的對話。

BEGIN：平和地開啟對話

家長：我今天上班時有人提到吸電子菸的話題。他們說現在電子菸在中學很流行。

孩子：我不認為真的有這一回事。

家長：你的意思是指這沒什麼大不了的，還是沒有很多人用電子菸？

孩子：兩者都有吧。

RELATE：與孩子產生聯繫

家長：這很有趣。你認為這是成年人反應過度的事情之一嗎？

孩子：算是吧。

家長：我懂你的意思。我知道，成年人有時候對這樣的事情會有極大的反應，我自己也是，因為我們擔心健康上的問題。不過，我不希望這不會阻礙我們談論這件事。

孩子：當然。

INTERVIEW：訊問以收集資料

家長：當你說你不認為有這一回事的時候，你猜學校裡有多少孩子抽過電子菸？

孩子：我不知道。也許二十個人吧？

家長：好的。你是否覺得自己已瞭解電子菸以及它的作用？

孩子：什麼鬼啦？我又不會抽電子菸！你不必擔心。

家長：好吧，就算你不打算要抽，我們還是可以聊一聊這件事。理解這方面的知識對我們彼此都有好處。我只是想談談，但不是因為我懷疑你。我們都同意我們只是大方向地談論這件事吧？

孩子：是的，當然。

家長：你有聽說過它的作用嗎？你對電子菸有什麼想法，或是說它對你有什麼影響嗎？

孩子：是沒有什麼影響。我只是覺得那就像是抽菸。而且我曾看到有些人在洗手間裡抽，所以我不認為那會讓你表現不當，因為他們抽完之後就去上課了。

家長：哇，在洗手間裡，那真是一個大膽選項。

孩子：我知道電子菸不會有煙霧，所以就不會被抓到了。

家長：你多頻繁看到這樣的狀況？

孩子：一星期可能會有幾次吧。

ECHO：回應對方

家長：嗯，這聽起來像是孩子和成年人都需要更進一步瞭解的事。我的同事說得好像每個人都在抽電子菸一樣，但從你的描述聽來，有些人有，但也不是所有人都在抽。

孩子：是啊。

FEEDBACK：提供回饋

家長：我很好奇，所以我上Google搜尋了一下。他們發現了無可爭辯的證據，顯示電子菸中存在著有害的化學物質，而且確實會改變你的DNA。其中有用來塗於屍體上的相同防腐成分！他們目前還不清楚這是否代表電子菸會導致使用者得到癌症，因為政府需要更長時間來進行研究。我們可能要等待幾十年才能確定這件事。

所以電子菸還有許多未知的領域。這也是我如此好奇的部分原因。我知道有許多孩子對它也相當好奇。但最重要的是，你是決定如何對待自己身體的人。沒有任何一位家長會希望自己的孩子使用有害物質，但有時還是會發生這種事——你在學校都看到了。我知道，你說過你沒有這樣做，我也相信你，但我仍然希望你瞭解狀況，因為這就發生在你身邊。

在某個時候，如果你有朋友這麼做，而他們最後還要求你嘗試看看，我只希望你記得你一向很擅長為自己著想。我希望你能繼續研究這對於健康的影響，我也希望你決定這是你不願為健康承擔的一項風險。

最後，我想留給你的一個建議是：隨著年齡的增長，你身旁的孩子們會嘗試越來越多的事物。如果你有事想和我談論，即使你需要說的是「我犯下一個錯誤，我需要你的幫助來解決這個問題」，我也會是一位絕佳的傾聽者。對我來說，幫助你解決問題比保持冷靜更加重要，你要記得你可以來找我幫忙。

自殺和自殘

關於健康議題，我們在此要進入最為艱難的對話。相當多的孩子在十二到十四歲左右開始嘗試自我傷害，作為他們感到悲傷、痛苦、焦慮或困惑時的發洩方式。研究發現，三分之一至二分之一的美國青少年曾自我傷害。成年人需要知道自殘與自殺沒有直接的關係，但這確實需要介入。我再重覆強調一次，如果你發現你關心的孩子在自殘（割傷、挫傷或以其他方式自我傷害以感受到痛感），這並不代表他們有自殺傾向，但**事實上**意味著他們需要別人協助來處理自身情緒。

如果你發現你的孩子在傷害自己，你的反應相當重要。如果你感到驚恐、厭惡或是害怕，你的孩子可能會自我封閉，不讓你發現他們正面臨的情緒處理問題。

相對於反應過度的態度，有些家長則認為許多孩子以物品割傷自己，是為了得到注意、讓自己適應環境、或基於實驗性質，只不過是一件普遍的事，這狀況自然而然會自行改善。自殘習慣可能會暫時消失，但孩子如果沒有習得適當的應對技巧，就通常會再次發生。這狀況往往需要辯證行為治療（dialectical behavior therapy，DBT），這是教會孩子處理情緒的一種高效能方法，不然這些情緒可能會讓人無以承擔或忍受。

即使你認為自己的孩子不會自殘，你仍然需要和他們談及這個話題，因為他們可能也擔心著學校裡正在自殘或談論自殘的孩子。與其他敏感話題一樣，這議題也不要以家中的狀態作為舉例。如果孩子們認為你提出一個議題是基於你對他們的懷疑，他們就會處於防禦狀態。以書籍或電視節目中人物、公開討論自殘的名人，或是關於自殘的一般新聞事件切入，作為進入議題的中立入口。然後，請你的孩子對你說明他們對該議題的理解。這可以讓孩子覺得自己能為你提供協助，而非是他們必須要為自己或他們的朋友辯護。

談論自殺，是現今孩子們生活中的一個重要部分。二〇一六年，自殺是十至二十四歲族群的第二大死因。在媒體高度飽和的生活狀態中，當名人自殺身亡時，孩子們會立即察覺，而朋友在網路上暗示著自殺或自殘行為時，他們也會注意到。事實上，孩子們在網路上往往也會與朋友的朋友保持聯繫，所以當悲劇發生時，新聞傳播的速度很快。簡而言之，相對於我們在他們這個年紀時，他們吸收心理健康的相關訊息比我們更多。在孩子小學畢業之前，最好要坦率且公開地來討論心理健康、自殘及自殺議題。

重要提醒：觀看電視上虛構角色的自殺意圖，會增加某些孩子的自殺意念，因此請避免觀看將自殺戲劇化的節目；然而，研究顯示，與你的孩子談論自殺議題並不會產生相同效果。研究指出，談論關於自殺的想法，不會增加統計數字上的自殺念頭。事實上，與孩子們公開談論自殺，實際上會正向影響他們的思考。換句話說，你不僅可以也應該儘早與孩子談論自殺議題，自殘也是如此。讓這些話題成為家庭對話中的一環。

自殘及自殺議題的對話破局關鍵

你與孩子談論自殺和自殘的方式非常重要。關於自殘及自殺議題的對話破局關鍵，我與專家亞曼達．麥高夫博士進行了討論，她是一位臨床心理學家，專門研究自殺預防和自殺事後介入[24]，也同時擔任美國自殺防治基金會北卡羅萊納州的分部主席。她提出以下建議：

不要問：「你為什麼要這樣做？」

你的孩子可能不知道原因，問一個沒有答案的問題有可能快速地結束對話。擁抱你的孩子、支持他們，讓他們知道他們不必獨自承擔情感上的負擔。你願意在此傾聽他們，也請找到可以幫助他們的人士。

不要表達擔憂

保持冷靜。有自殺念頭的孩子常常覺得自己是他人的包袱，心想：「如果我不在的話，你們會更快樂，而你就不必擔心我。」表達你的恐懼或擔憂，可能會導致孩子覺得自己就是你的負擔。相反地，要強調自殺之外總會有其他選擇，而你可以提供他們需要的支持。

不要以「瘋狂」來形容

曾有一些青少年患者告訴麥高夫博士，當他們的家長說出「你不會考慮像自殺這種瘋狂的事，對吧？」他們就不太可能向家長說明自身的感受。當家長直接提出問題時，他們就會敞開心扉，例如「對於自己的生活，你現在有什麼想法嗎？」

注意，不要汙名化孩子的心理健康

談及名人自殺事件時，永遠不要說「我真是不明白為什麼有人會這麼做」或是「真是太自私了」之類的話。這些陳述只會對你的孩子發出信號，不說出有自殺念頭的祕密。甚至，就連英文字詞中的「自殺」（commiting suicide）也帶有汙名，因為我們往往將動詞「commit」用於「犯下」罪孽、謀殺或是罪行等。麥高夫博士建議詢問時用「自殺念頭」而不是「自殺」。即使你感到擔心害怕，她仍鼓勵大家對孩子的情緒表現要表現出同情心。

不要說：「我只是想讓你重新成為原本該有的樣子。」

看到我們的孩子改變可能很不好受，特別是當這種改變帶來悲傷時。在成長的坎坷過程中，你可能會渴望過往曾有的輕鬆和快樂。但正如美國前總統西奧多．羅斯福所說，「比較是偷走快樂的竊賊。」這不只是指拿自己的幸福與他人做比較。不要因過於渴求昨天，而剝奪了自己的今日。如果你的孩子受傷了，他們也希望自己能好起來。當他們感到悲傷或憤怒時，以言語暗示他們已不再是自己，一點幫助也沒有。相反地，只需要承認痛苦的存在，並讓他們明白這並非是永久的痛苦。

不要認為你能自己處理這件事

如果你的孩子傳達出覺得自己是他人負擔，或顯示有自殺念頭，讓他們時時刻刻都能與專業治療學家保持聯繫。如果你的孩子表現出迫在眉睫的風險，請將他們帶到急診室。如果你的孩子上網研究結束生命的方式，或提出結束生命的個人計畫，這表示風險已迫在眉睫。永遠不要認定關於自殺的對話只是在尋求關注。請讓專業人士對此做出評估。

就連小學三年級的孩子都知道自殺的概念，所以你可以和孩子討論這個問題，即便他們年紀還小。如果你的孩子表現出悲傷、焦慮或困惑的情緒，到了要談論自殺或自殘的程度，與你的孩子進行對話相當重要，但這並不等同於治療。一定要尋求專業人士的協助。也請確保你的孩子明白，如果他的朋友出現類似想法，或者看見朋友在自殘，不要讓這些事成為祕密。讓孩子明白他們可以放心地告訴你，你將會幫助他們找出解決方案，讓他們的朋友獲得他們所需要的支援。最後，請在孩子的手機中加入自殺防治熱線，無論是他們是自己使用或用於協助他人。讓孩子知道撥打熱線的每一通電話都會保密，不會驚動警察單位或救護車，而且多數撥打熱線的人在通報之後都讓感受改善許多。

時間有點急？你的速成課程在此

- 以問句形式來溫柔提醒，像是「你是不是覺得累壞了？」或是「需要我幫你做什麼來整理心情的嗎？」都可以作為忙碌一天結束後的暫停鍵。幫助青春期孩子花一些時間瞭解自身的感受，但不要強迫他們與你分享。
- 示範你空出時間為自己充電的方式，向家人證明自我照顧的重要性。
- 不必擔心你的孩子是否使用體香膏，而是在家裡四周及車裡放置。最後，幾乎所有的孩子都會清楚明白這一點。
- 藉由寫下「先試一試」的清單，也請孩子協助完成你的清單，能鼓勵你的青春期孩子培養強大的應對技巧。
- 十二至十六歲的男孩體重平均增加二十二．六至二十七．二公斤。十至十四歲的女孩體重則平均增加十八．一至二十二．六公斤。
- 在食物方面，孩子所能做最健康的事，就是學習如何自我調整，憑藉著自己的直覺吃東西。

＃ 青少年晚上至少要睡九個小時。你無法順心如意地逼迫他人進入睡眠，所以你能做的事，就是打造有益於入睡的環境，並讓他們明白睡眠很重要的原因。

＃ 與你的孩子談論酒精或電子菸等具體物件時，不要說教、誇大或散布都市傳說。相反地，請分享明確的事實及你的期許。

＃ 自殘與自殺沒有直接關係，但確實需要治療。

＃ 你如何談論自殺及自殘的方式相當關鍵。我無法提出關於這個的「速成課程」，所以請再次閱讀該單元部分。

＃ 讓自殺和自殘成為家庭中討論的議題。研究指出，談論關於自殺的想法，不會增加統計數字上的自殺念頭。事實上，與孩子們公開談論自殺，實際上會正向影響他們的思考。

注釋——

18 social consequences，泛指社會對於人與人關係互動的影響，可以是正面或負面的。

19 個體透過自身觀察及經驗、外在行為的結果進行判斷，並藉此修正自我的行為並主動建構自己的意義，可以透過社會學習歷程來發展並增強。

20 John Hughes（1950-2009），美國導演兼編劇，作品有《小鬼當家》系列、《早餐俱樂部》等，被稱為八〇年代青春電影教父。

21 Juul Labs Inc.，二〇一五年創立的電子菸新創公司，社群媒體上以文化方式行銷，吸引許多青少年進而嘗試電子菸。品牌名稱甚至成為動詞「Juuling」，指吸電子菸。

22 閉塞性細支氣管炎，俗稱 popcorn lung 是因為該疾病最早發現於爆米花工廠的工人身上，因此又稱「爆米花工人肺病」。因吸入含丁二酮的氣體而導致，造成肺部最小肺泡上有傷痕，會產生咳嗽、喘氣有聲、呼吸急促等症狀。

23 用於事實查核、流言破解的網站，建立於一九九四年，常被用於都市傳奇的驗證及闢謠。

24 Postvention，指針對自殺者其身邊親友的關切行為，旨在可怕事件後提供適當及有益的協助，也能減少模仿自殺的可能性。

PART 9

我們來聊聊公平

隨著時間的推移，青少年對公平的看法會有所變化，而這就會影響你關於「不公平」的親子對話。在這個單元中，你將修飾自己對公平的定義，以幫助你和你的青春期孩子更輕鬆地就該主題進行交流，學習如何和感覺受到不公對待的孩子說明理由，並瞭解到如何激勵孩子，為其他受到不公對待的人（逐步地）發聲。額外獎勵：你將會學習到你該說什麼話（又應該避免說哪一些話），才能增加勝算，成為青少年孩子眼中的公正家長。

本單元還有另一個版本，就像是如此：

公平？人生本來就不公平。人生所有事都是如此。
你能越早接受這件事，你的人生就會越幸福。
結束

我可以把話說到這裡就好。我很想要這麼做。但有些煩人問題在我腦子裡揮之不去。像是……如何的問題，**如何**克服被不公平對待的感覺？或者是……如果的問題，**如果**你看到別人受到不公平對待，該怎麼辦？你會就忽略它並繼續過你的人生，還是試圖想辦法讓事情變得更加公平合理？

對於青春期的孩子，關於公平的概念會頻繁地出現，因他們正值確定自己方向的青春期早期，首先，他們會沉浸於各種自己被不當對待的狀態，而最終成熟到能夠關注世上其他人如何被對待。儘早且細心周到地談論這個話題，將會有力地幫助你的孩子批判性地思考，思考讓他們感到不安的事是什麼，又能在其他廣泛層面上採取哪些合理的行動。

對公平的看法隨著時間的推移而演變

你有沒有注意到，不公平是一個有高度傳染性的字詞？（如果沒有的話，恭喜你能這麼久不接觸使用推特）。成語「同病相憐」（Misery loves company）在網路的真實度，就和中學裡一樣。例如，一個孩子抱怨老師無緣無故給她很差的成績，她很快就會吸引成群的同情者。對一些人來說，安慰受害者不僅感覺很好，也像是該做的事。對另外一些人而言，這不僅能減輕焦慮，在得知別人才是被攻擊對象時，也得到逃過一劫的安慰。對這些人來說，能成為一個群體中一員真是太好了，即便該群體的共同點是彼此同情。共同的憤怒將人們凝聚在一起。對於亦敵亦友的人們[25]而言，同感（commiserating）提供一種社會普遍接受的行使權力方式，儘管在情感層面上帶有操縱性。一位亦敵亦友的人（frenemy）會踩在他人的瘀傷，就為了繼續談論他的痛苦。（旁注：我告訴與我諮商的一位青少年，要輕鬆剷除這種「友敵」的方法，就是注意誰會不時吹噓自己的好事，卻藉放大壞事來火上加油。友敵往往就會說：「喔，你進了足球隊？超酷的，但我聽說今年大家都成功加入了。」又或是，「你沒有入選球隊球員嗎？！這真是有史以來最糟糕的事了，告訴我**所有細節**吧！」）

無論基於何種原因，青春期孩子們都容易感染這種「不公平症候群」（Unfair Fever）。有趣的是，年輕人看待公平的方式於整個青春期都會有所變化。針對九至二十三歲的人對公平的看法，達特茅斯學院（Dartmouth College）[26]二〇一七年進行的一項研究，發現隨著大腦的發育變化，整個青春期的感知都會有所改變。更具體來說，年齡較輕的青少年認為最平等的待遇就叫公平，而年齡稍長的高中生及大學生則較有彈性，因為他們檢視公平時開始會考量對方的意圖和情感。換句話說，年齡較大的青少年已認知到，事情不一定要平等才能公平，他們需要的只是**感覺公平**。這就有如最高法院大法官波特．斯圖爾特（Potter Stewart）的一句名言，他說他無法定義何為色情內容，表示這「只可意會不可言傳」（I know it when I see it），隨著青少年逐漸成熟，即便他們無法精確衡量，他們也會養成一種對於公平的感知。瞭解孩子感知上的變化弧線，你就能在對話中有效地提供訊息。

當我看到達特茅斯學院的研究時，它告訴我兩件事：第一，不必過於擔心青少年強烈抗議「不公平」！因為這顯然是適切的發育，第二，這可以為更完整的認知做好準備，公平應該是以較小型且漸進的方式進行，與腦部發育同步。家長可以做到這點的最簡單方法之一，是以中立且好奇的方式來討論公平的認知。詢問孩子們認為什麼是公平的，原因為何，並開始以溫和口吻來建議他們思考動機及意圖，能讓他們將注意力集中於更成熟的觀點。此外，根據我的經驗，孩子們很樂意瞭解他們的大腦如何運作。沒有必要讓大腦生物學成為青春期孩子和青少年心中的謎題。與你的孩子討論這一項研究，並一步一步說明不同年齡及階段的人們會如何談論公平的差異。

為他人而戰

公平的另一個演變，是關注從對於自身的公平轉向至對他人公正之事。公開地談論他人可能如何遭受不公平的對待，並正向利用眾所皆知的青少年使命，即證明成年人是錯的。青少年執著於解決成年人創造的問題，他們有全然的信心，相信自己能解決問題。他們天生就是社運人士。無論是學校槍擊事件、氣候變化、性虐待或是種族不公，今天的青少年都持續地遊行、在推特上發文、罷工、出版、提出訴訟，一路籌劃組織，為彼此爭取更公平和安全的未來。這讓我感到無比地驕傲並充滿希望。

二〇〇四年，我開始與一些中學生諮商，我經常回想起關於那些青少年的早期故事之一，後來如病毒般瘋狂散播開來。二〇〇八年，加拿大的新斯科細亞省（Nova Scotia）的一名九年級男孩，在開學第一天身穿粉紅色 Polo 襯衫；因為他的「同性戀」襯衫，他被一名校園惡霸公開地嘲笑。有兩位學長聽見這個傳聞後，放學後到一家折扣商店買下五十件粉紅色襯衫。第二天，校園有如一片粉紅色的海洋。新聞台報導這個故事之後，粉紅襯衫日在全國掀起了一波熱潮。

這樣的激進主義令人欽佩，但這伴隨著成熟而來。記住，道德正義的弧線雖然很長，青春期的弧線卻也是如此。在青春期早期，你的孩子可能需要在較小、較個人化的議題上進行練習，之後才能為他人承擔巨大的社會風險。如果你的孩子沒推動整個學校來反霸凌，也不必擔心。現在正是時候，來培養孩子對平等待遇的**好奇心**。你可以開始將他們的注意力向外轉移，輕輕地、緩慢地，讓他們的想法從「確保自己得到公平的交易」轉變為「確保他人也不會被利用」。你的孩子不會立即擺脫社會壓力的束縛去打一場勝仗。種下一顆種子就已足夠了。

你可以藉由以下方式讓孩子開始思考：

 # 讓他們看見你為他人發聲。

不公平待遇的問題出現時進行討論，並且詢問：「有什麼事是我們可以做的嗎？」

說明微小的行為變化如何產生重大的影響，集思廣益共同探討小處著手的方法。

注意力從相同性轉移

根據我的經驗，公平的最大問題，似乎源自於對該術語的誤解。我們來搞清楚這件事。教授克雷格．佛利（Craig Froehle）設計了一個插圖，常用於解釋社會中的「公平及平等待遇」（fair and equitable treatment）[27]。如果可以的話，請你等一下再搜尋，不僅因為它很可愛，也因為人們針對該圖形做了一些很棒的重複回饋（iterations），讓它更有包容性。目前為止，重點是這樣：在第一張圖中，我們看見有三個不同身高的人試著觀看棒球比賽，但場地四周的圍欄擋住其中兩人視線。每個人都拿到一個相同高度的木箱來讓他們觀看比賽。有一個人很高，高於圍欄的他視線無礙，但為了均等分配，每個人都站在相同高度的木箱上。當他們都站在木箱上時，圍欄的高度在第一個人的腰部位置，在第二個人的脖子位置，所以他們仍然看得到場內，但對於第三位最矮的人而言，視線仍完全地被擋住了。

公平待遇的狀況是每個人都能得到完全相同的資源，即便這對某人而言太多，而對另一個人來說卻不足。平等待遇是指每個人都得到他們成功所需要的實際物件。

以上是關於公平待遇（fair treatment）的一個例證，每個人都能得到完全相同的資源，即便這對某人而言太多，而對另一個人來說卻不足。在下一張圖片中，身高最高的人把他的木箱給了最矮的人，站在兩個木箱上的他現在就可以來觀看比賽了。這就是平等待遇（equitable treatment）的例子，其用意是從每個人都得到平等的資源，轉變為每個人都得到他們成功所需要的實際物件。

在美國的種族辯論之中，我們經常看到如此對「公平」（fairness）一詞的濫用。「所有人的命都很重要」（All Lives Matter），雖然看起來是一個無害且有包容力的說法，我想這個口號在五十年前會被熱烈接受，現在卻引發了情緒和爭論的一陣腥風血雨。並不是說「所有」、「命」和「重要」這三個字詞組合在一起，就不能作為「公平」的準確陳述。當然，所有的生命都至關重要。當「所有人的命都很重要」這個說法，被當作對於「黑人的命也是命」（Black Lives Matter）句子的批評時，這件事引起了爭議，「黑人的命也是命」是警方導致非裔美國人死亡事件的具體回應。所以，作為一個獨立的短句看起來很公平，但若實際作為對他人痛苦的回應，就變得不甚公平。那麼，作為一個概念，公平就不能只存在於脫離真實的情境。與孩子談論社會上的公平時，他們必須瞭解一切都關乎事物的環境背景。

在家庭結構之中，當家長將公平與平等混為一談時，結果就是他們會給予一個孩子比他們需要的還多，而另一個孩子則較少。例如，如果你有個孩子需要數學的家教輔導，你並不會也同時為另一個孩子報名，只為了維持均等分配。家長應該多關切的事，是如何提供每個孩子獲得成功所需的東西，而不是擔心要給所有孩子同樣的資源。若能對青少年解釋這一點時，他們就能欣然理會。

在家中，當你的孩子抱怨「這不公平！」時，他們的意思往往是指「我也想要那個」。這情況總是發生在兄弟姊妹之間。哪一個家庭的慶祝活動之中，**不會有**孩子因為別人拿到更大塊蛋糕而哭泣流淚？面對兩個孩子想要同樣的東西時，這情況很煩人，但要調解並不困難。對於食物的共享，你可以利用「我切你選」的老方法：讓一個孩子來切塊，然後讓另一個優先選擇他要哪一塊。對於玩具的共享，許多家長依賴計時器和時間表來分配。另外，面對每十分鐘一次無聊小事的抱怨，以不加以理會的老派好辦法來解決，並沒有什麼錯。

抱怨不公平是小孩子會有的行為，但若有一個孩子覺得自己沒有得到與兄弟姊妹相同質量的信任、協助或關注時，問題就會變得更加複雜，值得你進一步思考。這會發生於每個家庭之中。其中一個孩子可能比其他兄弟姊妹更有責任感，所以門禁時間就可以比較晚。有個孩子可能有焦慮症，就會因而得到更多關注。程度上很少能達成平衡。

我有個孩子在中學時期會在作業專案上忙上好幾天，然後完成度到達八〇%時又把它拆掉又重新開始，只因為它看起來「有一點混亂」。另一個孩子，則是設定作業截止日當天清晨五點的鬧鐘，然後在廚房餐桌上工作兩個小時，直到他大聲地宣告「這夠好了！」並火速衝到學校。我試著讓每個孩子都中庸一點。我是否能說服焦慮的孩子，讓他接受作業上所花費的時間真的足以符合（甚至可能超過）老師的期望就好嗎？我可以讓無憂無慮的孩子提前計畫，每天有一點進展，而非把所有事都擠在一個清晨完成嗎？我一直試著這麼做，直到我忙到臉色發青。我以為我在幫助他們變得更好，但實際上我只是要求他們變得一樣，變得均等。我期待他們站在同樣大小的木箱上，並且還要他們高度相同。

我的孩子們並不需要相同的方法或相同的規則。其中一個需要被教會承擔更多風險。有一次，我建議我家的青春期孩子與朋友偷偷去看一部R級電影[28]，希望打破他焦慮的魔咒，對於跨出框外的嘗試，這種焦慮幾乎是削弱其力量的恐懼。我的另一個孩子……則沒有這個問題。然而，極度的錯失恐懼症[29]導致我家兩個孩子在中學時迫切地想和朋友在一起，這往往對睡眠、家庭關係，甚至應該知道的常理都有負面影響。兩個孩子相當不一樣，一向都是，而且永遠都會是如此，但後來證明他們都長成我意想不到的樣子，成為最有趣、最負責任、最溫柔且有趣的年輕人，更棒的是他們成為彼此的好朋友。我為他們感到無比自豪，是我同等的驕傲。

當你自己的公關專家

然而，在他們的青少年時期，我的孩子們都抱怨連連。總會有一個孩子比另一個有更多東西。在早期，問題在於感知能力。每個孩子都認為對方總不擇手段以獲得更多關注、資源、贊同、協助、同情，或是自由。針對我說出口的可以或不可以、我回覆的速度，以及何種情況下的回應，他們都會進行了評估和分類記載。「可是她——！」「但是他——！」是常見的口頭禪。

要完全避免手足之間的競爭是不可能的，但我和孩子們談論我如何撫養兩個截然不同類型孩子的方式，就會有所改善。讓我們來看看，在你家手足之間關於公平的 BRIEF 對話模式，他們還沒有開始比較之前，你就能先發制人。我認為這樣的對話始於一個孩子對家長大聲喊叫待遇「不公平」，這讓（平和地）開啟就已邁進挑戰之中。不過，這仍然可以完成對話。我們都看過這樣的電影情節，其中談判者試著要說服跨坐在窗台的人下來。就從導入這般的能量開始。我知道、我知道、我知道，要命令你的青春期孩子擺脫這種荒謬行為、依照你所說的去做，不僅太直接，而且不太討好。但是，無論你是一位家長或談判者，你都必須要閱讀空氣。在相對不敏感的議題上，你可以用「因為我說了算」的說法來終結衝突。但是，當你的孩子認為自己受到不公平的待遇時，他們就會對體制失去信心，表現得像是一個窗台上的人，而一個窗台上的人，不會有理性的行動及思考。接著，要面對的人就是你了。我也希望你在此可以得到你想要的，而我猜，你想要的是一個冷靜、保有開放心態，且願意合作的孩子。

BEGIN：平和地開啟對話

孩子：這太不公平了！你讓他放學後去朋友家，但你總是叫我我先做作業，才能去玩！

家長：嘿，等一下。我們來談談這件事。我想聽聽你的想法，也想對你的觀察及想法保有開放的態度，但當你對著我大喊大叫時，這就很難做到了。如果我們能冷靜地談論這件事，就能一起解決問題。你想要現在談談，還是想花幾分鐘整理一下你的思緒？

孩子：我很冷靜！為什麼你都讓他隨心所欲，對我卻這麼嚴格？

RELATE：與孩子產生聯繫

家長：我明白你為何會這樣想。那一定讓你感覺很不好。我記得我在你這個年紀時也有這種感覺，但我的家長不理解我。我會努力做得更好。

孩子：好的。謝謝。但你為什麼不能試著更公平一點呢？你為我們設定不同的規定並不公平。

家長：嗯……好吧。我確定一下是否是這樣。你的意思是，你認為你們的一切待遇都應該完全平等嗎？

孩子：如果你想要公平一點的話！

家長：所以……如果你們其中一人為了考試要自修一小時，而另一個人只要自修三十分鐘就完全明白了，我還是要讓你們兩人坐在那邊整整讀書一小時嗎？因為這就是完全相等的待遇。

孩子：不，這不一樣。我的意思是，你會讓他自己做選擇，對他對更加寬容，對我更為嚴格，說我必須要先完成作業。

家長：好的，在我們談論這個具體事件之前，我想確認我們是否都認定公平代表著同樣待遇。你認為公平就意味著相同待遇嗎？

孩子：我就是這個意思。

家長：我認為公平意味著你得到了你所需要的最好資源，而他也得到他所需要做的最好資源，因為我希望你們都能成功。我認為你們是不同的人，所以也需要不同的東西。

孩子：這麼說，你為什麼會認為他需要更多時間玩樂，而我需要你對我這麼刻薄？

家長：嗯。說到了家庭作業，我注意，當你不馬上去做作業，你就會讓這件事推遲至就寢時間，接著你又會因為太多事要做而感到煩躁。你有時會感到沮喪或生氣，甚至會因為感覺難受而哭泣。以你哥哥來說，他願意等待在晚飯做作業，也不會因此感到煩躁不安。我只是想制定一些規則來幫助你避免這樣的情緒崩潰。有沒有什麼更好的方法能讓我幫助你完成作業，而不需要讓事情變成這樣？

孩子：我也希望放學後有時間可以玩。但你也可以讓我休息一個小時後再開始寫作業。這還算公平。

ECHO：回應對方

家長：我明白了。對你來說，放學後有一些休息時間很重要，而且你認為在寫作業前有一小時的遊戲時間很公平。對嗎？

孩子：是啊。

家長：我很高興你願意告訴我你需要什麼。

FEEDBACK：提供回饋

家長：而且，我也願意試試看這件事。記住，之前你很難中斷遊戲或是在一小時後進入室內。我們曾為此爭論，我也正在努力避免爭執持續下去。我們是否都同意，如果我們嘗試這種方法，我們將要計時一小時，這樣我就不必當壞人，不必與你爭論何時要開始寫作業。

孩子：是啊。

家長：聽起來不錯。對我來說很重要的是，你已經明白我有試著要對你們兩人公平，並認知到你們是兩個需要不同事物的人。當你覺得自己得不到資源，讓你無法全力以赴時，請告訴我，以便我們來討論。聽起來不錯吧？

我知道你在想什麼，「這次的談話很成功，因為它是虛構的狀況。在我未寫下劇本的情境中，我的孩子才不會輕易妥協。」沒錯。但是，根據我的經驗，當你的青春期孩子累積許多和你對談的經驗，而你在過程中採取合作且配合的方式來協商，他們慢慢變得更有彈性。但這需要一些時間。你家青春期孩子的要求，如果不是「開始做功課前玩一小時」這麼合理，而是堅持不上床睡覺，這樣他們就可以熬夜完成功課，晚餐送到房間裡吃以便他們可以持續作業，並攝取咖啡來避免因深夜趕工的昏昏欲睡，你該如何於青春期早期有所進展？

我在意想不到之處，找到了養育上的靈感。既然我一直圍繞著危機談判者的這個隱喻，我就對FBI所使用的戰術進行一些研究，找到了行為改變階梯模式（the Behavioral

Change Stairway Model）[30]。它看起來很適合用來教養我的青春期孩子，並且也呼應了我所使用的 BRIEF 對話模型。如果你的青春期孩子之要求相當於「用一架直升機帶我飛去開曼群島，附上一百萬未做追蹤記號或編號的美元鈔票」，那麼你可以採取以下的模式步驟。

1 積極傾聽：「告訴我更多相關訊息。」在這第一個步驟上要花費最多時間。只要你的孩子願意說話，你就要聆聽。

2 同理心：「我知道你會因此感到不開心。」或是「我明白這現在聽起來不像是個好主意。」

3 融洽的關係：「我認為我們有相同的目標，或許只是實現目標的想法不同。我們可以一起合作嗎？」

4 影響：「這方面我有一些經驗，我希望我們兩人都能滿意，那你願意信任我提出的建議嗎？」

5 行為改變：「我們試著以新計畫進行一星期，我們再接著討論這是否管用，以及我們是否需要做出更多改變。」

換句話說，首先要贏得信任，然後再共同尋求更好的解決方案。如同許多事情一樣，跳過步驟不會為你帶來好結果。

增加你被視為公平家長的勝算

你的青少年不會總是認為你很公平，但沒有關係，但是如果你想增加自己的勝算，請嘗試以下建議。

定義術語

在讓問題嚴重升級之前，請確保你同意或是正在爭論這件事。請記住，你與你的孩子對於公平的定義可能不同。

面對衝突要保有開放溝通的態度

在堅持你是對的之前，帶著真切的興趣及好奇心傾聽。

明確地提前建立預期和後果

養育一個青少年時，你無法預料會出什麼樣的違規行為，所以不要竭盡全力想做好這件事。我建議，第一次進攻時扮演白臉，並給你的孩子一個小小的無償好處。這有雙重的好處，不但可以消除任何預測未來的負擔，又可以讓你成為孩子眼中親切寬容的好人（提醒一下，孩子們更有可能為他們所尊重的人而努力做事）。

假設你的孩子承諾他們會在晚餐前清理好房間，但——令人驚訝的是！——他們沒有。與其立即懲罰他們，倒不如說：「你今天應該要打掃房間的，但你沒有。我會把這個無償好處給你，我們可以重新來過一次。」在你的慷慨之後，附上明確的期望和下次的後果，因為這種情境若發生第二次，就不是突擊了。「我希望明天晚餐前你將房間打掃乾淨。從現在開始，如果你告訴我你會做家事，而你錯過了最後期限，懲罰就是你必須馬上去做家事，而你下個週末要留在家中不能外出。」

設立合理的、相關的和私人的後果

合理的懲罰會引起適量的不滿，會令人難忘並有其意義，卻沒有太多的痛苦，以至於引起恐慌。以不整潔房間的處置來說，錯過週末的朋友聚會仍相當痛苦。錯過兩個月的玩樂就有點過於苛刻，許多青春期孩子可能會採取偷偷摸摸的行為來忽視不公平的裁決。最有意義的懲罰，不僅是合理的，而且是關乎個人的。舉例來說，讓我們以不整潔的房間作為劇本。或許不是錯過一個週末的玩樂，而是增加另一項清潔工作作為懲罰。「這個是我給你的無償好處，但如果你明天晚上之前沒打掃房間，你不僅要立即打掃房間，星期六還要留在家中整理車庫。」家長通常會反射性地拿走手機作為懲罰，但我寧可看到孩子做些事並為家人做出貢獻，而不是盯著牆面發呆。最後提醒，懲罰不是為了要公然展示。將孩子悶悶不樂地做家事的照片上傳，讓孩子身上貼有示意他們違規的標籤，或是當孩子在一旁時向朋友開玩笑地提及處罰一事，這些作法只會增加怨恨，永遠不會讓孩子變得更好。

定義清楚且可衡量的改進方法

你的孩子想讓你感到驕傲。他們希望獲得更高的獨立性和責任感。向他們明確說明他們如何做到這件事。以「當我可以信任你時」或「當你做得更好時」來承諾自由只會讓事情含糊不明。花時間仔細思考成長會是什麼樣貌，然後將其傳達給孩子知道。「當你和朋友要移動至其他地點時，要向我報備」、「當你定期上家教輔導課程而成績進步時」或是「當你花了——分鐘的時間練習時」等等。每個孩子和每個家庭的衡量方法都會有所不同，但是你越是具體，你越是能以你的合理期望來約束孩子，讓他們因而爭取到更多權利，事情就會感覺「更加公平」，而你的孩子也會更加投入於事物。

營造團隊精神

沒有人喜歡離群孤立地努力工作。和他們談論家中的每個成員都很重要，所有的貢獻都是幫助。但不必總是如此，加入他們在做的事或並肩各自工作，提議協助他們做家事，或是處理自己的待辦清單時也在陪伴他們左右。

對話破局關鍵

「自己想辦法克服。」

我理解你想發出噓聲讓抱怨者安靜的衝動，但當你面對困擾的事，你是否曾被告知不要帶有情緒看待？這一句話不會你尋求的解決方法。如果你的孩子情緒激動，請先傾聽他們，然後再提問以便他們找出解決方案。如果他們情緒失控了，再多的理由或邏輯也無法讓他們平靜下來。鼓勵他們去淋浴、運動或是觀看三十分鐘的節目，並保證稍後再進行對談。一旦他們（或你）脫離他們（或你的）高漲怒氣，你就更有機會能好好進行一場理性的對話。

「永遠不要遷就於你不想要的結果。」

這一句話，通常來自不惜一切代價、有必勝決心的家長口中，有時會藉由操弄體制或以不乾淨手段來贏得勝利。在許多情境下，鬥志是值得稱讚的，但對於結果的殘酷否認，只是爭取盲目的權益。有時候，你不能逼迫所有事情都順著你的心意。當選舉結束、計票完成，你還能做什麼？有時候，優雅地承受失敗是你最好的一步棋。話雖如此，總是會有下一次。

學會當一位優雅的失敗者，是被視為公平之人的重要關鍵，在失敗之後能振作起來、再次嘗試，無疑是一種力量及正直的體現。

「當你看到不公不義的事時，你有責任做出更好的改變。」

對的，但要怎麼做？考量一下你眼前觀眾的年齡。對於這個年齡的孩子來說，這樣的要求不太有可能。說出「你去爬那座山！」的要求，可能會嚇壞對方，在未開始之前就給他們一個放棄的藉口，但如果你說，「你可能無法完全解決這個問題，但你該如何朝著正確方向邁出步伐呢？」就可能會得到更好的結果。

時間有點急？你的速成課程在此

確保你和你的孩子對公平一詞有相同的理解。許多孩子認為公平對待就是均等的對待，而成年人認為公平對待是指每個孩子都能得到他們個人成功所需要的資源。評估公平性時，你不能忽視事件的環境背景。

當孩子抱怨一件事不公平時，他們通常是指他們沒有得到他們想要或需要的東西。這可能有確實根據，而家長應該進行調查，但這通常與真正的公平無關。

如果你以均等方式對待孩子，你就有可能不公平，因為你沒有以家長角色照顧到他

們的差異。許多兄弟姊妹並不相同，他們需要家長給予他們不同的東西。

- 如果你向孩子解釋給予不同待遇的原因，並對他們的回饋保持開放的態度，孩子們不會因為不同待遇而有所畏怯。
- 要增加孩子認為你是公平家長的可能性，請成為一個清楚明確的溝通者，特別是在懲罰及獎勵這方面。當孩子們覺得自己被突如其來的事攻擊時，就會認定你不公平，當孩子們覺得不公平時，就會認為反擊是理所當然的。
- 相對於年紀較輕的青少年，年齡較大的青少年對於公平更有可能抱持著開放態度，除了自己的觀點之外，也同時考慮他人的用意及動機。
- 面臨他人受到不公平的待遇，年紀較輕的青少年要捍衛他人並不容易。要有耐心，並認知到朝著正確方向邁出的每一小步都是進展。

25 frenemy，為「friend」（朋友）和「enemy」（敵人）兩個字詞的組合，多指偽裝成朋友的敵人或者互相競爭的假朋友、真敵人，也稱為「友敵」。

26 成立於一七六九年的美國私立學院，建校於新罕布夏州，為聞名全球的私立八大常春藤盟校之一。

27 fair 是較籠統的說法，指不偏私並依規矩進行的，如「公平競爭」中的「公平」；equitable 則是計入「勞力」或「貢獻」，在多勞多得的原則下的「公平」，即「公平理論」（Equity Theory）中的「公平」。一名貢獻較多的員工期望獲得較多的報酬，「公平」除了獲得不偏私（fair）的對待外，也包括依其貢獻而計算出來（equitable）的報酬。因此，fair and equitable 所表達的意思往往較為全面。

28 rated-R movie，美國的分級制中的限制級電影，指十七歲以下觀眾需有家長或成年監護人陪伴始得入場。

29 FOMO，Fear of Missing Out，當代的新興的名詞，描述了現代人離開網路上的社交軟體，就會害怕自己消息來源不足，成為邊緣人的一種症狀，有該症狀的人較容易心情低落、自尊心不足，並感到孤單及自卑。

30 BISM，the Behavioral Change Stairway Model。

PART 10

我們來聊聊科技產品

由於科技的議題及青少年往往會引發激烈的爭論，無論是在不同的世代或成年人之間。在本單元中，首先要求你認知到科技能帶來的價值（我們也會談到危險的一面），不要忘記科技也曾為你的青少年時期帶來快樂，現在我們就將這種感覺帶入對話之中。你將學習到，如何在對話之中，讓你從不斷變化又神祕的科技細節中抽身，並專注於幫助你的孩子發展關於他們與科技互動的哲學，看待科技的價值觀就和他們的螢幕外的生活一致。

中學和矽谷有一個很大的共同點：每天身處其中的人們都面臨人氣程度的起起落落，以及反覆無常的朋友或追蹤者。如同你家的青少年一樣，科技也是一場不停止的競賽中，每天都要比昨天更相關、更緊密，並更受歡迎。無論是名望、時尚或是財力的領域中多的是操守不堅的多變戀人，但中學生及科技開發人員比任何人都更明白這種變化無常。

對於中學生和科技共生融合的想法，成年人感到憤怒不已。我們也往往有點反覆無常，儘管我們已和家庭科技用品發展出積極且長期的關係，面對孩子的青春期時，我們卻開始重新分派角色，將科技塑造為反派。你停下來想一下，可以安撫孩子的 iPad、教育網站、Siri 的智慧（感謝她永遠不厭倦沒完沒了的問題），以及讓育兒生活變得更加輕鬆的種種便利性。我想，我們覺得早期的科技都在我們的控制範圍內，或至少反映了我們自身的選擇。終究，讓家長感到害怕的不是社群媒體、訊息或智慧型手機，而是這些事物與青少年自由意志有了交集，更直言不諱地說，隨著領土的喪失，他們也失去了控制權。

青春期孩子被科技所吸引，如同飛蛾撲火般：那背光、藍光、發出光束且可充電的火光。造成該情況的原因有很多，但我認為與青少年這個特定發展階段最相關的三個原因如下：首先，這是一種社會可接受的遊戲方式。塑膠娃娃和公仔可能會被扔到衣櫃後方，但年齡稍大的孩子仍會被虛構事物所吸引，而科技以各種層面讓虛構事物實現魔法並永無止境。另一個原因是，技術是與朋友們產生聯繫的可靠方式，毫無疑問地，建立友誼是該年齡階段大多數孩子的首要任務。最後一點，科技為孩子們提供一個保護隱私而成年人卻無法輕易侵犯的地方。

技術發展敏捷迅速，但你不必如此

科技的快速步調，而青少年消費的忠誠度不但不可預測也不斷變化，你完全不必浪費時間關注臉書廣告上跳出什麼最新的清單體文章，只因為標題上說哪些應用程式流行而憂心。無論主題是「你的孩子最愛的危險社群媒體網站！」或者「你的孩子如何以這些網路技巧來騙過你！」或又是「孩子若擁有這些行動應用程式，那你基本上是一位不適任的家長！」類似清單會不斷出現，因為手機應用程式只會不斷被開發或更新上線。

不要因此而不知所措。與其掌握現今大家因為哪些應用程式感到恐慌，更重要的是瞭解功能上的趨勢，並決定哪些是碰不得的禁區。例如，你可以選擇不允許以下描述的應用程式，像是向其他使用者分享你孩子的位置、要求使用者只能以匿名評價或提供回饋給其他使用者、沒有確實的回報功能來管控濫用程式的人，或是讓平台上每個人都產生聯繫，而非允許使用者管理自己追蹤對象的清單。這並非一個無所不包的清單，但可以讓你訓練大腦，瞭解如何鎖定應該關注的主題類型。

如果你覺得自己一無所知，總是大大落後，再費力掙扎也趕不上家人面臨的網路威脅，那麼你就是過於防禦，卻未有效地建立強大的進攻策略。你無法掌握網路上發生的所有事情，但沒有關係。我擔心，當談論科技產品及青春期孩子時，我們只見樹木，卻不見森林。如果你可以把視角拉遠一些，與那些應用程式的細節維持距離，進而鼓勵有分析性的廣泛討論，關於我們可以又應該如何與科技進行互動，那麼你的孩子將更能有效管理他們的線上生活，足以應對所有全新現代事物所帶來的轉變和變化。

不要忘記這曾是一件有趣的事

當我十一歲時，我爸媽為大金剛電玩遊戲（Donkey Kong）買了一台有卡帶插槽的雅達利二六〇〇家用遊戲機（Atari 2600）。他們把它連接至客房的高大梳妝台上的十四吋電視上——我的重點是，這個遊戲室也太酷了！我會站著甚至雙膝跪地玩大金剛好幾個小時。當我寫這篇文章時，我剛剛從一個截然不同的網路世界回來，我在那裡發現一些早期電玩遊戲的配樂，而我的耳朵現在對我很不爽。那些瘋狂又微弱的嗶嗶聲、星爆的電子聲響，怎麼沒有把我逼瘋？現在聽來雖然像是種折磨，當時卻覺得是複雜又現代的趣事。我曾熱愛沉浸於那個像素化的奇幻世界中。

有一天晚上，當我們全家人要出門時，我媽媽要我上樓去看看父親為何拖了這麼久。我發現他站在電視前，手上拿著遊戲手把，甚至還沒繫好他的領帶，我媽媽在樓梯口大聲喊叫，說該走了。他立即說：「好啦，好啦。」又以他少有的輕浮口氣對我說：「再來破一關。」

你可能仍隱約記得，你真正對科技感到興奮的第一次。是你寄出的第一封電子郵件嗎？你爸媽買了錄影機的那一天？或是你看高清電視、拿著iPhone，或者下載音樂的第一次？如果你能再次感受到這種科技讓你的世界忽大忽小，無論是更令人興奮或更具柔軟順從，這種感覺應該能作為你瞭解孩子的基礎，他們利用並享受科技時的情緒反應。我寫下這篇文章時，我詢問當時十七歲的兒子，他是否記得曾經因科技產品而驚豔讚嘆，還是只是他生活中的已知事實。他馬上就有了答案。「我五年級時第一次玩《黑色行動》，就這樣。我希望我能重溫那樣的樂趣。上學前我會早起去投籃，而放學後我會和朋友們一起玩黑色行動。」即便是數位原住民（digital native），對於科技激發其想像力的第一次也仍有懷舊之情。

當我和我的中學同學被微波爐及來電顯示之類的東西震撼不已時，你的孩子可能「沉迷」於他們手機上的應用程式、電子遊戲及串流影音平台，如YouTube或Netflix。作為一位家長，我們往往不正面看待這些東西對於孩子的意義。我們擔心，他們對科技的熱愛會導致未知帶來的危險、社交技能的喪失、不明確且邪惡的種種錯誤可能毀掉他們的未來，以及自戀。順便一提，遠在**科技**成為家喻戶曉的名詞之前，這些早已是青少年家長們一直在擔心的事。碰巧的是，當青少年孩子開始有不佳的態度、不參與家庭生活，並執迷於別人對他們的看法的同時，他們也對科技有超高的興趣。不過，一如往常，相關性並不代表著因果關係。當孩子突然深入瞭解科技，並不表示他對「1」和「0」的二進位制上癮，而是讓他們更容易與他們突然感到興趣的人、對話及事物建立聯繫。

關於科技產品的家庭會議

這件事可能會讓人怯步，但請記住，教你的孩子使用科技產品就和教他們如何使用其他工具（如剪刀、爐子，或是汽車）一樣，並沒有太大不同。無論我們要教他們的是什麼，指示往往遵循著一種有基本原理的方法論，也就是模擬新事物的完成方法，首先是提供幫助，接著在不協助的情況下觀察，提供回饋，而最終是退一步而不介入。

然而，你可能會特別關注一個差別：這不同於你目前為止教會孩子的那些事情，這件事對你而言仍很陌生，而且除了你自己不熟練之外，你的孩子還已在科技層面上起跑，讓你覺得好像是火車已經要離站，你站在月台上揮手，而孩子已在軌道上漸行漸遠。

如果你知道，青春期孩子到達某個年齡你送他去科技訓練營，你就鬆了一口氣，這就像到了州政府規定的法定年齡時接受駕駛教育一樣，不僅配有訓練有素的教練及課程，他們還能帶著基礎知識回家。並且，額外的好處是，你不必經歷網路上如第一次上高速公路的恐怖經歷。科技中不存在這種事情。當然，許多應用程式的最低年齡限制是十三歲，但與駕駛訓練班不同的是，你仍可以在建議年齡前使用。（順道一提，很重要的是，你要明白應用程式的最低年齡限制，與開發人員認定內容或體驗是否適合兒童無關。存有最低年齡的要求，是因為開發人員要收集關於其使用者的資料，而兒童線上隱私權保護法（Children's Online Privacy Protection Act，COPPA）規定他們不能非法收集任何十三歲以下使用者的資料。為了規避這件事，應用程式要求使用者驗證他們的年齡，以便他們能繼續挖掘他們想要的數據）。關鍵在於，若要教會孩子與科技產品建立積極關係，我發現這可能會讓你覺得不太自在。別擔心這件事。

抛開科技層面，專注於你希望孩子能遵循的基本人類行為，無論是在現實生活或虛擬世界中。

青春期早期會有許多關於科技的離題對話，除非你能定義這些基本行為，否則你會發現自己根本無法跟上，而且你也經常會覺得自己持續追趕著最新趨勢。

關鍵是從一開始就要確立對於科技產品的生活準則，這樣你就能為你的家庭制定一般的基本原則，關於如何與科技互動、產生聯繫，並享用科技的益處。為此，我建議採用家庭會議形式，以便你們能共同制定規則及輔助要點，確保孩子能支持贊同。然後，稍後會出現的較小對話，像是關於「我可以下載這個應用程式嗎？」和「為什麼我要把手機收起來？」和「為什麼我會因為發文就惹上麻煩？」等，就會一個可以參考的基礎。

科技家庭會議的小技巧

要樂觀。請記住，科技——就如同所有工具一樣——可以用於正面、負面，或是無關緊要的事情。如果會議一開始，你就用製造恐懼的語氣或遠離危險的強調語氣，你的孩子

會認為你與現實生活脫節了，會議中也可能不會以開放心態面對或合作。

保持開放心態。有些特定形式的科技產品讓人易於接受。家庭警報系統能讓媽媽感到安全，監測弟弟血糖的應用程式是救星，Venmo 行動轉帳支付系統[31]確實讓付款變得方便。但是圖片分享軟體程式 Snapchat 呢？你可能想不出這個應用程式任何一個可取之處，但我敢打賭你的青春期孩子可以為你解釋其吸引力。在宣稱某事物毫無用處之前，請以開放心態傾聽他人如何看待其價值。

為會議設定一個目標。舉例說明，像是「我們討論的目的是要創造一種生活準則，關於我們希望科技在家庭中扮演何種角色。」

要求所有成員都必須貢獻想法。對於如何正確及錯誤使用科技，即使是你家庭中最年輕的成員，也一定有想法。當每個人都有所貢獻時，你們更有可能獲得一個平衡的解決方案。

不要預先決定結果。以開放的心態進行。如果你的孩子察覺到，家庭會議只是為了欺騙所有人同意你規則的詭計，他們就不會參與了。

保有變通的彈性。盡可能願意且欣然地妥協。很難讓每個人都完全開心，但每個人都要明白自己贏得對方少許的讓步。另外，也提醒你的孩子，沒有什麼事是永恆不變的。向他們說明，當你明白如果自己嘗試了某事但毫無作用時，你就會多一些彈性，並再次召開會

議並重新評估條件。

科技家庭會議的入門問題

對我們的家庭而言，科技產品在哪些層面有助益或幫助？
科技產品可能會以哪些方式分散我們注意力或讓我們脫離生活常軌？
我們如何察覺到科技產品的使用已從有趣或有幫助轉變成有害？
我們能藉由什麼方式讓我們更能好好利用科技產品？我們是否錯過可以讓我們受益、不僅有趣或有用的東西？
我們喜歡做哪些與科技產品無關，又能讓我們得到平衡的事？除了讓我們受益的科技種類商品，我們是否錯過可以讓我們受益、不僅有趣或有用的東西？

科技世界的個人聲明

在網路世界中，時間、空間及人際關係總是變得曖昧模糊。關鍵是要提醒你的青春期孩子，線上世界也就是真實的世界，而規則也同時適用於兩者。寫下自己的個人聲明表是讓自己有所根據的好方法。讓家中成員們列下他們希望人們相信關於他們的五至十件事。例如，我可能會寫：我希望人們相信我有創意、善良、有趣、值得信任及公正。這個清單會成為我如何在線上互動的方針。在我發表評論之前或是線上有人被欺負而我忽略時，我會問自己：現在我在網路上所做的事情，是否等同人們眼中我希望他們相信的事實？

我一定要談論這件事嗎？

你們絕對沒有必要成為擅長使用科技的家庭！每個家庭都能自行決定，何時以及如何讓孩子使用各種形式的科技產品，無論是在PBS上觀看節目或是玩魔獸世界。也許你們家沒有電視，而你的孩子空閒時都在閱讀梭羅的作品（我真想要你那種人生）。無論如何，你們絕對要**談談**科技產品這件事。

即使，你嚴格控管你孩子在家中使用的科技產品，並假設孩子在學校或朋友家時也遵守你的規定，你**仍然**需要教孩子未來如何與科技產品建立良好關係，當這對話早一點並頻繁進行時，就會有最佳的教育成效。這就像是，在你認為孩子有活躍性生活之前，很早之前就和他們進行多次關於性的簡短談話，這是一種明智的作法，在你的孩子活躍使用網路前，就開始以漸進方式來談談科技產品。請記住，儘管你的孩子現在可能未使用社交媒體，但舉例來說，他們仍然會受到使用社群媒體的同儕所影響。按照這些原則，我建議當孩子開始會在你不在場時使用iPad時，就要開始和他談論關於線上色情內容。只要讓他們知道，他們果在網路上看到有人裸露私處的照片，要告訴你，而你不會生氣（更多色情相關內容的討論，請參考第十四章：我們來聊聊與性有關的一切）。

當我與家長、孩子談論社群媒體時，我會以一張投影片開始，上面畫了四種物件：瓦斯爐上的茶壺、錘子、菜刀，以及一瓶漂白劑。我問孩子們這些物品有什麼共同點，他們總是給我一樣的答案。「這些東西很危險！」

同一個答案總會有五、六次重複的變化——「這些東西會傷害你」或「你必須要小心」——直到其中有個孩子試探性地舉起一隻手，獨排眾議地說「這些東西對你有幫助？」

是的，當然。任何有用處的東西，不可能同時無害。

《急診醫學期刊》（*The Journal of Emergency Medicine*）發現，刀具造成的傷害比任何手動工具更多，平均**每天**有一千一百九十人因此至急診室就診。然而，我們大家卻希望我們的孩子能在廚房裡自力更生。同樣地，車禍是青少年死亡的主要原因，而多數家長鼓勵孩子在符合規範的情況下盡快去上駕駛訓練課程。每一天，家長們都允許甚至鼓勵他們的孩子從事危險的行為——搭乘汽車、乘搭公車或地鐵、在海中游泳、踢足球，或自己切蘋果當點心。我們為何要故意讓我們的孩子做一些有高傷害風險的事，而不是其他事情呢？

我認為，這出於幾個關鍵的原因，我們願意暫緩對危險的懷疑。首先，我們相信報酬值得冒險。讓我們以汽車為例。為了讓我們的孩子首次嘗試開車，我們必須忽略風險，相信能多一位司機是值得的事。當然，我們每晚都會在晚間新聞中看到車禍消息，但是……我們不能**過度**考量這件事，因為就邏輯上而言，我們無法接送青少年孩子在城鎮裡來來回回直到他們長大成人，特別是他們有滿滿的行程又要求特別多。其次，我們不會讓**潛在可能的**後果變成**對號入座**。人們很容易對車禍事故感到麻木，直到你或是心愛的人發生重大車禍。此外，如果你出了車禍，誰敢責怪或羞辱你讓孩子暴露於開車駕駛的危險性中，即便我們都明白外頭多的是惡劣或粗心大意的人，和我們的孩子駕駛於同一條路上，直接讓他人行駛於充滿危害的路途之中。第三，我們忽略種種了風險，因為大家覺得開車有**重大的社會意義**。駕駛訓練課程被視為一種成年禮。我們自豪地上傳我們孩子拿著學習駕照（permit）[32]的照片，接著是他們拿到正式駕照後的照片。當然，你希望確保孩子一直都平平安安的，但是……如果你的孩子是唯一一位不開車的人，那也會很**奇怪**，對吧？

以科技產品來取代駕駛的議題，對家長而言有三個差別。首先，我們甚至不認為報酬會大於風險。我們將孩子使用的科技產品視為娛樂、浪費時間或是逃避，但很少將其視為工具，也由於我們無法權衡利與弊，我們錯誤地將科技定位為該避免、固有的危險，而不是一項值得學習的技能。如果這麼做時，我們其實會導致更多危險，因為我們未教會孩子該如何正確運用。第二，不同於其他的悲劇，當悲劇與科技產生關聯時，我們會立即將這件事記在心上。我們早已學會沉浸於那些車禍事件，但是當我們聽聞一個孩子在聊天室認識了陌生人，或是又有一個孩子因為在網路上被霸凌而自殺身亡時，我們會立即置身於「什麼如果這是**我的**家人？」的想像之中。第三，我們這些家長們對待車禍受害者的同情，無法一樣地延伸至網路造成的悲劇受害者身上，因為我們認為那些網路悲劇的受害者本身早該明白的，就算是孩子不懂，**至少他們的家長**早就應該要更加謹慎小心。我們的思緒會立即跳到對該家庭的診斷，而他們先前應該做那些事才對，而責備受害者已經成為一種無形的護身符，我們盼望可藉此保護我們不發生相同命運。

科技是健康幸福人生的一部分

如果你覺得科技正在侵蝕青少年的生活，那麼在某些時間點，你將不得提出平衡這件事。以下是關於手機使用時間的簡短對話，但請注意到，在此我絕對不會只是簡短帶過。這是本書中較長的模擬對話之一，因為科技對孩子們來說極度地涉及個人的，因此會成為熱門話題。我花了相當多的準備時間以緩和這一點，孩子才不會因而生氣或對你疏遠。

BEGIN：平和地開啟對話

家長：嘿，你今天過得如何？

孩子：**【盯著手機】**很好。

家長：那很好。你要花一分鐘放鬆一下嗎？

孩子：好啊。

家長：我很高興。你需要用一些時間充電。我不想打斷你，你什麼時候會暫時休息一下？

孩子：怎麼了嗎？

家長：什麼事也沒有！我不想打斷，但我想找時間聊一聊。三十分鐘後再說嗎？

孩子：好呀。

RELATE：與孩子產生聯繫

家長：【三十五分鐘後】嘿。時候到了。我們來談談吧。

孩子：怎麼了？

家長：今天早上我在想，你現在這時候有許多事情要做，我無法總是完全瞭解你花時間在做些什麼事了，不像你小時候那樣。這對我來說是好事！但我想我應該偶爾看看你好不好，確保沒有疏忽任何事情。

孩子：沒有疏忽什麼事。

INTERVIEW：訊問以收集資料

家長：好的，太好了。我能以快速的檢視清單來確定嗎？

孩子：應該可以吧。

家長：謝謝！有部分原因是我不想讓你筋疲力盡。你對你自己太要求，無論是學校、運動、朋友，甚至在家和我們相處時。而我尊重你這一點，但也想確保除了你必須做的所有事情之外，你還有一些時間可以充電。

孩子：好的，那就好。

家長：所以……回到檢視清單。如果你發現有需要我協助的項目，就直接打斷我。家庭作業：要繳交的作業都一切順利嗎？接下來你有任何一堂課的專案作業需要購買海報用紙嗎？

孩子：等一下，對的……我必須要做一個科學作業。你能買一些海報用紙和一些毛茸茸的小球來製作一個單元嗎？

家長：當然。我明天可以去買。謝謝你告訴我。現在，談體育：你這星期有規律的練習，但這個星期六你有兩場比賽。沒問題吧？**【孩子點點頭】**家中事務：你還沒有打掃房間，而我們已經討論過這件事……

孩子：我今天就打掃。

家長：好的，我相信你的話。晚飯前要清理乾淨。如果沒有的話，我們就需要來談談後果是什麼。還有，朋友們：你有沒有任何安排好的計畫要告知我，關於要開車送你去哪裡、邀朋友來家裡玩或是什麼其他的計畫？

孩子：我現在真的還不清楚。

家長：好的，沒問題。但如果有的話，你會早一點通知我嗎？提前一天告知就很理想了。

孩子：好啊。

家長：那麼，我清單上最後一件事就是休息時間：我想確保你有足夠時間來恢復精神，但又不會多到讓你會迷失於時間之中，讓其他該做的事情落後。

孩子：好吧，就告訴我該有多少時間吧。

家長：嗯，我不確定只是為休息設立一個數值是否合理。如果我說你最喜歡的休息時間都花在手機上，這麼說公平嗎？

孩子：我不知道……我也會做其他的事啊！**【孩子可能會察覺到這是個陷阱，害怕承認手機就是關鍵，因為你可能收走手機。】**

家長：你絕對有，當然。不過，我應該給你多少時間花在手機上，你覺得你能說出一個數值嗎？

孩子：你要求的所有事情我都有做，我不知道這件事為什麼那麼重要。

ECHO：回應對方

家長：你知道的，我同意你。所以要為此設立一個數值，我並不是有很大興趣。

孩子：喔，太好了！

家長：看起來，我們都認為最重要的事，是讓你的休息時間（或手機時間）與你生活中的其他重要事物是達到平衡。你同意嗎？

孩子：當然。

FEEDBACK：提供回饋

家長：太好了！所以，就我而言，要維持平衡，以下是你每天需要做的事：

- 努力維持每一門的優秀課業成績。如果你沒有即將要繳交的作業，我希望你在家至少能閱讀三十分鐘。
- 動起來。在你有運動訓練的日子這點很容易做到。但是如果沒有的話，你應該有四十五分鐘的活動，以任何你想要的方式——像是遛狗、騎你的腳踏車，或是在外面玩耍，任何事都行。
- 在家裡幫忙家務。我們看重你的貢獻，所以每天都可以幫忙做一件事。我們可以進一步討論這如何進行。

- 與朋友在現實生活中共度時光。我知道你會在手機上和朋友互動，但面對面的相處是無可取代的事。我很樂意在週末時為你實現這件事。孩子們可以來家裡，我也可以開車接送你去某個地方。
- 遠離手機時間。我不是一個討厭手機的人，但有些時候沒有手機就更加美好，而我也適用這條規定！餐桌上、乘車時，以及特殊的家庭活動期間不能使用手機，這讓我們更能享受彼此的陪伴。另外，睡前的三十分鐘前不使用手機，這樣就能放鬆平靜下來。
- 如果這些事項你都做到了，你的生活就已達到平衡，我就認為沒有理由限制你手機的使用時間。如果沒有的話，對於你的手機使用方式我們就會更加嚴格。我將會以平衡作為衡量你達成目標的標準。

對於青春期孩子的家長而言，手機使用時間是如戰場般的爭論議題，但並非所有網路使用時間都能同等看待。當他們長時間盯著螢幕看的時候，你的孩子**在做些什麼事**，我們來看看另一組有可能發生的對話。

BEGIN：平和地開啟對話

孩子：嘿，你能核准我的應用程式請求嗎？

家長：把我的手機拿來給我看看，是什麼是應用程式？

孩子：它叫做〔**請自行代入最流行的應用程式名稱**〕。這只是要用來拍照，然後可以用來製作網路梗圖。

RELATE：與孩子產生聯繫

家長：這聽起來很有趣。你會發送梗圖給我嗎？

孩子：呃，太奇怪了吧。你真的要我這麼做嗎？

家長：是啊！

孩子：好吧，我會。

INTERVIEW：訊問以收集資料

家長：在我批准之前，有幾件事要說。你是否曾查看這應用程式的年齡限制？

孩子：是的，要十歲以上。

家長：很好。製作好梗圖之後，你會用它來做什麼？

孩子：就傳給幾個朋友吧。

家長：透過這個應用程式嗎？還是存在手機裡接著再傳送出去？

孩子：我不知道。

家長：那麼，你就要瞭解清楚。你可以Google搜尋一下這件事，再來和我說嗎？

孩子：這很重要嗎？難道你只會同意其中一種方式，而不同意其他方式嗎？

家長：老實說，我目前還不清楚。但是，我認為每次在要使用一個程式之前，你都應該要深度瞭解你想要使用的科技產品。例如，請確保你使用你的照片來製作的梗圖，他們不會擁有使用權限，並將其用於行銷目的。

【過了一會兒孩子回來了，做好研究功課了，並解釋該程式如何運作。】

ECHO：回應對方

家長：你的研究功課做得真棒！真是了不起。聽起來，你發現一些關於隱私議題的好資料。

小朋友：謝謝。我覺得人們不會設計糟糕的應用程式給十歲的孩子使用。我們能不能定下一個規則，如果是在某特定年齡的限制，我就不需要詢問你了？

家長：我很高興，你會思考你使用的應用程式有什麼年齡限制，並且你也非常在意我的規則才會研究它如何運作。而且，我也理解你為什麼會合理認定有設立某年齡限制的應用程式應該沒有問題，不過我們花點時間來談談你的疑問吧。

FEEDBACK：提供回饋

家長：像你所說的，那些公司不會為特定年齡開發糟糕的應用程式，這某種程度上來說沒錯……只不過人們還是會以不對的方式來使用一般的應用程式。就像錘子也不是壞東西一樣——有它我才在牆面上掛畫作，這是好事，但我也可以拿它砸毀窗戶。我首先會關切的事，是該應用程式被設計的用途是什麼，但我也會思考其他人能如何濫用它。關於我思考的方式，你覺得合理嗎？

孩子：是的。你只是小心謹慎。

家長：對！要精明地處理這件事。所以你就和大家一樣，明白科技術總是不斷變化。當開發人員對其運作方式進行改動時，科技產生了變化，當使用應用程式的人們找到使用的新方法時，它也會因此變動。當我對一項全新科技說「好」時，與我說出口的「是的，我會買你這顆足球或這個樂高組合給你」不同。我想確保，這項科技產品後來不會變得與一開始時有所不同。我今天對此表示同意，但過了一段時間後，我就會密切關注它，確保A現在它仍如同原先那樣的功能，並且B你和其他的使用者以正當的方式使用。使用科技產品就像是在海洋中游泳。我們都知道海洋雖然有趣卻也同時危險。我不想壞了你想玩得開心的興致，但作為你的家長，我需要確保你很安全。想像你自己是一位救生員。你仍然可以投入大海的懷抱，但如果我看到水蓋過你的頭頂時，我就會把你拉回來一些。我們以這種方式實行一段時間，直到我看到你維持安全狀態，之後隨著你年齡增長，你當然就可以開始自己去游泳了。達到目標的關鍵，是你對我們目前進行中的誠實對話維持著開放的態度。好的！準備好讓我完成核准程序了嗎？

對話破局關鍵

給家長們的關於科技的最後一個重要提醒：這對你來說可能是全然陌生的事，但不要忘記你是一位好老師。你當然也可以教會孩子這件事，如果你不迷失於手機裝置本身，將主要的關注放在事物人性的那一面。更何況，你還是一位好學生！任何讓你感到好奇的東西，你的孩子可能比其他任何人都有本事教會你。

「太多的手機時間對你不好。」

對孩子們而言，這說法不僅過於模糊而無法遵行（多少算是太多？）此外，還有其他問題產生。美國兒科學會（American Academy of Pediatrics）最近修改其對於手機使用時間的聲明，刪除了時間的相關建議，並敦促家長聚焦在質，而非量本身。並非各種形態的手機使用時間都相等。與其貶低手機的使用時間，不如以平衡作為對話主題。手機使用其實無害，只要不犧牲其他健康的生活作息。

「你這樣會上癮的。」

這是一個極為可怕的威脅，同時也是頗為廣泛且空洞的威脅。這讓我想起了有一些家長會告訴孩子，如果他們坐得離電視太近，他們這一輩子的眼睛都會是鬥雞眼。當他們的孩子患有任何種類的成癮問題，我就很難對家長拒不受理。成癮是複雜又可怕的，特別是涉及科技時，就更沒有精確的定義。常識媒體（Common Sense Media）發表了關於科技成癮為主題的深入研究。在你自己過度擔憂時，當然也在你對孩子妄下定論之前，建議你先去閱讀他們的報告。同時，關於成癮的造句之中，你要知道科技、酒精、毒品、賭博以及遊戲並非可以相互置換的字詞。這些字詞都是獨一無二的，在妄斷結論前需要先充分地瞭解。

「我不希望你犯下伴隨你一輩子的錯誤。」

我們怎麼可能不擔心這件事呢？孩子因為網路使用不當而受到不可逆轉的傷害，我們聽到太多例子了。最好的情況是什麼？他們的大學入學申請書被撤銷。最糟糕的情況是什麼？根本是每位家長最可怕的惡夢。所有的青少年都會犯下錯誤，也必須要與錯誤共生共存。當這些過錯不斷地於網上出現時，這就很糟糕。對青春期孩子說出這種話的麻煩，是這對他們而言毫無意義。我們明白青少年活在當下。他們處於一種否定的暫停狀態，今天所發生的事情對於自己遙遠的二十五歲並不太重要。你知道他們真正關切的是什麼嗎？他們的朋友們現在是怎麼想的。

不要浪費時間藉由談論未來，以恐懼侵襲他們。取而代之的，是談論錯誤如何對他們今日的幸福造成代價。談論當這種情況發生時，孩子們感受到的社交孤立（social isolation）。談論若要維持現有的良好聲譽，該如何為自己做選擇，如果這是對他們最重要的事。

時間有點急？你的速成課程在此

#不用擔憂是否跟上科技趨勢，而多專注在你身邊的家人與科技的關係，為彼此打造

一種生活上的哲學。

不要忘記科技曾為你生活帶來快樂及刺激。還記得你首次因科技產品而驚嘆不已的經驗嗎？讓你有什麼感覺？這可能就是你孩子的感受。試著去享受他們目前擁有的樂趣。

孩子們喜歡科技，不是因為科技本身有多好玩，而是科技讓他們產生的聯繫：人、對話，以及他們覺得有趣的事物。

召開科技議題的家庭會議，是作為建立共通點、指導方針，以及個人聲明的一種方式，你可以用它來引導網路上的使用行為。

即便有用處的工具也難以避免帶來傷害。在談論科技產品時維持平衡公正，它並非是全然的好或壞。

善待在網路上犯下過錯的人，就像對待發生車禍的人一樣。我們都是人，而我們都仍在學習當中。

快樂健康人生之中，科技可以成就一部分的快樂健康。關鍵在於平衡。

並非各種形態的手機使用時間都相等。鼓勵有創造性、產生聯繫的科技產品使用方式。

對於青少年來說，科技是一個熱門話題，尤其當他們擔心你會毫不猶豫沒收的時候。

輕鬆地開展對話，對於利弊保持開放心態。若有疑問的話，請讓孩子教你他們所熟知並喜愛的事物。

注釋——

31 Venmo，為網際網路第三方支付服務商 PayPal 旗下的行動支付服務，可用於手機或網頁轉帳給他人。

32 learning permit，在美國考取駕照時，一旦通過筆試後可取得的學習駕照，可在有合法駕照者的陪同才能合法開車上路。路考通過後才能取得正式駕照。

PART 11

我們來聊聊批評

關於如何應對言語上的評論，為了幫助你能順利進行對話，在這個單元之中，你將會瞭解孩子在青春期對意見回饋變得更加敏感的原因，教導孩子區別建設性評論和破壞性評論的重要性，成年人在意他人看法時又會如何發送混淆不明的訊息，以及為何要針對孩子的長處進行回饋，遠比指出其缺點更有效。

一個微風拂面的春日，當時我女兒八歲，我們和她的新朋友佩奇以及她朋友的媽媽黛安一起去了公園遊戲場。我們媽媽們正在享受安排遊戲日的額外好處，特別是當你與另一位家長確實一拍即合的狀況下。

正當我和黛安坐在長凳上聊天時，佩吉側身走到她媽媽的面前，臉上帶著覺得受傷的表情。「發生了什麼事？」黛安輕聲詢問她。佩吉在她的耳邊輕聲地說出細節，而此時的我覺得坐立不安且尷尬，想像我的女兒做了什麼事，懷疑這是否就是我與新朋友第一次也是最後一次能如此聊天。「看來妳得到一些回饋意見了。」當佩奇說完時，黛安如此回覆。「那妳想要怎麼處理？」

我將那一段記憶收藏起來，因為這是良好教養的一個可愛例子，也是社交禮儀的好典範了。孩子們總是在喋喋不休地表達意見，這讓家長們很緊張，特別是另一個孩子的家長也在場時。「我要調查一下嗎？我應該說明不乖的後果嗎？有錯的是誰？我只不過是坐在這裡，現在突如其來要接下這件事，我的下一步行動將會決定這一整個遊戲日的成敗。」

黛安沒有假惺惺地急於找出化解衝突的方法，也不倉促地表現外交手腕，而是優雅地將我女兒所說的話（無論那到底是什麼，我現今仍然不清楚）定位在中立的立場上，只不過是她女兒對事物評估的一個機會。在女兒感到受傷之際，她如此賦予女兒自主的權力，這方式多麼美妙。

如果你喜歡這種方法，你將會獲得許多練習機會。青少年可能是這個星球上得到最多評論的一群人。他們每天都面對著周而復始的評論——從他們的服裝（「你不會穿那件衣服出門吧？」）到他們的家庭作業（「拜託，請努力一點！」），還有他們選擇的朋友（翻了好幾個白眼）。到了中學時，孩子們會持續得到許多意見回饋，不僅是來自於你，甚至來自許多老師、教練和學校行政人員，他們各有不同的期望和偏好，還有充滿孩子們的一所學校，他們對所有人有滔滔不絕的意見，包括對你孩子的種種選擇。言語評論的閘門會於青春期的早期打開，從那時候開始，言語評論就一直會是生活中極為穩定的伴侶；因此，學會如何面對批評言論至關重要。

對於成長，言語評論是有其必要的，但也同時有代價，特別是像我們這種敏感的人。我不情不願地隨身攜帶一份回憶目錄，這些回憶是我感到尷尬或受傷的一些時刻，基於人們對我的反應。有那位嘲笑我牛仔褲並非知名品牌的同學、臉書上因我個人政治立場而抨擊我的網路魔人，還有想提供我協助的親愛朋友，但我那天卻因為過於敏感而無法聽從她用可愛方式傳述的建議，我緊抓著各種形式的批判。

回想過往，有時候我能理解這些訊息本身並不糟糕，而是狀況不佳的我無法欣然接受。又有些時候，只是毫無事實根據的消息，但我的盔甲不夠厚重而無法抵禦。更多時候，那些意見回饋甚至不是**關於**我。我只是過度關注人們要讓你知道他們在想些什麼的細微動作：嘆息、快速地轉移視線、注意力不集中、延遲了一秒的笑聲。

我希望我的臉皮更厚一點、更輕鬆自在，在多數情況下能減少對人們看法的在意。但敏感的眾多好處之一，是它可以幫助我做好我的工作，因為要成為一名好師長，我需要頻繁地站在別人的角度來思考。如果你的孩子這方面就像我這樣，你可以和他們說明高度敏感的優點，這可能有助於減緩敏感帶來的負擔。

無論你的孩子傾向脆弱或自信（或介於兩者之間的所有組合），**你**對於意見回饋的看法，將影響你協助孩子面對日常接收回應的方式。如果你的小蘋果滾落時沒有離你這棵過敏樹太遠，在聆聽他們故事時，你可能很難不產生強烈的情緒反應。努力地察覺這點並調節自己的反應。另一方面，作為一位家長的諷刺之一，就是你會有個完全不像你的孩子，這是一種祝福。如果你臉皮很厚，你可能不太理解你的孩子為什麼那麼在乎他人的看法。如果你很敏感，你可能會擔心你的孩子掩飾自己的感受，即使他們也誠實地告訴你真的沒事。請開始調整你看待意見回饋的方式，這樣你就可以從孩子的情緒反應中脫身。

在意他人想法的矛盾悖論

當你的孩子進入青春期時，他們會開始以**一種自戀的方式**看待世界（別擔心，你的孩子應該不是真正的自戀狂）。然而，孩子此時的發展專注於脫離你的羽翼之下，並開始發掘他們的個體特徵，包括各種的個人喜好、限制、信念、夢想、能力等等。雖然這在理論上聽來合理又適切，但也會令人覺得你的孩子只關心這世界如何圍繞著他們旋轉。

對青少年而言，能建立家長或照顧者之外的身分令人振奮，卻也令人孤獨。這種脫離會帶來孤獨感，卻是促使孩子渴望被更廣大的一群同儕所接受的原因，所以他們會覺得同儕給予的回饋相當重要。一位人緣絕佳的同學給予了讚美，感覺就像是中了彩券，但一旦被侮辱了，就感覺像是在超級盃比賽上，笨手笨腳地無法完成贏得比賽的那次傳球，全身赤裸著，並且在大螢幕上以慢動作重覆播放著。

突然之間，其他孩子對你孩子的看法對他們而言至關重要。如果你聽得見青春期孩子的想法，你可能會聽到這些話：「我不想再當一個需要家長的小孩，但我又不想自己一個人在這裡。我要大家都喜歡我！我願意做任何事情讓人們喜歡我。」

他們不會總是被所有人喜歡。用比喻上的意義來說，你可以試著用防撞氣泡紙來保護你的孩子，防止他們因任何言語評論而受傷。有些家長不允許自己的孩子與有「不良影響」的孩子一起玩，讓他們穿戴最時尚的衣服和配件，告訴他們不能軟弱，指示他們要向上呈報所有的傷害——無論是身體上或情感上的傷害——以讓學校負責管事的人知道，又或者是扮演其朋友的角色。這些都不會讓你的孩子免於青春期時因為拒絕、尷尬或是孤立所帶來的痛苦。

我最喜歡的語錄之一是「我管不著別人怎麼看我。」對於像我這種敏感程度的人而言，這是一句實用的口頭禪，但更概括的事實是，人類天性上是群體生活，所以他人的想法**其實**很重要，至少在一定程度上是如此。多數的家長似乎都希望自己的孩子能完全獨立，要為自己獨立思考、要挑戰現狀、要打破過時觀念，但**同時要**服從社會規範、尊重傳統，對權威人士要有禮貌，對於他人需求也從善如流。這是一個矛盾的悖論，對吧？

要教養出一個良善的人，我們必須接受同時接受事物的一體兩面。一方面，如果我們可以告訴孩子不必在意別人看法，那事情就簡單多了。另一方面，當你生活在一個社群之中時，那種孤立的思維就行不通了。我們都有給予我們意見的鄰居、老闆、朋友及家人，雖然我們不希望我們的孩子被調教成盲目取悅他人的樣子，但我們確實盼望他們能長大成人，在作為一個個體、作為群體的一部分之間取得平衡。然而，成為團隊的一員就意味著學著如何應對意見回饋。

言論批論的類型

並非所有的言論評論都是公平的。當我在領導力訓練營與青少年們一同諮商時，我首先會確保他們瞭解建設性評論和破壞性評論之間的差異。

- **建設性的評論目的在於協助你改進。**
- **破壞性的評論目的在於讓你覺得不舒服。**

我建議你解釋建設性及破壞性評論之間的區別。有一種自然提出問題的方式，就是討論情景喜劇、電影、書籍、推特，或是真實世界的社會動態（在你孩子直接接觸的領域之外）中的例子。當你闡明評論的不同類型，並開始向孩子說明兩者的案例時，他們更能清楚地區別兩者的差異。接著，當他們與你談論他個人的經歷時，你可以輕柔地詢問他們得到什麼樣的評論。一旦他們能明確判斷這是幫助或傷害，他們就可以思考下一步了。

回饋進行中：一位教練的決定

讓我們思考一個在中學經常出現的場景：你的孩子被一個團隊、試鏡或是活動取消資格。我接著以 BRIEF 對話模型來說明此對話可能如何進行。

BEGIN：平和地開啟對話

孩子：他們今天公布了入選籃球隊的隊員了。我沒有入選，我真不敢相信。

家長：喔，我很難過聽見這件事。你要和我進一步聊聊嗎？

孩子：我原本以為我會入選。我比一些成功入選的孩子更優秀。肯定表現更好。我知道教練不喜歡我。這太不公平了！現在很多人會認為我比那些成功入選的爛球員還要爛。有些同學說他們也不敢相信我也沒有入選。這真的太不公平了。【孩子開始哭泣。】

RELATE：與孩子產生聯繫

家長：我中學的時候，也曾遇過同樣的事情，這真的很令人難受。現在，我有什麼能為你做的事嗎？我很樂意和你坐在一起聊這件事，或者我也能坐在這裡陪你一起看電視。或者，如果你需要一些獨處的時間來感受自己當下的感受，那也沒關係。這是一件很難消化的事情——以任何你想要的方式，我都在此支持你。

孩子：我不知道我想要什麼。我很不開心。

家長：我明白。你有權利感到不開心。我能問你幾個問題嗎？

孩子：當然。

【或許孩子會表示現在不是時候。在這種情況下，請在孩子睡前再次詢問你現在是否方便談論這件事。接著進入訊問的步驟。】

INTERVIEW：訊問以收集資料

家長：你知道有多少孩子沒有入選嗎？

孩子：不，但是團隊由十二個孩子組成。他們其中有些人打籃球打得很爛！我不是一個混蛋——他們之中有很多人都應該入選，而且表現比我還好，但我在下課時間看到其中一些人打球，他們投籃時大多都投不中。我完全不理解他們是怎麼入選的。

家長：有時候就是會發生這種事。有一些能力較不明顯的孩子就這樣組成了一個團隊，甚至是成為了主角。又或者，在以我的工作來舉例，有時會有工作能力不佳的人得到了職位升遷，但我根本不知道為什麼。讓我再問問你幾個問題：教練是否曾在選拔賽當下或事後給你任何回饋意見？此外，你有其他朋友未入選嗎？

孩子：沒有回饋意見。什麼也沒有。泰勒和馬可斯也沒入選。但他們也很厲害。很明顯地，有許多沒入選的孩子表現並不是太好。

家長：好的，這有助於我進一步的瞭解。泰勒和馬可斯這一季打算要做什麼？你知道他們是否會加入什麼校外的團體嗎？

孩子：我不知道。

ECHO：回應對方

家長：聽起來有許多孩子都參加選拔了，但也有許多人沒入選。這件事聽起來，真是不明白教練是如何明確做出決定的。相信這是許多球員們第一次被無緣無故刷下來的經歷。這件事令人挫敗又難堪，甚至可能會讓一些孩子生氣。我明白的。

FEEDBACK：提供回饋

家長：要面對失望很困難，但我想讓你知道我為你的努力不懈感到驕傲。首先，我認為很重要的是記住，進不了這個團隊也是來自另一個人的一種回饋。在你的一生之中，你必須記得，僅僅因為有人決定關於你的一些事情，並不能使這件事成為真理。這一位教練的決定，並不代表著你不應該再打籃球了。這只是意味著你今年不能為他的團隊效力。其次，正是時候考慮你現在要出發去哪裡了。教練的決定只是這個故事的開始。你的下一步才是最重要的步驟。你可以考慮在校外參加一個社區小型聯賽。你可以發電子郵件給那位教練，詢問他尋找球員的特質是什麼，而你可以在明年的選拔賽之前先做些什麼。今年冬天，你可以將注意力轉移至其他不同的活動。這取決於你，但不必立即做出決定。花時間考慮一下。但是，相較於今年你是否能進入球隊，現在的你可以從這裡到達什麼地方，更能體現你是個怎樣的人。

在這種情境中，你的孩子必須學著應對事情不如期望。當你的孩子告訴你他們被刷下資格時，你可能會有兩種常見反應之一：你明白原因為何，或者你就你的孩子一樣感到震驚不已。

假設，你有預感這情況將會發生。你知道你的孩子有很大的目標，但可能沒有勝算。或者，他們對自己的本事有誇大的認知。或者，他們想要加入團隊的期望，不及他們投入練習的渴望。或者，根據孩子的家長是誰，教練確實挑選出他最喜歡的人選。無論你明白的真相什麼，你自己知道就好。評估哪裡出了問題時，如果你都已領先他們三步了，你的孩子就失去機會來培養自己面對失望的技能。即便你瞭解結果，你也能提出一些問題，拓寬你對於孩子觀點的理解。你越是無所不知，你的孩子就越需要深入地尋求解答。

另一方面，對於這樣的結果，你和你的孩子也許一樣感到困惑且驚訝。在團隊中被裁掉或許是一種真正的不公不義，甚至對你而言也是如此。保留你覺得委屈的種種情緒，在其他時候發洩——當你和你的朋友或另一半在一起時。你的青春期孩子需要消化眼前發生的事情，而不該承受你感受下的額外壓力。你如果都試著要幫助一個十二歲的孩子學著如何應對且制定策略了，憤怒只會讓學習過程減緩速度。

孩子們和成年人都一樣，不會總是順心得到我們想要的結果，即便他們為該目標而努力，雖然努力後帶來的負面回饋令人沮喪，但對孩子的個性或外表的評論是一個**更加**敏感的問題，對話如下方舉例。

回饋進行中：當同學侮辱你的時候

另一個常見的情境，我們都記得太清楚了，是發現學校裡有人在你背後說你壞話。讓我們看看，這次的對話會如何在家中進行。由於除非是你的孩子告訴你的，否則你可能不會發現這件事，因此假設這次對話開於他們向你匯報這情況。

BEGIN：平和地開啟對話

孩子：我能和你說一件事嗎？

家長：當然。

孩子：我今天吃了最糟糕的一頓午餐。卡莉聽到一個謠言，有些男生說我很醜，然後她就把他們叫到桌子旁詢問他們是否說過這種話。這真是太尷尬了。

RELATE：與孩子產生聯繫

家長：喔，哇。有人說了或做了這樣的事都是非常失禮的。我很抱歉這件事發生在你身上。我想先說：這絕對不是真的。我不知道你是否相信我，但我必須告訴這就是真相。此外，我也知道這並不會減輕其帶來的傷害。侮辱會傷人，而我在這裡支持著你。我很高興你告訴我，我們就能來談談這件事。

INTERVIEW：訊問以收集資料

家長：那麼告訴我，接下來發生了什麼事？

孩子：當她告訴我的時候，我覺得想哭，但我們就在學校餐廳裡，所以我就只能笑。好消息是，這些男生沒有留下來，但當她詢問他們時，他們笑了。

家長：好的。你認為他們會笑的理由，是否也許和你笑的理由一樣？因為這是那種你不知道還能做什麼的情況之一？

孩子：也許吧。

家長：我想知道卡莉說的是否是她所聽到的真相。你認為她是否有可能聽錯了或誤會了呢？也許他們確實有說過，但不是說你？你沒有確切的答案，但我只是說出初步的思考。

孩子：卡莉說她會叫他們不要再談論我，然後她一直注意我是否還好。

家長：你覺得卡莉很享受擔任這個角色嗎？就像個中間人一樣，在你和那些男生之間來回穿梭，接著有機會可以照顧你？

孩子：是的，我想她喜歡當中間人，就像你說的。這讓她有機會與那些人增加許多交談機會。

家長：好。這麼說吧，我們可能不知道她為什麼要這麼做或是真正發生了什麼事，不過卡莉如果看起來很喜歡演這樣的戲碼，那就值得注意了。你現在有什麼感覺？

孩子：我很生氣她告訴我這件事，因為我寧可不知道。而且，我不想明天見到那些人。

ECHO：回應對方

家長：相信我，這是可以理解的。我們多數的人都想避開無禮或刻薄的人。這聽起來真是個非常糟糕的一天。不過，聽起來卡莉只是讓事情變得更糟，所以你可以考慮是否要告訴她希望不再談論此事，如果她接下來又提起這件事的話，或是下次她想做類似的事情時又小題大做。

FEEDBACK：提供回饋

家長：我們可以花時間搞清楚這些人到底有說或沒說什麼，以及為什麼卡莉會捲入其中，但我不確定我們是否能搞清楚真相。這只是人們無緣無故的粗魯無禮，而現在你必須弄清楚如何面對。你可以忽略這件事，你可以為自己說話，你也可以找一些更善良的人相處。你一向都很成熟，我也希望你也能以相同的成熟來思考這種情況，因為你明白他們的不良行為說明了他們是怎樣的人，而非你是怎樣的人，並且也問問自己，愛你也尊重你的人們是否會同意這些男孩所說的。提醒你一下：我們才不同意！接著，我愛你，如果你想繼續談論這件事，我們就來談談。如果你寧可做其他事情來暫時忘記，我們可以做任何你想做的事情。

當孩子得到他人的回饋形式是侮辱時，他們很容易陷入悲傷情緒。最有幫助的事，是讓孩子儘早學會在你的支持之下自我安慰。鼓勵他們為自己做一些事，你就可以打破這個負面想法的循環，當他們採取某種行動（無論有多小）時，他們就能握有對於環境的控制感，避免陷入無助的狀態（如果你不是依照單元順序來閱讀，關於如何幫助孩子面對痛苦的更多內容，請參考第八章：我們來聊聊照顧自己，特別是「先試試這件事」的部分）。

這些概念很簡單，但是當青少年孩子覺得被冒犯時，他們不會停下來思考那位中間人的意圖為何。把這作為第一步，可以讓你覺得獲得解放。八年級的時候，我聽說一位以前的同學有一些刻薄的言論，針對我在學校話劇中的表現。那天晚上，當我在思考該怎麼做時，我父親問我一個簡單的問題：「你在乎這個人的想法嗎？你喜歡並且尊重這個人嗎？如果你認為是，你應該考量他的意見。如果認為不是，就不要再想這件事了。」能將這件事說得如此簡單，我得到頓悟了。這個有決定性的簡單試驗讓我感到如釋重負。

換句話說，這並非**我個人的**引言，但這是我越來越喜歡的一句格言：「對於一位你永遠不會向他尋求建議的人，你不必接受他的批評。」

那些恐怖來電，都來自屋內……

不知道你是否還記得，那一部經典的恐怖電影中，當褓姆打電話報警，她說她接到好幾通恐怖的來電，卻被告知是打電話的人就在她身旁，電話是從房子**裡面**打出去的。

要處理來自教練、朋友、學校惡霸、姑姑，或是愛管閒事鄰居的批評，只是一件其中一件事。然而，有很多時候，當批評來自家裡的人時，你就得要處理孩子的所有憤怒、應得的權利及否定，他也不會放過你的。要害怕，得要非常害怕才對。

是不是有辦法，能讓孩子接收批評時不那麼可怕？首先，在回答這個問題時，我退後一步來問問題：批評**應該**來自家中成員嗎？我得到的答案是肯定的，但這是一個（或兩個）畫上巨大星號的肯定。第一個註解是，你如何提出一個足以造成重大改變的評論，無論是影響孩子加以利用，或是他們有了極其可怕的崩潰。第二點，是你可能需要減少對孩子的批評，比你想像中少上許多。

以下是我的論點：傳統的回饋，並不如我們想像的如此有用。指明某人的缺陷或「待成長的空間」（「缺陷」的代碼），並不是幫助他們進步的有效方法。二〇一七年，哈佛商學院的一項研究證實，專注於糾正缺陷的回饋，其實會阻礙學習。原因如下：人類大腦的發展，是藉由新的神經元（neuron）和突觸[33]（synapse）的增長。當一個人覺得自己有自信、有能力時，我們就會看到人類大腦的最大可能。你可能已注意到，當你享受一項任務並在其中體驗到最高的熟練程度時，就能成功行事。我知道，對於我最喜歡的事物，我有最深的瞭解。相反地，當你發覺自己不擅長於某事之後，即使有人仔細地向你解釋說明，你也無法快速地獲得改進的技巧和竅門。

當你與孩子談論他們的長處時，會大量湧現新的神經元和連接點。當你將回饋投入在不對的地方時，大腦會將批評視為威脅並阻斷新的成長。簡而言之，將焦點集中在弱點上會導致學習力停滯。

我擔心你現在會開始畏縮退卻。我並不是建議你要灌輸孩子誇大不實的重要感或能力，又或者是在孩子需要改進時卻永遠都不告知他們。當然，要持續給予如何做得更好的指示建議。「請不要在我和朋友說話時打斷我」就是很有價值的評語。「在你打斷他人對話之前，你是個很難讓人們完成意見表達的人」就沒有幫助。後者會對你孩子的大腦發送訊號，要他保護自己而免受批評。前者則會引發孩子的學習力，特別是你將前者搭配一項優點時。理想的情況下，你可以這樣說：「你常有許多好主意。記得，當我和朋友對話時不要打斷我，但我希望你能在筆記本寫下你的想法，這樣你就能在我對話結束時告訴我所有想法了。」

對你的孩子，無論你喜歡用哪一種比喻——他們是需要澆水的植物、需要浸入水中的海綿，或是需要填滿的水桶——作為一位家長，我們的職責是為孩子們提供他們所需要的指導、學習他們必要的技能，以長成一個大人。如果你仍然不確定該如何為青春期孩子提供回饋，就將自己視為一本有益的說明手冊，而不是發表個人意見的報紙專欄。

你的職責，是教導你的孩子用正確且安全的方式完成任務，而有效率地完成任務才是第二件事。畢竟，效率是主觀的事。這裡舉個例子，讓我們來看看怎麼教青春期孩子打掃浴室——這一個話題在我的養育小組中頻繁出現。你們多數的人家中都有的中學生，他們都擁有沃爾格林連鎖藥妝店[34]的一系列個人用品——從染髮劑到刮鬍膏，從化妝品到身體噴霧等——而且你們之中有許多人的青春期孩子似乎不擅長於如廁時確實描準（太噁心了，卻很常見）。簡而言之，有很多孩子需要學著如何自行清理。

當你教導這項任務時，你必須要涵蓋一些衛生上的要點，以及一些清潔用品的注意事項。然後，除了提及該任務絕對不行的禁忌之外，你可能傾向用你最佳實踐結果來發表過多的**意見**，從應該多久要清理一次，到一天中哪個時間該完成，再到操作順序，又需要花費多少的時間。請控制這種衝動。

如果你站在你的孩子身邊，過程中不斷提供回饋，關於他們怎麼做會更好、更快、就像奶奶教你的那樣，會讓你的孩子發瘋。而他們對你提出建議的抵制，同樣也會讓你發瘋。中學時的墨菲定律也有非正通的解釋版本，你提供的回饋越多，你的孩子在執行任務時其實會表現越差。

你可能會認為，明確指出「這個地方你沒有清理到」會改善孩子下一次的表現。並不會。每當你向家中的中學生提供回饋時，請盡可能以具有指導意義的方式，並用言語引導他們發揮優勢。「嘿，你把浴室打掃得很好。鏡面上一塵不染。別忘了要把你的毛巾扔進洗衣機裡……但除此之外，浴室看起來超棒。」要推動成功的行為改變時，奉承誇獎的話能讓你通行無阻。

當我們的孩子們還年幼時，我和我丈夫偶然發現一種更成功的鼓勵方式，是「我發現你做得很好！」的遊戲。當我們注意到孩子們和彼此分享、有耐心、表現友善，或是以其他方式自然地表現出一些正向行為，相反於我們會懲罰他們的行為時，我們會興奮地大聲說：「嘿，我發現你做了一件好棒的事！」然後我們會和對方擊掌。這聽起來雖然老套，但當我們開始這麼做之後，我們的孩子開始表現出越來越多的良好行為。青少年，雖然他們正離你越來越遠，但仍然偷偷地享受並且也需要你的讚美。注意他們做得很好的事，也讓他們知道他們做得很棒（不必給他們擊掌了，他們會注視你的眼神，就像是你都是個成年人了，還要和青少年擊掌）。

調整至正確的表達用字

請記住，你的孩子**一整天**都在接收他人的回饋，從朋友、老師、教練、媒體，甚至是陌生人。每你醒著的每一秒，世界時時刻刻都在運轉中，在你孩子的耳邊低語：「你應該看起來是**這個樣子**，而不應該是**那個樣子**。**這個**才是你應該重視的，**那個**絕對不是。對**這個**感興趣才夠酷炫，而**那個**一點也不。在公共場合時，你應該成這個樣子，而不是那個樣子，無論私下的你感受如何。」

你該如何教導你的青春期孩子，在喧囂之中找到並傾聽自己的良知？如果你能讓青少年為自己獨立思考的能力建立信心，他們就能學會適時將那些隨處可見、侵略性的訊息排除在外。這需要你常常給孩子自己做決定的機會，並讚許他們的能力，即使他們的選擇與你不同，特別是當他們犯錯，而你的自信因此動搖的時候。這就要是面對球隊提不起精神時，教練於中場休息會做的事，你需要讓他們相信自己的潛力，而這來自於練習及鼓舞人心的談話。這樣的方式能讓你的孩子開始拒受同儕壓力的影響，並學會信任的自己直覺——這正是我們盼望孩子在進入高中時能擅長面對的事情。

關鍵是，孩子們都渴望有所作為。在收到一些嚴厲的回饋意見後，如果他們難以站穩自己的腳步，請記住在你的回應中強調孩子的長處。不確定孩子的哪些長處可能與他遇到的特定問題有關？就讓你的孩子告訴你。你可以如此提問：

1 你最擅長什麼事？

2 你的優勢能如何幫助你擺脫這樣的狀況？

3 如果這個問題可以被妥善解決，關鍵會是什麼？

4 之前類似的情況下，你的解決辦法是什麼？

「你不需要這麼在意他們的想法。」

當然，如果你的孩子對於他人的想法特別敏感，我們都會時不時地，甚至是時時刻刻都在說這一句話。但是，即使你知道孩子如果能做到這件事就會更快樂，你這麼說也是無濟於事。事實上，這就像是當你心煩意亂時，有人告訴你不要反應過度。我們永遠不會因為被告知不要太情緒化，而厭制得了情緒反應。相反地，你可以試著說，「面對自己極度在意他人看法，真的很難受。當你對人們的評論感到如此敏感時，有什麼事讓你感覺好一些嗎？」

「那個人笨得像石頭一樣。」

你會忍不住想要強烈抨擊給孩子消極回饋的人，但這不是明智作法。我們都希望，自己的孩子能從被拒絕的苦痛中迅速恢復。當然，如果回饋的內容屬於不理智的無禮或批判的範疇內，或者它關乎你的孩子所不能也不應該改變的事情，例如他們的身分（種族、民族、性取向、性別，或是體形特徵），你就可以說，「那個人是個白癡，別管那些人。」但大多數情況下，孩子們需要學會自己評估回饋和批評。對你孩子的技能或行為上有批評性意見的教練、老師或同學，如果你下意識的習慣是不予理會的話，那麼你就會讓孩子將自身的失敗歸咎於他人，以成年人來說，這是相當惱人的特質。相反地，提醒你的孩子考量消息來源，並針對回饋意見來仔細地思考。

「我來告訴你怎麼解決這個問題……」

當你的孩子還小的時候，你經常會為他們解決大大小小的問題。這不僅是有效地解決問題，也是一種愛的表達。當你的孩子上中學時，他們就需要自己解決各種問題。至少，他們需要有機會練習為自己解決問題。當你明確地告訴孩子如何做到這一點時，你就少給了他們應得的經驗值。即使你給的是模糊不明的建議，像是「為自己挺身而出」、「明天去找教練確認發生什事了」或是「向你的學校輔導員通報這件事」，你可能只是讓孩子面對你時沉默不語，因為他們對於要接受你的建議不太自在。更糟糕的是，如果你親自打電話給教練或是學校輔導員，我幾乎可以向你保證，你的孩子會將你從傾吐心事名單上刪除。如果你不確定該如何回應，請想像一下，你的同事正在向你傾訴，他們需要一個向你抱怨老闆的機會，並且對方只需要你樂於傾聽他們，讓他得以一吐為快。通常來說，他們甚至不需要任何建議。他們**絕不**希望你打電話給他們老闆來解決問題。

「嘿，你確定一切都好嗎？」

這句話聽起來無害，但少數的情況下有可能如此。但是，如果你擔心你的孩子在得到負面回饋後會感到痛苦不已，那麼如此模糊的確認問句，聽起來就像是麥可．湯普森博士（Dr. Michael Thompson）、凱瑟琳．奧尼爾．格雷絲（Catherine O'Neill Grace）在他們的書籍《最好的朋友，是最壞的敵人》（*Best Friends, Worst Enemies*，中文書名暫譯）中所提及的「切入痛處的訊問」（interviewing for pain）。發生令人心煩的事件後，你只需要對孩子說：「只要你感到難過，或是想和我進一步討論此事，我會在此傾聽。」接著就離開並讓他獨處。作為家長，我們停留於痛苦的時間往往比孩子們更長，當我們詢問並發現到痛點時，我們就進而強迫他們停留於痛苦之中，遠比他們原本所需的時間更長。

「我可以成為你的朋友。」

想成為你孩子最需要的任何事物，這樣的衝動來自你內心最柔軟的那一塊，當孩子需要一個朋友時，如果你的直覺去代班成為他的朋友，那麼你該開始尋找另一種回應方式了。你覺得你所表達的是「我愛你，你是最棒的，我永遠會站在角落為你守候！」但你的青春期孩子聽見的則是「你不擅長和你同齡的孩子交朋友，所以我來就扮演那個角色。」在你與孩子的關係中，有時你們會像朋友一樣互相支持並逗樂彼此。我希望你好好珍惜這些美好時刻，但它們並不能取代不可或缺的同儕關係。在他們自我懷疑時，你當然可以做一位好朋友會做的事情：支持、傾聽，不評判。接著，鼓勵他們主動聯繫朋友，或嘗試新的活動來認識新朋友。

時間有點急？你的速成課程在此

- # 人們不斷地告訴青少年該做些什麼以及該怎麼做。很重要的一件事，是要認知到每個人對於回饋意見的敏感度各異，並根據孩子的性情來調整你的表達方式。
- # 關於不在意他人對我們的看法，以及作為互助社區的成員之一，我們必須找到之間的平衡。
- # 孩子如果可以區分建設性批評（旨在幫助你改進）和破壞性批評（旨在讓你感覺不愉快），就能從中受益。
- # 當你得知你的孩子得到負面的回饋意見時，任何情況下你都應該要抽離自己的情緒。如此一來，才能讓他們專注於自身的感受以及接下來的應對方式，而非關切你的感受或應對計畫。
- # 當你給予一個青春期孩子評論時，請避免針對他們的表現發表意見。把自己想像成一本指導手冊，而不是報紙專欄。與其就他們的做事方式來發表個人意見，不如向他們明確說明如何完成任務。

研究證明，傳統的回饋（指出缺陷）無法　生預期結果。當回饋突顯出他人的優勢時，就會學得更好。當一個人覺得自己有自信、有能力時，就會有更佳的大腦發育。

為了幫助青春期孩子面對嚴厲的回饋意見，請提出如「你有哪些優勢可以幫助你？」或者「之前當你面臨類似的艱難處境時，什麼事對你有幫助？」之類的問題。

注釋——

33 中樞神經系統中，神經元和神經元的相接處稱為「突觸」，對於感覺和思維的形成極為重要。

34 Walgreens，沃爾格林鎖藥局集團是美國最大的連鎖藥局，分布於美國五十州、哥倫比亞特區、波多黎各以及美國維京群島。

PART 12

我們來聊聊努力

在這個單元中，你將瞭解以彈性標準來評估勤奮努力的重要原因，四種不同類型的動機如何影響你孩子對於認真做事的意願，如何鼓勵和重視努力的價值，即使結果不如你孩子的期待，以及現下完美主義及工作到精疲力竭的增長趨勢，公開談論有其重要性。

你一定聽過關於你爸媽小時候不得不穿過雪地上下學、來回都要爬坡的「笑話」，次數比你想像中還要多。儘管你很憤世嫉俗，但關於認真勞動，你可能有另一個故事版本，包括不得不離開沙發才能切換頻道，還有面對另一件煩人的事，有時當你拖拖拉拉地跨越一整塊長毛地毯，卻在觸摸到頻道按鍵時被靜電給電到。關於上一代總是比子女更加辛苦的清單足以填滿一位不知名C級喜劇演員的整場戲了，而且這情況還頻繁發生。

長期以來，這種代代相傳的虛張聲勢（也稱為「抱怨式炫耀」），一向是成年人以歷經共同苦難的記憶來建立聯繫的有趣方式之一。但我認為，我們這樣做主要是為了滿足一個遙遠不及的希望，只是**也許**，我們的孩子若知道我們付了多少學費，他們就會更認真看待我們。當我們談論我們投入的種種辛勤努力時，我們真正想要說的是「我不僅僅是你的司機、廚師、治療師，以及看門警衛！我一生都很努力認真，如我現在告訴你這個故事所證明的如此。我希望你能以新的角度來瞭解我。」

家長們將其勤奮努力說成神話的集體需求，告訴我三件事。第一，家長渴望尊重，他們會誇大故事內容以獲得一些尊重（我自己也是）。第二，努力付出是成就真切且長久的驕傲的源頭。第三，勤奮努力這件事完全是相對的。

努力勤奮，還是努力不勤奮？

對青少年來說，忸怩作態地談認真努力這件事很討人厭。你是否曾在酷熱的夏天裡砌磚、在遊樂園裡打掃洗手間，或者曾在有如陷阱般的旅遊景點等待餐廳候位，身旁滿是哭鬧的孩子及暴躁的家長？回憶起年輕時的力量和活力，讓我們這些中年人總感到無比自豪。我們是在冷凍庫裡猛擊牛肉作為沙包的洛基（Rocky）！我們有主題曲唱道的「虎之眼」（the Eye Of The Tiger）！

你的中學生即將成為一名高中生，運氣好的話，他會在夏天時做一份糟糕的工作，接下幾年會有許多需要他美化的精彩故事。在此之前，請盡量不要取笑他們多麼**努力做到不勤**

奮。別誤會我的意思。盡可能讓他們去做一些艱難的差事。基於人們有不同的年齡、能力及機會，避免去比較他們投入的努力。

此外，努力勤奮，實際上看起來是什麼樣子？一位職業運動員最看重的是結果，而非努力。你從未聽過賽後採訪時，球員會說：「我完全不感到失望。我們盡了全力，這才是最重要的。勝利並非一切。」另一方面，研究人員重視的則是探索研究，而非結果。永遠不會有人造訪位科學家，進行實驗完成後的訪問，因為我們的國家不關心這種事。但如果真的有，他們也可能會說，「這不是我們想要的結果，但我們排除了一些重要的理論，所以今天獲得了巨大勝利！」一位士兵可能會嘲笑我努力工作的理念，就像我的孩子會抱怨為何一定要遛狗，或是他們為何要把盤子直接放入洗碗機裡而非水槽裡時，我可能會反射性地翻一個白眼。努力勤奮的說法聽起來是很主觀的。

我是一個討厭體力勞動但喜歡腦力勞動的人。寫這本書時，我經常一整天坐在同一張椅子上，只為了讓我能繼續前進的必需品（食物和臉書）停下休息。但是，若把我放在跑步機上，只要一出現讓我覺得不適的那一刻，我就到此為止。我的女兒是一位州辯論賽的冠軍，她總是努力不懈，曾有一次對於提早到達機場這件事嚴肅表態。「當我都還來不及在機場內急奔之前，我就錯過航班了。」我同意她的說法，我不想為**那種事**努力。在課業學習上，我的兒子需要大量的大腦休息，但他在健身房卻能不間斷地持續運動。如果是他，他會一路跑去趕飛機，將他姊姊的背包疊放在他的背包上。我們都是做事很努力認真的人，但如果畢相同標準來對我們加以評比，我們都不會及格。

家長都希望自己的孩子有強烈的職業道德，但當你和孩子談論努力勤奮，來一段鼓舞人心的精神喊話時，當努力這件事如此主觀又個人時，你如何確保自己正中紅心？

在開始之前，先問自己以下的問題，主旨在幫助你清楚瞭解何謂努力勤奮的要點。現在，你可以在腦海中推演，但我認為這些問題也能和夥伴或朋友一同進行，可以得到一段獲益良多的對話。

腦力勞動及體力勞動，你的優先排序為何及到什麼程度？

你怎麼察覺是時候要停止努力了？如何察覺自己如滾輪中的倉鼠一樣努力勤奮——讓你忙碌不已卻又無處可去？

在美國前第一夫人芭芭拉．布希（Barbara Bush）的回憶錄中，她寫道：「在生命的盡頭，你永遠不會後悔少通過一次考試、少贏得一次法律評決，或者是少拿下一筆生意交易。你會後悔的，是沒有和丈夫、朋友、孩子或是雙親一同度過的時光。」關於你的努力及人生更大意義的理念，你如何取得之間的平衡？

當成果與你的投入不成比例時，你會如何應對？例如，如果你努力付出，但仍未得

到你想要的職位、晉升或是認可，你如何評斷這種努力的價值？

仔細考量你的答案，這有助於你構想如何與青春期孩子進行這次對話，與其他人一起進行這項活動可能會讓你對勤奮努力的態度有更廣泛的瞭解，因為就努力勤奮這件事，我們都傾向認定自己的品牌是最堅實可靠。

關於努力勤奮，一旦你立定自己的理念，檢視你是否以身作則。如果大人有了「說一套、做一套」的態度，孩子們會很快察覺，當你親身示範而非說教時，他們會有最佳的學習效果。由於努力讓人難以察覺，讓他們知道你正在做這件事。「我想放棄這件事，因為它太困難了，不過我還是做了x、y，以及z來克服困境。」當他們面臨課堂作業變得複雜許多、組建團隊更加不易，競爭也變得更為激烈時，這就是你的青春期孩子開始訓練自己內心聲音的方式，但你也希望他們能為家庭做出更多貢獻。現在正是時候來養成努力認真所需的種種習慣，這樣當孩子要進入大學、求職，或是為了高中畢業後的事務來建立簡歷時，他們就擁有自己可以依托的職業道德哲學。

激勵你的是什麼？

你知道，關於機場的這件事讓我開始思考：努力的意義是什麼？我們如何感知這件事？

如果一棵樹在森林中倒下了，沒有人聽見，它仍會發出任何聲響嗎？我不知道。如果一個孩子努力不懈，沒有人讚許他，這還算數嗎？我不確定。我之所以會思考這件事，是因為最近有一位多動症兒童的家長告訴我，他們的孩子現在還沒開始做那種會得到讚許的努力勤勉，但其實每天都已付出非凡的努力，例如專注及傾聽。這件事肯定有極高的挑戰性，而這位家長值得稱讚，因為他特別注意到孩子的努力，給予好評及鼓勵。

我們應該要意識到的一點是，有些孩子必須付出比他人更多努力才能做到我們覺得稀鬆平常的事。所有的孩子，從十歲至十四歲左右，都在為的中學建設項目而努力付出，我第一次提及是在第八章之中。他們開始建立成為成年人所需的三個要件：成年人的身體、成年人的大腦，以及成年人的身分。這並非是會讓家長們感到興奮的那種「努力做事」，但這仍然需要他們認真地努力付出。對於這背後要付出的努力，我**特別**能感同身受，也許在此有點說教，但對於這個年齡層的孩子，人們要給予更加仁慈、耐心及認可，他們那般的努力不是我們肉眼就能眼見為憑的。

孩子們習慣於為成績和表揚而努力，因此你的青春期孩子可能會認為沒有欣賞他們的觀眾和正面結果的努力付出，根本不值得。因此，你應該與你的孩子討論努力背後的動機。動機大致分為四種類型：內在、外在、積極，以及消極。藉由以下例子，我們來看看這四種類型的動機如何與課業上的努力產生關聯。

1 **內在積極：**孩子努力學習，是基於學習新事物的欲望及令人驕傲的感受。
2 **內在消極：**孩子勤勉地學習，是要避免不知道答案而在同儕面前尷尬。
3 **外在積極：**孩子的動機，是好成績的最終成果或是老師給予的正面評論。
4 **外在消極：**孩子害怕因為表現不佳而被家長懲罰，甚至是失去特權。

藉由探索他們學習動機的根源，你和你的孩子都會因而受益，即使他們現在還不太清楚動機。談論努力背後的不同原因，至少在理智層面上，你的青春期孩子能培養對內在積極動機的欣賞。但這並不意味著，他們突然會轉移所有動機的能量至這個類型，最終它可能也只是一個自我實現的預言，因為他們在認知上越是意識到內部積極的激勵因素，他們面臨新挑戰時越是能無意識地採納適應。要支持他們做到這點，就在他們嘗試艱鉅任務而產生內在積極的動念時為他們感到驕傲。

某些時刻，為了要反對一項艱鉅任務，你家的孩子肯定會說這種永不過時的老話：「為什麼我一定要學會這件事？以後我永遠也不會用到。」我們來看看，關於努力學習「毫無意義」事物的對話會如何進行。

BEGIN：平和地開啟對話

孩子：學代數太浪費時間了。你認識哪個大人會實際用到代數嗎？

家長：很簡單。代數老師。

孩子：哈哈。但你也證明了我的觀點。這個毫無用處，為什麼我要浪費時間學習代數？

RELATE：與孩子產生聯繫

家長：啊，又是針對代數的辯護。我以前學代數的時候也說過一樣的話。

孩子：好吧，你也同意我的看法，所以這堂課不及格也沒關係吧。

家長：代數很難，我完全同意你的觀點，而且在你這個年紀的時候，我還不明白學習代數的好處。但是……給我一個機會來改變你的看法。

孩子：你試試啊！除非你能告訴我代數對於一個成年人有什麼幫助，不然我不會改變主意的。

INTERVIEW：訊問以收集資料

家長：我喜歡有挑戰的事！好的，在我闡述論點前，我來收集一些訊息。首先，你認為學習代數的意義是什麼？

孩子：我其實不知道，這就是我的觀點，這沒有任何意義。

家長：接著，代數是你學過最難的東西嗎？

孩子：是的。

家長：你還記得你學走路的事嗎？

孩子：不，但我保證這容易多了，因為每個人都做得到。

家長：好的。最後一個問題：學習代數最難的一個部分是什麼？

孩子：這件事沒有道理。我用功學習，也很專注，但我還是不會，老師也不解釋。每當我問她一個問題時，她都會說：「我已經教過你怎麼做了。」

ECHO：回應對方

家長：你說的事對我很有幫助。這件事很困難的原因，是因為老師期待你學習得比現在的速度更快，而且當你沒有「理解」它時，就很難再繼續努力了。我的理解正確嗎？

孩子：是的。但是你還沒有證明我為什麼需要學習代數。

家長：沒錯。我們慢慢來。

FEEDBACK：提供回饋

家長：某些層面來說，你是絕對正確的。多數人在學校學習代數，實際上並未使用在他們的日常生活中（或者，正如我那些數學更強的朋友所說，他們並沒有意識到自己正在使用它）。當我剛才說只有代數老師會使用時，我只是在開玩笑。許多成年人都會使用代數：木匠、焊工、營養師、建築師、電工，以及科學家。但假設你不想從事以上任何一項職業，學著如何學習這件事，仍然很有幫助。

多數的孩子認為，努力學習代數的好處就是瞭解代數，但事實並非如此。當問題中所有細節一開始都不明朗時，學習如何解決問題是很酷的事（如果你成為一位間諜，這就很有幫助）。探索新事物很好，因為你永遠不知道自己可能會喜歡上什麼事物（當你一旦開始著迷於化解謎團，你可能會愛上間諜工作）。但說真的，最重要的好事，是要鍛鍊你的大腦。

你的大腦目前正在經歷一些劇烈的成長，會一直持續到大學。大腦就像一塊肌肉。學習能使大腦在許多方面都變得更強大，讓你為學習更多的新事物來作準備。我問你學走路的事，是有原因的。當你年紀還小的時候，你的腿部肌肉就像果凍一樣。步行對你而言是超級艱難的事！但是，你讓肌肉變得更強壯，現在你不僅可以走路，還可以去衝浪、騎腳踏車，及滑雪——你能做這些你所喜愛的事，而不只是「無聊的步行」。我要說的重點是，不要放棄新事物的學習，只因為事情很難或看起來毫無意義。關鍵是，當你鍛鍊自己的大腦，你就是幫了自己一個大忙。如果老師沒有為你提供協助，我也可以幫你。但我不是指代數，因為我什麼都不記得了，哈哈，而是因為我三十年前曾努力學習它，這使我成為一個化解難題的人。也因為如此，我知道如何想方設法來提供你幫助及所需要的支持。無論是輔導老師或是在線上看教學影片，我們都可以提出一些想法來應對。好的，我已經為你提供充分的理由了。你不必被我說服，但先考慮一下吧。這很公平吧？

運氣好的話，你的孩子會好好思考這件事，並慢慢看到學習新事物的努力有其價值，無論當時這件事對他的困難或相關性如何。不過，你應該會預料這個對話的後續會有這樣的開場，會是這樣進行的：

孩子：好吧，我一直在思考這件事。如果你說學習代數的目的，是要讓我的大腦能夠學習其他事物，那我拿到什麼成績並不太重要，對吧？如果我學習代數只是把它當作一種練習，而我成績不及格，就不應該算在我頭上。

家長：我很高興你想清楚了。你正在思考的是更重大的問題，像是「成績真的很重要嗎？」和「得到好成績有什麼意義？」成績很重要，因為那是讓你衡量自己是否正有效學習的一種方式。你可能認為你很瞭解數學，或者你寫下的那一篇歷史作業令人信服，但成績會說明你的看法是否準確……甚至不準確。當你學習新事物的時候，這很重要。我不期望你什麼事都擅長，我當然也不期望你完美。我只是希望你樂於努力嘗試，即便面臨有挑戰性的事物，這樣你才能持續變得更加強大。成績可以告訴你何時要更加努力地學習——或者，有時候，則是要用不同方式著手。

努力勤奮的陰暗面

說到了這裡，如同代數一樣，我假設大家都同意一件事，努力這件事本身就有其價值。不過，到了高中時，有些青少年努力不懈之餘也感到精疲力竭，因為專注於某項運動或高強度的興趣愛好，又或是過度於專注於學業時，會到了損害生活平衡的程度。

過勞倦怠（Burnout）來自於長時間的壓力，導致一個人在身體和精神上都停止運轉，我們不應該輕忽這件事。過勞倦怠會造成免疫力下降，讓人容易罹患嚴重及長期的疾病，讓人相信可以在毒品或酒精中尋求安慰，並造成情感孤立及憤世嫉俗。

現今，過勞倦怠已變得如此普及，以致醫學界都在密切關注。二〇一九年的春季，世界衛生組織（WHO）在其國際疾病分類手冊中加入「過勞倦怠」項目。世衛組織將過勞倦怠歸因於工作壓力，但家裡青少年壓力極大的家長們都知道，過勞倦怠一詞不只適用於有工作的成年人。

大家都忍不住想要讚美年輕人的堅韌。懷著敬畏之心，儘管我們記得自己青少年時期的力量和精力（我可以一整晚熬夜！我可以舉起更重的重量！我勢不可擋！），但認為青少年擁有超人般的韌性，是錯誤的事。是的，有時青少年的熱血令人大為驚奇，但我們不能理所當然地認定孩子們很快就能恢復活力，只要讓他們在週末多睡一點、補充電解質，或為他進行一段鼓舞人心的演說即可。如果你的孩子在學校課業、體育項目或是國際象棋比賽中總是表現出色，當他們告訴你他們需要休息一下時，請相信他們。如果他們不主動和你說，請不時詢問他們。沒有人應該將健康排序在才能之後。

有一些孩子忽略過勞倦怠的狀態，這可能更加危險。他們不願意讓自己稍作休息，心神不寧且焦慮地全力以赴，並不能帶來真正的成就感。這種追求完美的行為會讓少年及青少年長期陷入鬥爭之中。

有時，會有家長向我傾訴，孩子對自身成就總是感到不高興或不滿意，讓他們感到憂心。

這種擔憂會促使家長無止盡地嘗試「補救措施」，尋找能讓孩子感覺良好的任何方式。「也許你應該試試看芭蕾舞？你一定會很棒的！也許你應該再參加那個劇組，這次你可能會拿下主角的角色！也許**接下來這件事**最終會讓你感覺更棒一些？」

關於自尊（self-esteem）的最新研究顯示，這種方法不僅沒有成效，而且還和與孩子大腦的運作方式背道而馳。

長期以來，治療患有飲食失調症青少年的醫生們，一直在尋求方法來協助患者停止追求完美無瑕的理想。在親人或旁觀者眼裡，他們能清楚察覺青少年的體重過輕或是患有身體畸形恐懼症（body dysmorphia），他仍然追求著「完美飲食」。針對追求以及不追求完美主義的兩種人，研究人員發現了兩者大腦功能存有重要的不同，而且與一個人的本能要求無關，全與大腦差異有關。

有些人天生就熱愛慶祝他們辛勤工作的成果。當他們在學校成功入選團隊或在工作上獲得晉升，就會以一些微小而快樂的方式來紀念這個時刻。無論是沉浸享受於讓自己快樂的事物，或是在社交媒體上發布快樂的宣告，他們都想以獎勵來紀念自己的快樂。至於其他人，實現了相同的目標，卻從來沒有那樣的自豪和成就感。對於他們後續的每項成就，他們都會淡化並稱之「沒有什麼大不了」。這種孩子的家長會擔心該行為源自於自卑，但事實並非如此。更準確地說，對於自己的辛勤努力和相關成就傾向輕描淡寫的那些人，他們只是擁有較不活躍的大腦酬償中樞（reward center）。

最近，越來越多人關注到完美主義所帶來的危險，特別是女孩們，但這裡所指的並非是一種性別盲[35]的現象。當成就未實現時，總是令人感到沮喪。如果你注意到孩子有這種傾向——不斷地想要做得更多或變得更好，卻從未有獲得更高成就帶來的滿足感——你可能要深入研究認知行為治療（Cognitive Behavioral Therapy, CBT），研究顯示，該療法能有效地重新訓練酬償中樞。沒錯，即使他們天生就不喜歡大肆慶祝自己的成就，一個人的酬償中樞仍有可能重新訓練。例如，當你的孩子在學校拿到了榮譽獎項，在孩子刻意淡化成就之前，你可以先停頓片刻，與他們一同慶祝這番成績，**即使**他們並沒有這個意願。你或許可以說，「我知道這對你來說並沒什麼大不了的，但它的確是大事，我們想和你一起認可並享受這個榮耀。不如就讓你來選擇我們今晚來慶祝的方式吧？」

另一種可能管用的措辭是「在這種情況下，我認為你並沒有得到你該有的體驗方式。我們對你的成就非常敬佩，我們想以〔掌聲、冰淇淋、表示鼓勵的拍拍背，或是你的家人們對彼此成就所展現的驕傲〕來紀念這件事。」

在一項成就達成後，藉由有計畫的停頓，明確地將注意力指向這件事，並舉行小型的慶祝活動，能讓孩子的大腦開始重新校準並享受辛勤努力帶來的回報。

失敗的痛苦

我們都知道，對某些人而言成功似乎很容易，根本到了不合乎自然規律的程度。你知道的，你在體育課時都幾乎要吐了，還是有人可以一邊微笑一邊與大家擊掌。或者，你有一位職位不斷升遷的同事，儘管他都說「我猜，應該只是我剛好很適合這個職位吧！」又或者，一個大學同學輟學了——這讓你的直覺警鈴大響——並開始他熱愛的一個小計畫專案，而如今他的小專案卻已打入全球市場。但你知道嗎？你也是別人眼羨慕中的那個人。當我們每一個人都專注於找出如何彌補缺點的方法時，世上的其他人正在讚賞著我們的優點及好運。

人們總忍不住比較自己與他人的成功，並期望以等量或多一點的努力來獲得同樣的結果，但這不太實際了。對你而言，這或許令人沮喪。對於你的青春期孩子來說，這是施加在他們身上的極度不公正。請與他們談論這種經驗的常態。確切地表明成功及幸福並非有限的資源。還有許多好事會發生，苦澀或怨恨都無助於你拓展。

順帶一提，我前面所提到的四種動機，有助於你理解人們在人生中似乎會獲得不成比例的回報。或許明星運動員的動機，來自於試圖要重溫輝煌歲月的家長施以高壓手段，或許總拿到最佳成績的同學是基於對失敗的嚴重恐懼，而這讓她在多數的日子裡都胃痛。針對結果來進行不切實際的評估很容易，但努力及動機並非並不是清楚可見的。

最後，就和人生中多數的事情一樣，時機相當重要。當我的孩子上小學和中學的時候，他們加入了夏季游泳隊。有幾年他們表現優秀，而其他幾年很糟糕。為了助他們面對這種不一致性，在每個夏天一開始，我會說這是個獲勝的季節或者這是個成長的季節。如果他們在該年齡階段的成長落後，那就是個成長季節。如果他們位居領先，那可能就是一個獲勝的季節。這有助於他們構築期望的方式，所以每年夏天時，他們就不會覺得自己看似付出相同努力，就要期待相同的結果。理解這種模式，似乎就讓他們有理由在不斷成長的夏季持續努力，即便他們成功了也不會獲得動帶。許多家長解釋這件事的方式，是用這句諺語：「你今天撒下的種子，不會是你今天收穫的果子。」

對話破局關鍵

通常，在單元的這一個部分，我會提供一些句子和方法，但對於手邊的這個議題可能會適得其反。關於努力認真這件事，我只有一點要說。

「只要你夠努力，你就能實現任何事情。」

當心，不要誇大其詞，把努力當成萬應靈藥。你不會希望孩子當你是一位黑心的蛇油推銷員[36]，兜售號稱能治療任何疾病的靈丹妙藥。值得一提，努力認真做事，並非我們想要的偉大平衡裝置。種族、性別、地理位置、健康，以及財富，都是影響一個人獲得機會及成功眾多因素的一部分。即使你努力認真地做事，體制的不公正也會讓某些人一開始的處境就比他人更艱難。俗話說，「一個人一出生就在三壘上，卻以為自己打出了三壘安打」，這是個容易理解的說法，藉此與孩子們談論，出生時的家庭環境的運氣和財富如何影響人的一生。

關於勤奮努力的道德規範，我們打造了一種民間傳說，認定一個人如果有白手起家、不求人的職業道德，一切皆有可能。如多數人一樣，一看到那些網路上瘋傳、令人感覺良好的故事，我就淚流滿面，無論是無家可歸的青少年獲得進入大學的獎學金，或被迫退隊之後又奮力爭取球隊中一席之地的運動員，或是某人將口袋最後一分錢投資在足以讓世界變得更美好的理念，而這也同時讓他變得富有的故事。一旦有人以誠實正直的努力不懈來克服困難時，這就是一個引人入勝的故事，這些故事對我們之所以如此振奮人心，正因為它們非比尋常。

在日常生活中，多得是機會來談論努力認真可能不是人生問題的全部解答。以一個無家可歸的人向人乞討錢來舉例。你的孩子可能會偷偷地認定這個人不想努力工作來賺錢，乞討更加輕鬆。青春期孩子需要從你口中聽到，努力認真是照顧好自己的重要關鍵，但這並不能確保你就能成功。精神疾病、家庭背景、健康、教育、學習差異，以及後援系統等，都會影響一個人的能力是否能以努力作為工具。與青春期孩子談論時請記住這一點，也請提醒他們，努力不全然是能讓人獨立自足的萬靈藥。

建立努力工作價值的簡單方法

努力不懈的事，我們並肩努力

如果你的青春期孩子正面臨著不堪負荷的家庭作業，請你坐在他們身旁，進行你自己的工作項目。面對艱難的工作，有人陪伴就過得去了。

慶祝所有的小小勝利

面對有艱難挑戰的工作，請切分為較小、更易於管理的階段，並縱情享受於每個達成的里程碑。我的線上教養社團中有位媽媽說當她教兒子溜冰時，兒子覺得自己表現不如預期般，無法迅速學會而不開心。她告訴他，不要再細數自己跌倒幾次，而是開始計算自己成功爬起來的次數。轉換不同的思考，就能讓他妥當地準備好慶祝每個小勝利並持續努力。

肯定自己的努力

在孩子努力學習時，具體地談談你所注意到的事情，並讚許他們的態度。他們可能不會如你期盼的那般努力……然而，有你的鼓勵，他們更有可能堅持下去。

找出休息的種種理由

以菲利斯．布勒（Ferris Bueller）[37]的不朽名言來說：「人生的日子過得很快，如果你不偶爾停下來看一看，你可能會錯失一些東西。」如果努力工作的目的是要享受美好人生，請確保**你正在**教導你的孩子確實地做到這一點。不要將快樂延誤了。撕掉待辦事項的清單，有時要完全放下辛苦工作，與心愛之人一起享受生活。

在晚餐時間談論起起落落

或者是你們共處而這一天接近結束的時候。這個遊戲有很多不同的說法，包括**人生有起起落落、痛苦並快樂著，以及朵朵玫瑰皆有刺，沒有完美的人生。**這個構想，是要說出天發生在你身上的一件好事，以及那天發生的一件壞事。這種分享是一種能察知到每個人生活都有起起落落的絕佳方式。

回歸最初的原點

當你的孩子對自己或自己的成就感到失望時，請提醒他們，他們無需做任何事情，在你眼中早已是特別的存在。青少年們喜愛不時被提醒著，他們的價值並不取決於他們的成功。

時間有點急？你的速成課程在此

成年人們將辛勤努力這一件事浪漫化（特別是他們自己的工作）了。回顧過往並為自己的努力感到驕傲是很有趣的事，但比較（和抱怨）並不能激勵青春期孩子更加努力。另一方面，當其他人能為他們感到驕傲時，孩子們就能為自己的辛勤努力感到自豪。

努力勤奮不僅主觀，也是相當個人的事。請記住這一點。例如，某事對一個孩子很容易做到，但對於他的兄弟姊妹們而言可能需要耗上極大力氣，需要意識到這些差異。

你可以協助你的青春期孩子建立自己的職場道德哲學，詢問你在這個單元中思考關於努力的相同問題，包括：

1 腦力勞動及體力勞動，你的優先排序為何及到什麼程度？

2 你如何察覺自己的努力產生效益或只是讓你白忙一場？

3 努力工作及享受人際關係，你如何平衡兩者？

4 如果你努力付出，卻沒有得到想要的結果，這個經驗有價值嗎？

向你的青春期孩子解釋四種類型的動機（內在積極、內在消極、外在積極和外在消極），以便他們進一步瞭解現在能激起他們的動機是什麼，以及他們希望未來如何得到啟發。

當心過勞倦怠。如果你的孩子告訴你，對於他們所喜愛的運動或活動，他們需要休息一下，請相信他們。多數成年人之所以會放棄曾經熱愛或有天分的運動或興趣，是因為他們小時候累壞了。我們不能指望孩子們犧牲快樂活潑的滿足感，來滿足大人期待孩子儘早成功的渺茫機會。

如果你的孩子從不滿足於自己的辛勤努力和成就，他們的大腦中可能有一個未能充分發揮效能的大腦酬償中樞，這情況或許能以治療來重新訓練。

與你的孩子討論，當你的辛勤努力未轉化為預期的結果時，你會如何應對。

35 Gender-blind，不具性別覺知，先入為主地以男性經驗為主要常態，排除或扭曲女性經驗，未考量男性與女性的不同需求，漠視性別權力不平等的社會現象。

36 譯注：在美國西部大拓荒的年代，邊疆野地欠缺醫生，於是有一些江湖郎中打著醫生的名號，四處銷售可醫百病的「蛇油」，之後「蛇油推銷員」就泛指欺騙消費者的黑心商人。

37 一九八六年上映的美國校園喜劇電影《蹺課天才》（*Ferris Bueller's Day Off*）中的男主角，他的蹺課哲學是要將人生浪費在更美好的事物上。

PART 13

我們來聊聊理財觀念

在這個單元中，你將瞭解到關於金錢對談的重要性，這有助於青春期孩子在某些觀念根深蒂固之前，將情感因素與金錢財務視為兩件事，首先要瞭解為青少年渴望某些品牌的原因、如何管控他們對於擁有特定品牌的期待，並同時維持家庭預算的收支平衡。你也將學習增加感恩和自我控制的一些小技巧，以及如何用帶著尊重及尊嚴的方式來談論家庭之間的經濟差異。

當孩子還小的時候，如果我們曾教導他們理財觀念，往往是關於儲蓄。儲蓄是一門簡單的入門課程，要讓這件事具體化，家長們可使用存錢筒或 Pinterest 上流行的梅森玻璃罐，罐身貼上**儲蓄**、**可花費預算**、**捐獻**的標籤。談論存錢這件事很好，但你大可不必擔憂是否要強調這一點，大部分的青少年早就知道了。根據美國的全國消費者聯盟（National Consumers League）二〇〇二年的一項調查顯示，「對美國青少年而言，儲蓄很重要；大約有九〇%的人會儲蓄，儘管有三六%的人承認他們儲蓄是為了想要購買的特定物品。近四

分之一（二三%）的人為大學學費而儲蓄，二七%的人儲蓄則沒有特殊原因。四〇%的人表示，他們將一半或一半以上的錢存起來，而七五%的人有儲蓄帳戶。」

如果你要解釋的只有儲蓄及支出，教導財務課題的職責就太簡單了。但大多數人讓自己陷入負債累累的狀況，並非是因為他們不理解「開源節流」的簡單數學觀念。數學還是相對容易的部分。你想想，如果公式真的就這麼基本簡單，吃進去的熱量要低於燃燒的熱量，減肥會是多麼簡單的事。人們之所以掙扎，是因為這不是一個完整的公式。加上渴望、衝動和情緒的考量，會阻撓我們的並非是數學公式。同樣地，協助你的青春期孩子建構強大的財務健全狀況時，將重心放在他們是否理解等式中情感的那一端。如果X只是一個數字時，要求解X並不困難，但如果因子是愧疚、自我價值或是生存時，公式就會變得更為複雜。

談到生存這件事，美國聯邦準備理事會（The Federal Reserve）近期進行一項為期五年的研究，發現面臨四百元美金的意外開支時，有三九%的家庭無法以現金、儲蓄或是信用卡來支付下一期銀行結算單。雖然你們之中有許多人正在教導孩子如何管理自己的零用錢、購買這件球衣或那對耳環是否有意義，仍有許多家長也擔心著如果輪胎漏氣了、牙痛的狀況不減緩的話該怎麼辦。青少年應該很瞭解他們社群內、外經濟格局的幅度，也清楚明白美國有超過三分之一的家庭只是勉強地打平收支，經濟上的焦慮遠遠高於其他情緒。

要人們完全擺脫金錢的相關問題，或者要那些已過度勞動的勤勞家庭在消費更加謹慎、不隨意揮霍，都是不現實的期待，但有些方法可以讓你的孩子以更實用、壓力更小的方式來思考金錢這件事。首先，請進行公開而誠實的對話，討論你對於金錢的感受，並也瞭解金錢讓他們有什麼感受。

品牌忠誠度

請想像一下七年級時的自己。你還記得你穿什麼衣服嗎？你一直想要打造的髮型？我敢和你打賭，關於多數外表上的事，你都搞錯了。你認為自己太瘦了，或體重太重了，所以即便是炎熱的天氣，你也將自己的身體藏在過大的運動服裡。你的頭髮怎樣都無法維持捲度，無論你想用什麼造型品來耐心地處理。或者，你的頭髮本來就是自然卷，順直了一個小時後就會打回原形。痘痘在你身上粗暴地開發越來越多的房地產。你覺得自己太高了，所以你讓自己低頭垂肩，或者你覺得自己太矮了，所以你踮起腳尖，才看得到走廊上其他孩子們。你的嗓音變粗變啞，或者聽起來仍然像個孩子。這些事重挫你的自信心。

你的身體、大腦及情緒都不合作的前提下，你該如何讓學校的孩子們明白，儘管你有種種的不平衡，你都值得被這個社群信任，校車上保留的一個座位，當你經過走廊時能被友好地呼喚一聲名字？

答案就是包裝，而且一直以來都是如此。

在我的學校裡，只要（女孩們）穿上Guess牛仔褲、（男孩們）穿上愛迪達運動服就等同是告訴其他人，儘管你身材瘦長、圓胖、令人討厭，或是個傻瓜，你仍然值得信任，因為你知道現在的流行趨勢。你控制了你所能控制的事，而你能控制的只有「制服」，重大的規格化。也許在你的學校裡是Tommy Hilfger、Nike、Billabong[38]或里昂比恩[39]。在青春期時，某些品牌會成為備受信賴的主力，在其昂貴的小標籤背後正承擔著融入群體的重責大任。

身為一個家長，你可能會擔心青春期早期時，物質主義突然又不尋常地加劇，然而「需要」某種特定品牌的衣服，關乎青少年表明他們歸屬於群體，而不是因為他們很貪婪。你的青春期孩子開始感受到孤獨、不安全感和懷疑的重量，因為他們正在你之外尋求獨立，並在同儕之中找尋自己的部落。一方面，你很容易理解他們想要和朋友有一樣的運動鞋、運動裝備或是遊戲設備的急迫請求，但另一方面，請注意不要放縱他們每一次的心血來潮，即便你有資源提供。你可能還記得上心理學時，入門課程之中的赫布理論（Hebb's rule）：「一起激發的神經元也會連在一起」。」在這種情況下，如果孩子很早就以其擁有的流行物件，多次且頻繁地帶給人們深刻印象，那麼他們的大腦可能會把被人們接受的需要與花錢看成同一件事。我常告訴家長們，如果你要花錢在孩子渴望得到的品牌上，那就把錢花在鞋子、背包或是大學連帽衫上。這些單品大部分時間都派得上用場，是這筆錢能獲得的最大收益。

財務狀態半公開，而非公開透明

如同電影《間諜大鄰演》（*Keeping Up with The Joneses*）[40]，在中學這個篇章之中，你的孩子將會仔細比較你們家與其他家庭的差異。「為什麼我們家不能去夏威夷？大家都有很好玩的春假旅行，除了我們家之外。」「為什麼我們不能養一隻拉布拉多犬？」「為什麼我們不能搬去有更多和我同年的孩子、有游泳池的社區呢？」

你該如何解釋家裡的財務狀況，而不必將所有牌面都攤在桌上？你完全知道，當你和青春期孩子分享的事，會傳出這個家之外，速度甚至比在中學裡的傳言更快傳開。此時，半公開就很有幫助。在金錢之外的神祕面紗，對孩子們只是幫倒忙的傷害。因此，我們之中才會有許多人（**嗯哼**）在上大學時就立刻用到高利息信用卡。你的孩子可能只關切誰家有超酷的假期計畫或遊戲室，卻完全不清楚誰有信用卡債務、誰正在為大學學費存錢，誰有巨額的醫療費用要支出，或者誰繼承了人生起步的第一棟房子。請開始和他們解釋這些概念。談到自己的財務狀況時，你可能不想分享具體的薪資或債務數字，但你可以公開地談論家用品的支出費用、各種職業類別的平均薪資範圍，以及就城鎮或城市所在的不同地區域來說明租金或房貸費用。

如果孩子們對於游泳池、遊戲室或一隻拉布拉多犬的成本都完全沒概念，他們就無法理解金錢的價值，即使這樣，也能瞭解如何在更大的預算範圍內有效控管成本。你可以從你選購物品的價值開始談論，幫助他們瞭解你自己如何做出決定。例如，如果你的孩子要買一款新遊戲，而且說：「可是這只要二十美元！我知道你有二十美元，而且它正在打折！」你可以向他說明該預算範圍內你認為物有所值的東西。「是的，我現在的確有二十美元，這個也正在打折。這個定價通常是三十美元，但這不是我花費二十美元的好理由。一個很好的理由會是：我們需要買一款新遊戲，而我本來打算要花三十美元買下。那麼這就有值得花費的價值。但既然事實不是如此，我如果為此付了二十美元，我就花掉了讓你去校外教學的費用，這就會是我們預算上的問題。你應該將遊戲列在你儲蓄購物的清單上。」

培養健康的金錢觀

除了公開地談論情緒和財務之外，在家中你也可以採取以下方法，來增加孩子對於財務的理解：

強化你的感謝之心

對更多事物和體驗的渴望，可能源於感覺自己擁有的不夠（或自身不足）。在家中倡導表現感謝的練習，以幫助抑制這些對事物的渴求。研究顯示，對事物有感恩之心的家長會讓孩子學會感恩，因此學著表達自己的感激之情，是一個很好的起點。有很多明智的方法，可以讓你對自己擁有的一切來表達感激。我最喜歡的方法之一，是在廚房裡的紙筆旁邊放一個家庭感恩罐。每當有人覺得對事物感激時，他們就寫下原因並將放入罐子中。記錄自己的感謝，大事如一次愉快的旅行，小事如不錯的測驗成績、美味佳餚，或是一段有趣的談話。這可以成為一個可愛的跨年夜傳統，大家一起閱讀並反思一年之中的美好時光。

感激之情，與獲得社會安全感和支持感也有關聯性。當十至十六歲的孩子覺得自己得到來自雙親、老師和同儕更多的支持時，他們會對事物更加感激。請記住，當你不時感受到被質疑或流離失所時，你很難覺得感謝。像這樣的時候，一定要請你的孩子告訴你，你能如何給予他們高度的支持。

建立採購的等待期

花錢並非一件壞事，但出於衝動和不安全感的前提而花費購物，最終只會讓你感覺很糟糕。與你的青春期孩子好好坐下來討論，在不同數額的花費上分別要多長的合理等待時間。在一張紙上畫出兩個欄位，將其中一列註明為「金額」，另一列則是「等待時間」。如果花費金額是五美元，對應的等待時間或許只有五分鐘。如果是一百美元，也許等待時間就是一個星期。你可以提出你的意見，但讓孩子決定自己怎麼做才對。當你的孩子想要購買一個物品時，請在消費前讓他們參考這個準則。

解釋市場營銷運作的方式

青春期孩子需要知道，有一些廣告商**就要**他們對自己感覺不夠良好。畢竟，一個人如果有全然的自信，他們就不需要更時尚的衣服、帶有叛逆氣息的身體噴霧，或是超豐盈洗髮精。當廣告商可以讓你對某部分的自己感覺不好，以至於你就會購買他們的產品來改善自己時，他們就會賺更多錢。此外，也向他們解釋關於持續出現的電子廣告訊息，你只要點擊過一次就會有彈出式廣告。當你開始**一遍又一遍地**看到那些你喜歡的鞋子時，你就會開始覺得你無法擺脫這項需求，但這只是某些企業的演算法等著你上當，而不是你的渴望在對你說話。一般人每天會看到五千則廣告，這有足夠的機會讓你們談論銷售訊息所造成的情感衝擊。

追蹤記錄一個月的支出費用

以八千名的青少年為對象，派傑投資公司（Piper Jaffray）進行名為「青少年盤點」（Taking Stock with Teens）的年度消費研究報告，顯示青少年支出占比最高項目是食物。對此，我並不感到驚訝，因為以相對較少的金額，孩子們不僅能買到一份餐點，也同時得到完整的社交體驗。去購物中心的美食街或星巴克，就像是你二十多歲時會去酒吧一樣。這件事的樂趣之一是被他人看見，不知道會遇見誰的可能性，甚至還有機會認識新對象。很少有地方可以讓青少年進行社交活動，還能像年輕人一樣聚會而不必被陪同家長打擾。這如此有趣和簡單，青少年可能最終會感到困惑，不知道自己錢都花去哪裡了（如同多數成年人一樣），沒有意識到每次花上五美元的星冰樂、八美元的餐點，加起來就說得通了。如果你的青春期孩子記錄食物的花費金額，並意識到無法維持這種消費行為時，他們也不必待在家裡而錯過樂趣。身為一位家長，請正視這種社交行為的價值及吸引力，但如果孩子荷包大失血，建議他先在家裡做個三明治來吃，和朋友們外出時就只需要點一杯飲料或薯條，而不需要點一整份餐點。

在興奮與克制之間取得平衡

一旦青少年感受到自己擁有金錢使用的自由，他們就會對每個花費的機會感到緊張不安。以下情境是關於金錢、情感及財務獨立的 BRIEF 對話模式：

BEGIN：平和地開啟對話

家長：我在想，你最近有了當臨時褓姆的收入及奶奶給你的生日禮金，手上就有很多錢了！

孩子：真的！我好有錢。

家長：是的，相對來說，你此刻很有錢！這很有趣吧。

孩子：想聽聽看我要買什麼嗎？

家長：我很樂意。

RELATE：與孩子產生聯繫

孩子：好的，我有一個清單。我要買一個新的手機殼。還要預購在感恩節上市的一款遊戲。我告訴艾文星期六去購物中心時請他吃午餐，因為他沒有錢。去那邊時，我可能會買一頂新的棒球帽。我不確定。我看到他們店裡有什麼選項再來決定！

家長：這是一個很長的清單。你看起來很興奮，我很高興你今年第一次嘗到了財務自由的滋味。

孩子：如果你有需要的話，我可以借你錢。

家長：你很慷慨大方，這是肯定的。

INTERVIEW：訊問以收集資料

家長：聽起來你打算一次就花很多錢。你是否想過花完這筆錢之後的感受？

孩子：嗯……覺得擁有這些東西而感到高興嗎？

家長：是的，也許吧。有些人是這樣沒錯。有些人喜歡買新東西的感覺，但是一旦把錢花光了，他們就接著會感到內疚。他們後悔花了這麼多錢，想念能自由選擇的感覺。你認為你喜歡有更多選擇的感覺，還是擁有更多物件的感覺？因為一旦你花光這筆錢，選擇就消失了。

孩子：我真的不太清楚。不過我想預訂那款遊戲的下載！我真的很想要那個遊戲。

家長：我明白。這是你的錢，所以這也是你的選擇。如果你負擔得起，也可以全部都買下來。或者，你也可以慢慢地購買來延長這種樂趣。如果貨品未開封而你改變主意了，你甚至也可以去退貨。但是你必須先詢問店家的規則。這樣詢問你會不自在嗎？

孩子：我該怎麼說？

家長：你可以說，「如果我需要退貨，請你你們的退換貨政策是什麼？」

孩子：好的。

ECHO：回應對方

家長：我很高興你現在當臨時褓姆有了收入，而隨著你累積更多經驗，你就會賺到更多錢。這一切看來似乎需要反覆的試驗和錯誤，才能搞清楚自己對於什麼水平的支出和儲蓄感到滿意，因為這對你而言是全新體驗。你覺得這麼說對嗎？

孩子：喔，是的——儲蓄！我都忘了。我應該要存下多少錢？一半嗎？

家長：我喜歡你的想法。我想答案取決於你覺得怎麼做比較自在舒服，這可能需要花上一些時間才能弄清楚。就目前而言，合理的方式是慢慢地花費支出並存下多一點錢。你隨時可以增加支出並減少儲蓄，卻很難反其道而行。一旦錢花掉了，就沒了。

孩子：但我都列好清單了，我現在真想買下所有東西。

家長：我完全明白。這是你的選擇，但我可以告訴你一個訣竅嗎？

孩子：好啊。

FEEDBACK：提供回饋

家長：現在你所感受到的興奮，真的會帶來很多樂趣。你能回想一下，過去你因為獲得新東西而感受興奮的時刻嗎？我可以！還記得你有多想要一個美國女孩娃娃嗎？那很貴，所以我們等了又等才買下，當時這讓你興奮不已！我知道你愛莎曼珊，你也很高興得到娃娃，但在你在獲得她的三個月後，就可能沒有如此強烈的興奮感了。對於某個物件本身的渴求就是一種娛樂形式，這會產生一種迫切感，但你可以好好控制自己的金錢。不要讓你的興奮感讓你迅速地採取行動。慢慢來。深吸一口氣，等待一下，再決定是否要花掉辛苦賺來的錢。如果你願意，我可以幫助你一同設定一個圖表，列出做出花費的決定之前需要多長的等待時間。這有助於你管控自己的消費習慣。對於你這個年齡的人來說，學習管理自己資源的種種方法很重要。

請注意，這個對話中所使用的語言，關鍵在於孩子的力量。青少年渴望能控制自己的選擇，而金錢給予他們這項機會。為他們設計各種新技能的學習，作為培養獨立性的各種機會，他們通常樂於聽取你的建議，因為這些建議與他們自主性的目標一致。

不要評判別人的選擇

如果你也經歷青春期，你肯定很熟悉青春期時傲慢的荒謬之處。一位觀看高中橄欖球比賽的青少年運動員，可能會說：「如果是我，現在早就已輕輕鬆鬆拿下三分了。」一個貪婪的讀者可能會說：「寫小說有什麼困難的？這太簡單了。」對於自己的能力，這個年齡的孩子不僅有一種自我膨脹的知覺，他們也無法想像為什麼其他人無法輕鬆實現他們能如此熟練

（虛構）實現（想像）的事物。

對此，我會做出自己的判斷。當你教導孩子財務責任的基本知識時，他們的一知半解最容易做出危險的判斷。至少，是危險的主觀批判。該年齡層的孩子可能會過度簡化金錢運作的方式。正如我所說，財務不僅僅是數學公式，孩子們可能會假設當一個家庭負擔得起，另一個家庭也應當可以負擔，而不考慮其他前提如大學的學貸、醫療負擔、其他需要經濟援助的家庭成員，或家族傳承下來的資產等等。金融知識的第二步應該包括以下的一個前提，即他人財務是個人且獨有的，你沒有立場監管其他人的行為。

他們有時會出現了以上這種想法，特別是較年輕的青少年提出這些問題時：

＃為什麼有些孩子可以時常吃速食，卻負擔不起校外教學的費用？

＃為什麼他們開這麼棒的車，卻住在一個小公寓裡？

＃為什麼那家人買得起這麼大的房子，卻不送小孩去上私立學校？

＃如果需要更多錢，為何不讓兩位家長都去工作？

以下情境，為一位理財糾察隊的 BRIEF 對話模式：

BEGIN：平和地開啟對話

孩子：有很多申請免費及費用減免午餐的孩子都有貴到不行的球鞋，你知道嗎？

家長：不知道，我沒有注意到那件事。

孩子：三百美元的運動鞋耶。如果是我，我會拿這筆錢來吃更健康的午餐。

家長：我認為這看起來像是可以明顯判斷的情況，但一旦深入瞭解就知道情況是更加複雜的。

RELATE：與孩子產生聯繫

孩子：什麼意思？這很基本吧，就和我們談論的那些事一樣。不要買你根本買不起的東西。

家長：嗯，我很高興你考量到我們關於金錢方面的討論。大致說來，沒錯，這是我深信的規則，但基於我們家庭之外的狀況，我認為我還沒有充分解釋這一點。我來說明看看吧？

INTERVIEW：訊問以收集資料

孩子：好啊。

家長：所以，很明顯的是，每個家庭都有不同的收入、不同的支出需求，所以會做出不同的選擇……對吧？

孩子：是啊。

家長：如果有一位名人來你家，不理解你為什麼不住在像他們那種豪宅裡呢？你會說你買不起。如果，她說她知道你該怎麼做才能住進像她的那種豪宅。不准休假、不准去餐廳吃飯、不要買新衣服，然後賣掉你的房子，搬到更小的房子裡，這樣你每年都能省下更多錢。二十年之後，你就能買下一棟比你現在住處貴上三倍的房子了！你會照做嗎？

孩子：應該不會。

ECHO：回應對方

家長：我也是！你會怎麼向她解釋？

孩子：如果只為了儲蓄而不做任何有趣的事情並不值得。

家長：我同意你的看法。生活過得這麼嚴格似乎不太值得——只為了追隨他人的選擇。

FEEDBACK：提供回饋

家長：所以，同樣地，如果有人的錢可能比你少，也不代表他們不應該享受生活中的事物。我們都該允許自己擁有一些享受。另一件事也同樣重要，判斷他人如何花費或做出自己的選擇不是我們的職責。我希望你對自己的個人選擇要聰明一些，但不要陷入對他人選擇的擔憂之中。沒問題吧？

孩子：是的。

請記住，家庭財務狀況往往是家族傳承的產物。如果你的家人未能提供你領先的機會，那麼要積累財富就會困難許多。我曾經聽說過這一個概念，這解釋方式能讓孩子們更容易理解。想像一下，你的朋友們已經玩大富翁玩了好幾個小時。你出現了，而且你也想加入。他們說：「快點來玩！給你，你可以當頭戴高禮帽的大富翁先生。沒有人想要這個角色。這是你的起始現金。接下來就換你了。」

太好了，你加入遊戲了。但是你注意到，有一些玩家已經蓋好了酒店，而所有房產幾乎都被購買了。「這太不公平了。」你說。

「不，這很公平。」他們說。「我們一開始都有相樣金額的金錢，完全均等的數字。我們也讓你加入了，是你比我們晚加入，我們也沒有辦法。」

這是一個絕佳機會，可以指出那些看起來「均等」或「公平」的東西，實際上可能並非如此，而且體制上的不公正只會讓公平競爭越來越困難。

對話破局關鍵

「你不應該太在意那些昂貴的東西。」告訴人們不該在意某事，這說法永遠都行不通。其實，往往會適得其反，這就像是你為某事感到煩躁不安時，有人告訴你「冷靜一點」。對於孩子想要更多「東西」的強烈情緒，不要視而不見，讓他們和你一同討論他們的渴望：想要這個物品的真正意義是什麼，持續多久了、多久會出現的頻繁程度等等。透過這種方式，你可以幫助他們做出總結，而且是你一直期望得到的結果。

「那太浪費錢了。」

事實上，無論你買的東西是什麼，都有可能浪費金錢。但是——無論你的青春期孩子想要花錢買什麼，對他們自己而言都很重要。這個財務自由的全新階段，不僅很新鮮也令人興奮，如果你無法察覺這一點，他們會將你拒於門外。提出一些問題來幫助他自行評估，他在幾天或幾個星期內是否仍對這項購買感到滿意，然後之後再跟進，看看他們的預測是否正確。隨著時間的推移，這就是他們學會理智消費的思考方式。

「當你自己找到工作時，你就可以自己去買了。」

這是真的，他們可以這麼做。對你的孩子說這句話並沒有錯，但如果你想教導青春期孩子如何聰明消費，這樣的聲明並不管用。相反地，你要正視認他們的渴求，感謝他們與你談論他們所喜歡的東西，然後詢問他們如何實現這計畫。

「那是我的私事，不要問。」

對於家庭財務的部分細節加以保密，是明智之舉，但如果孩子問你財務相關問題，請利用這個機會教育他們。當我們還小時，我們的雙親就會說這種話，他們讓我們別無選擇，我們只能坐著乾等，等我們自己進入薪水、帳單，以及銀行帳戶的金錢世界。如今，那些答案——至少在一般層面上而言——都在快速搜索的網路上。青春期孩子喜歡學習世界的運作方向。帶著他們瀏覽招聘網站如 Monster 或 CareerBuilder 來瞭解薪資相關訊息，線上房地產公司 Zillow 來看房屋定價、以配送服務公司 Shipt 或 Instacart 查看食品雜貨的價格，以及瞭解出國渡假費用的 Travelocity 網站。學會研究支出及收入是一項很棒的技能，也是一種花時間在網路上爬文的有趣方式。

時間有點急？你的速成課程在此

＃ 少談存錢（青少年已經瞭解並且加以實踐了）這件事，而是多談論於花費金錢和積累債務的情感層面。

＃ 青春期孩子會使用名牌來向同儕傳達自己的認同感，這是他們人生之中害怕社交孤立、頻繁感受到高度孤獨及自我意識的時期。

＃ 對於家中的財務決策維持半透明的作法，而非一目了然。將個人財務訊息保密，但仍要教育孩子關於一般費用，如抵押貸款、度假支出、汽車、健康保險等，以及他們即將成為大人所要瞭解的事項。

＃ 為孩子樹立榜樣，對你已經擁有的一切事物心存感激，而不是為了欠缺的東西而感到悲傷。

＃ 關於消費前合理的等待時間，詢問孩子的意見來重新培訓購物的衝動，建議較高的金額就要有較長的等待時間。

＃ 若對營銷及廣告的運作方式有高度的理解，孩子能因此受益。

＃ 記錄費用支出，甚至早在中學階段就開始，就能瞭解頻繁在美食廣場外食如何快速累積。

關於財務應付責任的知識，當你的青春期孩子學習的越來越多時，請確保他們瞭解他人經濟狀況的細微差異、做出選擇的權利，而不加以批判。

注釋——

38 創立於昆士蘭黃金海岸的國際休閒海灘潮牌。

39 L. L. Bean，美國著名的戶外用品品牌。

40 二〇一六年上映的美國動作喜劇片。一對平凡無奇的中產階級夫妻，對隔壁剛搬來的一對夫婦羨慕不已，比較心態開始作祟，甚至跟蹤對方，卻意外捲入國際間諜的陰謀。

PART 14

我們來聊聊與性愛有關的一切

在這個單元中，和青少年就性、性行為及約會主題進行對話之前，極其重要的一件事是你要先識別健康性生活的要素。而且，這不會過早，現在就開始談論一些事甚至所有事都不會為時過早。你會進一步瞭解到，為什麼仔細討論色情作品也很重要（以及該如何做到這一點而不會過於不自在），如何幫助你的孩子開始思考與他人交往的意義是什麼，如何談論性合意（consent）使其習慣成自然，如何以一種支持所有孩子的方式來提出或回應性身分和／或性別議題，最後一點，如何和年輕的青少年中談論性化[41]和性感穿著。

好了，我們終於到了這一個單元。你們之中有些人對此很興奮期待。但也有許多人祈禱一個奇蹟來臨，期望我能簡短說明，告訴你「少即是多」，「現在要孩子的探測雷達上涵蓋這件事還為時過早」，「你應該早已概括了所有大小事了——幹得好，耶，我們就獨立和友誼的主題再談一次吧。」

二〇一二年的一項調查顯示，一九%的家長不喜歡與青少年談論性，而五〇%的孩子對於要聆聽這主題也不自在。坦白說，我不確定真的**只有**一九%的人對於性的討論不自在。也許那不自在的一九%的人，就正好出現在我的那些講座上！

假設，對於我們這些非無性戀者（asexual）的成年人，我們都同意健康的性生活是我們人生體驗的重要元素，我們有責任教導年輕人如何有意識地為美好的、有意義的性生活做好各種準備，而又有哪些事會讓他們無意中毀壞人生。在我的角度看來，健康的性生活包括：正確觀念如人體構造及安全、雙方的愉悅及同意、與伴侶坦誠開放的溝通，以及面對意外的情緒及身體後續反應，能有理智處理的能力。關於他們正逐漸成熟的性傾向，你所認定為健康快樂性生活中至關重要的諸多原則，將成為你與青春期孩子分享的基本思想。你希望孩子成為一個健康、有活躍性生活的成年人，要好好花時間思考你對這件事的感受，然後先退一步找出如何開始溝通這些事。如果對此沒有好好計畫，在欠缺明確目標的情況下，你只能不斷兜圈子。

你會有許多分享價值觀的機會，並不需要直接談論你孩子即將到來的性生活。例如，如果你們在看電視時，有一個男主角吹噓他一向不使用安全套，這就是一個進行評論的機會，談他處理潛在結果的能力。如果（當）一項新聞報導透露有一位有力人士在性方面占盡他人便宜，那麼正是時候來同時提及性合意和互惠（reciprocation）。在你們的日常互動之中一一加入評論，如同適切的調味，隨著時間的推移來平衡地呈現該對話，而不是一下子就將所有菜色端上桌，冒著「口味太重」的驚人風險。

越是能以一種不慌不忙、理直氣壯，而且客觀的方式來談論性，你的孩子就越是願意傾聽。我希望你能得到鼓勵並與你家的青少年分享更多資訊，基於健康和安全的考量，更別說因此帶來的幸福和滿足感了，最有效的方式是同時考量青少年所說的話。近期一項研究發現，家長們與青少年關於性的對話，可分為以下六個範疇：**「不成熟且發展不充分的、安全性的、廣泛又全面的、警告／威脅的、等待，以及不談話。」**青少年表示，如果家長能更具體（對的，要更具體！）提供指導並採取合作方法（意味著你也要傾聽），家長這番談話就能更加成功。青少年受訪者也同時指出，類別中的廣泛又全面的和安全是最有幫助的性知識談話，至研究得出的結論，安全主題的談話和青少年的冒險行為最不相關。

關於這一點，我們就直接進入最困難的主題，好嗎？

色情

你可能想知道，「面對我可愛天真的十一歲孩子，我真的需要和他談論情色的相關內容嗎？」孩子第一次看到色情片的平均年齡是一些爭議。許多人會說是十一歲，而我就是其中之一。然而，在研究本單元時，我發現欠缺有力數據來支持這個論點，這只是普遍認定的發生時間。然而，研究顯示孩子們第一次開始尋找色情片的平均年齡是，你猜對了，十四歲。如果孩子們都在十四歲時開始搜索色情相關內容，他們之中可能有許多人更早就無意地接觸了。這就表示你要更提早來討論這個議題，否則你的孩子的性健康教育及發展，就得要交由一群急切的水管工、披薩送貨員，以及頑皮女學生的手中了。接著就是火辣的畫面了。

對於色情這個話題，我提供一些簡短且關鍵的要點供你討論，而不是對話，因為沒有一個孩子願意在這個話題上來回討論，這種好孩子太罕見了。所以，**真是鬆了一口氣！**

放你一馬，你不必進行完整的對話，但你確實要提出一些簡單的陳述。我建議你進行的並肩（在車子裡或是廣告休息時間的沙發上）的對話，或者是其他不必進行眼神交流的情況下進行，能輕鬆地跳離話題且能分散注意力時。你甚至可以一開始就保證對話簡短，就像這樣：「嘿，我想提出一些事，如果不和你談論關於色情內容的事，就是我沒做好身為家長的職責了。我保證我會很快講完，然後我們就可以回到剛剛在做的事情。」

無論你以何種方式開始，你都會想要快速進行而不稍加停留。要涵蓋的要點是：第一，色情內容並不代表真實的性行為。第二，色情內容會讓你產生不健康的行為和感受。再說一次，這不是一個彼此來回的對話，但你可以稍加調整這個簡短的獨白，讓它聽起來像是你會說的話。

「我們身處一個很有可能看到色情內容的世界，你可能已經看過了，但你不必說。有時是偶然發生的——當你使用 Google 來搜索時，它可能在你的螢幕上跳出，或者有時你會點擊一個看起來不錯的網址，它卻帶你去一個奇怪的網站。我的觀點是，你肯定會遇見這狀況，**或是**聽到學校裡的人在談論，所以我想讓你明白：色情影片或圖片呈現的不是真實情況，就像蜘蛛人的電影並非打擊犯罪的真實狀況。很重要的一件事，就是它並非真實。

如果有人是藉由觀看色情影片來瞭解性，並以真實生活中的性經驗與這些完全不切實際的描述進行比較，他們最終可能只會有不健康又不愉快的性生活，更別說有一些色情片不僅暴力還很侮辱人格。我希望你最終能遇見一位尊重你的伴侶、有健康的性生活，因為這是成為成年人的一件要事。人們需要正確的資訊，而色情片提供許多錯誤的資訊，所以我才會購買性觀念相關書籍給你的原因，你可以自己私下閱讀，或者找出關於這議題任何問題的答案。」[42]

在決定討論是否就此擱置之前，你需要先評估你的青春期孩子對這主題的自在程度。如果你們都有足夠耐力繼續下去的話，還有一個主張必須申明，那就是當你觀看色情片時：一開始總是讓你感覺良好。作為家，如果你針對色情片的主要說明是錯誤的，粗俗的，甚至違反道德，而你的孩子實際上已看過色情片也產生了性反應，這可能會產生混淆的資訊，或者在最壞的情況下，會導致性欲發展的同時伴隨著羞恥感。取而代之的，要談論對性及性行為有健康認知的重要性。

必須承認的是，一開始感覺良好（或至少有趣）的事情，有時可能會變得不太健康。你可以這麼思考：吃垃圾食品或許是一種令人心滿意足的體驗。但是，假設你只有吃過垃圾食品，而你遇見喜歡的人，他問你是否願意一起去約會。你來到一家不錯的小酒館，菜單上的選項有各種不同的口味及營養價值，但它們對你而言如此陌生。最簡單又最令人安心的事，就是一樣選擇熟悉的事物。如果面臨一袋奇多香脆棒及烤雞佐四季豆之間的抉擇，奇多會大獲全勝。接著，你會有飽足感，但感到有些噁心及不滿足。色情片就是如此。如果你對於親密關係的想法，是你從小大到自色情片中學到的東西，對往後更現實、更健康的性生活，將會影響你的大腦及身體的反應。

就這樣，我們做到了！簡短而愉快，就如同我所承諾的一樣。

約會交往

青少年在青春期早期，有浪漫和性欲的感受，是完全合理恰當的事。許多企業就從青春期孩子的好奇心及幻想中獲利。然而，最瞭解這一點，或是最精心利用這點的人，莫過於將幾代的男孩團體介紹給一群又一群狂熱粉絲的那些音樂製作人。從披頭四、一世代（One Direction），一直到BTS，這些團體都經過精心的打造，因此一群彼此為朋友的少男少女就能各自選擇自己的最愛，不必引發內訌。之中一定會有害羞的那一個、像哥哥的、帶著傻氣的、壞男孩，當然還有令人卸下心防的性感代表，說性感倒不如說是俊美，讓他足以迷昏粉絲卻不會對家長們造成威脅。

理所當然地，家長們要接受那些行銷人員長期以來對我們孩子的瞭解：青春期孩子實際上關切性這件事，就算不清楚明白說出來。他們會有暗戀的人、有幻想，而產生性欲。假裝這些感覺不存在或不應該產生，只會適得其反。之中的衝突在於要接受生物學上的真相，而我們家長們也需要保護孩子，不讓他們在情感或身體上都未準備好時就接觸這種成年人的體驗。

要有效地做到這一點，你需要深入檢視自己的種種恐懼。請問問自己，「我最害怕的是什麼？」**針對**你現有的擔憂，你要關切的是如何提供孩子建議和限制，而不是只發表適用於所有情況的反對聲明。一些家長直言不諱地說，「中學生還太小，不能約會。」不過，這意思到底是什麼？年紀太小無法對他人產生情感？（我們知道這不是真的。）年紀小不能親吻？年紀小不能牽手？年紀小所以無法療傷並再愛一次？年紀小而不能冒著懷孕或得到性病的風險？一旦你深入瞭解自己的恐懼之後，你就會得到一張更理想的路線圖，讓你明白這個對話該朝著什麼方向進行。有了立足點後，提供指引並設立合理的限制。「我同意你和別人『一起出去』，但在這個年齡，你還年輕所以不適合做接吻之外的事。」如果他們感受到對方要更進一步的壓力，他們腦中的指導方針或許會讓他們更放心。

提醒自己，不要在焦慮之中迷失了。

前言：你的孩子需要你的指引，但如果你將約會視為通往災難的大門，他們也會對你不理不睬。要保有孩子的關注，否定與肯定、恐懼與希望，以及消極與積極之間都要取得平衡。

關於約會規則，以下以 BRIEF 對話模式來呈現：

BEGIN：平和地開啟對話

家長：我注意到你一直花很多時間在玩手機。你還是經常傳訊息給喬丹嗎？

孩子：嗯，對啊，應該是。

RELATE：與孩子產生聯繫

家長：他看起來好像是不錯，他是怎樣的人？他是否有參加任何運動或社團？

孩子：他很不錯，也聰明。他有參加田徑運動，但春天才會開始，所以這個賽季他沒有什麼事。

家長：他擅長田徑嗎？

孩子：我想應該是吧！他說自己很擅長。

家長：哈！嗯，自信是一種很好的特質。

INTERVIEW：訊問以收集資料

家長：那麼，現在大家都怎麼稱呼一對情侶？我知道可能沒有人在用「約會」的說法了。

孩子：我們絕對不是情侶。我們只是一直有在聊天。

家長：好的。一直有聊天是否代表你們喜歡對方呢？

孩子：應該是吧……

家長：真是甜蜜。除了自信和聰明之外，他對你好嗎？對其他人好嗎？

孩子：喔，對啊，他人超級好的。

家長：我很高興。那麼，你們有沒有聊過要一起出去，還是現在就只是來回傳訊息而己？

孩子：我可以嗎？和他一塊出去？

家長：要看情況而定。我們可以討論你有哪些選項。你想做些什麼事呢？

孩子：就現在而言，我們只是傳訊息。但如果他邀請我一起去哪裡的話，我想知道我是否可以出門。

ECHO：回應對方

家長：我喜歡你會提前思考這件事，這樣就不會措手不及。我很高興你願意和我討論這件事，即使此時仍處於一種未知的狀態。我們現在是否應該直接來討論一些準則，以便你開始談戀愛或是有人邀你外出時，你會知道如何回答？

孩子：我不確定耶……我們什麼事都沒發生。

家長：我明白這一點，而我也尊重你。我沒有要催促你。但如果我們在這件事發生之前就討論了，我就不會在你喜歡的人面前做出什麼反應，就不讓你太尷尬。這樣很合理吧？

孩子：好吧，沒錯，我也不希望你讓我尷尬。

家長：我也是。

FEEDBACK：提供回饋

家長：我或許會用到許多錯誤的用詞，所以我就事先道歉，但我會稱之為「一起出去」，這就是我那個時代會說的「約會」。當你喜歡上某人而你們開始一起出去時，這就會影響你的心、大腦及身體，所以我來提供一些快速的入門規則。

你的心：關於你的心，在這個年紀，你會因為某人感到快樂和興奮，但兩個星期後卻有完全不同的感覺。你的情緒會產生很大的變化，其他人的情緒也是。對於這樣的幸福來敞開心扉接受是一件好事，但如果情況有所變化時，你也要有面對悲傷的能力。從經驗來看，這種悲傷通常只是暫時，但如果這種情緒讓你難以負荷，或者讓你的學校課程表現不佳、不再對人友善，甚至影響到你的健康，規定是你必須找我或其他專業人士談談該如何處理這些感受。好嗎？

孩子：好的。

家長：關於你的大腦，當你喜歡一個人時，你會覺得整個大腦都被對方占據了。一直想念著一個人，而也知道他們想著你，這是件很有趣的事，直到你意識到你不再為其他朋友、家人以及你喜愛的事物留下空間。規定是，你可以花一些時間和你在一起的人對話、想念他，但並非投入所有的時間。在你往後的人生中，你都必須好好平衡這件事，但如果我發現你沒有做好，我就不得不限制你傳訊息或外出的時間了，可以嗎？

孩子：好的。

家長：關於你的身體，說到了一起外出的事……如果你們倆想要一起去某個地方，在你這個年紀，就應該是明亮的公開場合，而不是陰暗又私密的地方。我認為去披薩店吃午餐沒問題，而電影院就不行。當你上了高中時，我們可以重新審視這些規定。如果你的朋友來家裡或是你去他家時，你們必須待在主要的生活空間，而家長就在不遠處。基於隱私，你們可以坐在門廊上聊天，或是在客廳玩遊戲，但我會偶爾經過。因為你們兩人都還年輕，對不熟悉這些感受，需要花一些時間來弄清楚什麼是舒適自在的狀態。我不希望你們兩個人太急忙發展關係。在中學階段的規則是，如果彼此都願意的話，你們可以牽手或擁抱，但你們如果在某個時候接吻了，我也不會抓狂發怒，但你還太年輕，更多就只能到這個程度了（但基於對家人們的尊重，不要在客廳親吻）。此外，現在身體產生一些反應是正常的，但如果有人強迫你做你還沒準備好的事，或者施壓要你違反家規，可能就證明這個人並不適合你。

好了。這些就是基本準則。我很高興你有喜歡的好對象，而對方也同時喜歡你。如果你想要進一步談論這些規定，也可以聊聊。沒其他問題的話，你要幫我想一下今天晚餐要訂購哪一家餐廳的外帶嗎？

同意至上

一九九〇年代初，我就讀美國中西部的一所大學，在小規模的人文學院裡上課。在我那所大學的小鎮上，有另一所更小、更自由、甚至藝術風氣更甚的學校。在我大一的時候，那所學校宣布要實施一項關於性和性合意的新政策，除了其他相關規定外，其中有一項是學生要親吻他人之前，必須先獲得對方的口頭許可。每一次都要！而且是九〇年代的時候！這件事現今聽起來並沒有太激進，但在當時，你可以聽到校園裡四面八方的學生們都為此大笑不已。這聽來很荒謬、很僵化，也不切實際，而且還很不浪漫。在那所大學裡，都沒有人看過浪漫喜劇嗎？在出乎意料且怦然心動的初吻氣氛下，對方如果以孩子般口吻來請求許可，即便是位帥哥，也難以讓你一見傾心吧？唉呀。

謝天謝地，我們已走了這麼長一段路。性合意不再是過去對話中的一個笑梗，而是現今性教育之中正常且不可或缺的要素。事實證明，**另一所**大學是先驅，並且如大多數的流行趨勢一樣，在其他人還不理解前，不得不忍受自己成為被笑話的對象。

關於性合意和青春期孩子，你應該知道的是，這件事不僅是關乎性接觸。這關乎你擁有權利去決定誰能觸碰你、何時觸碰你。這也關乎建立觸摸的界限。如果你及早談論性合意這件事，從非性行為開始，你的青春期孩子對這個概念就會感到更為自在且熟練，他們在往後的生活中能更安全地進行性接觸。

尚未完全瞭解性合意概念的人，可能會低估它並認為只是荒謬的限制。「喔，所以現在大家都不允許我們**碰觸**了嗎？」舉例來說，如果你有一位家庭成員不願意教導孩關於性合意，並且堅持認定他們是基於尊重才擁抱奶奶，請記住，這並不是因為人們不**允許**觸摸他人。準確來說，要提出的問題應該是「喔，所以現在每一次觸摸他人之前都必須詢問他們嗎？」答案是「對的」。「所以，未經同意我就不能和他人舉手擊掌嗎？『你同意和我擊掌嗎？』這太愚蠢了。」對此的答覆則是「不是這樣的。你就像平時一樣把手掌舉在空中。如果有人不想和你擊掌，就不要。而你也不能強迫他們。」

關於性合意的對話，下面是使用 **BRIEF** 對話模型的對話例句。這提到了一個網路上瘋傳的影片，一位幼兒園老師在教室門外放著一張圖表。每一位走進教室的孩子都會指向他們想要的打招呼方式：擁抱、輕輕敲打彼此緊握的拳頭、握手、舉手擊掌，或是跳舞。如果你還沒有看過這個影片，請花一些時間上網搜尋。【Google 搜索關鍵字：幼兒園老師讓學生自選打招呼方式】（kindergarten teacher lets students pick greeting）

BEGIN：平和地開啟對話

家長：你有看過這個可愛的影片嗎？**【家長播放手機上的影片】**

孩子：哇，好可愛。

RELATE：與孩子產生聯繫

家長：我就知道你會喜歡。

孩子：我真希望我們小時候也能這樣。

家長：我也是！我也有點希望我公司裡也能這麼做。

孩子：真的假的？為什麼？

家長：因為有一些人仍然認為隨意觸摸他並無傷大雅。並不是說他們是變態還是什麼的，但我就是不希望我有不熟識的人經過時抓住我的肩膀，或在他們打招呼時捏捏我的手臂。

孩子：呃，這也太奇怪了。

家長：是吧？所以我很高興看到這些孩子早點學習這件事。

INTERVIEW：訊問以收集資料

孩子：嗯，他們正在學習早上時如何向老師打招呼，但我認為工作職場上會有這種圖表。

家長：哈！不，職場上不會使用這種圖表，但這基本上就是性合意的早期課題，我喜歡他們這麼做。你知道性合意這個字詞嗎？

孩子：就像是回覆「我同意」或是給予許可。

家長：對的。或者是說，你可以說「我不同意」或是給予許可。你的老師們在課堂上有談論過嗎？

孩子：並沒有。你是指像「你同意在課堂上乖乖聽話嗎」這種問句嗎？

家長：大致上可以這麼說，但更像是談論你的個人界限。

孩子：沒有，我們不會在學校裡談論這件事。不過這可能比較像是家裡會討論的事情。

ECHO：回應對方

家長：我明白你這麼說的原因。校方覺得應該要更條理地專注於課業學習，對嗎？

孩子：沒錯。

FEEDBACK：提供回饋

家長：我瞭解他們的意思。不過，無論去哪裡，這種界限都與我們同行。我樂於看到這些小孩可以自行選擇是否願意被觸摸，而他們就身處在學校中。

孩子：你認為影片中某個孩子可以不選擇任何一個選項嗎？

家長：我相信可以。我不知道為什麼，中學階段的孩子們很愛對人毛手毛腳的。你會看到男孩們跳到別人背上，有些女孩們則以雙臂掛在他人身上。總會有個人喜愛給所有人擁抱。我知道，許多人會這樣做是為了表示純粹的快樂或是散播幸福，但這仍有可能逾越他人的界限。有些人討厭別人這麼做，卻不知道該如何表達。你需要意識到這一點並尊重他人的空間，讓他們有機會表達他們是否想要一個擁抱、願意把你揹在背上等等。

此外，我想讓你明白自己的界限以及感到舒服自在的狀態，如此一來，如果有人讓你感到不舒服時，你就可以主動表達。

有些孩子天生就明白如何拒絕或阻止對方，或直接地說出我不想。其他孩子則需要一些鼓勵才能理解說不並代表沒有禮貌。一定要和你的孩子聊聊，他們可以用哪些方式來溝通自己感到自在舒適的界限。

舉例來說，在我的領導力訓練營中，我會協助中學生練習說「不」，在朋友要求他們做某件他們不想做的事情時。十個之中會有八或九位的青春期孩子會撒謊，以避免衝突。當一個孩子覺得累而不想玩，或者需要稍稍脫離很黏人的朋友，甚至寧願待在家裡玩遊戲或讀完一本書本，當他被朋友強迫要出去玩時，就會說一些荒謬的話，像是「我被禁足一個月了！」或者「我姑姑的貓死了，我今天要去她家參加葬禮什麼的」。在他們沒有意願想要做一些事時，鼓勵你的孩子直接說出簡單並直接的「不」，面臨別人逼迫時，就重複說出自己的答覆，而不是訴諸於更巨大、更魯莽的謊言，希望能藉此說服對方放過他們。「我今天不行，但我希望你找到一個可以同行的人。玩得開心！」這麼說就已足夠，但如果對方還是不斷鼓吹，就說「我今天**真的**不能去，但我希望你玩得開心。」

另一個在家裡教導性合意的方法，是說出你個人對於空間界限的需求。所有人都需要觸摸的體驗，稱為「觸摸饑渴」（touch hunger）或「肌膚饑渴」（skin hunger），但在青春期早期時，這種需求往往得不到滿足。曾經每天都被你觸摸無數次的孩子，如今則會因為被你觸摸而生氣，但他們對身體接觸的需求並未減弱。有些孩子藉由在學校裡表現得過於友愛、或和同學嬉戲來滿足觸摸饑渴。其他孩子在家裡時總是盡可能地無視於你，然後下一秒又突然坐到你的腿上。

你的青春期孩子有時是否會過度依賴你或入侵你的私人空間？重要的一件是，是你不能否定他們的感受，他們清楚自己年紀沒大到不能索求擁抱或依偎，但有時你也需要自己的空間。清楚闡明你的界限，並向他們說明該怎麼做。「我喜歡看電影時依偎在一起，但你不能把腿一直放在我身上，我們可以並肩坐著。」

最後，不要忘了，個人財產可以作為教導同意的一種方式。對於兄弟姊妹的關系，特別會在共同生活中採取「你的就是我的」的方式，至少在對他們有利時就是如此。請制定尊重他人物品的家庭規則，使用時要向對方提出請求。即便買下一切孩子所有物件的人是你，他們對自己的個人物品也擁有所有權，這樣他們才能早一點實踐這種同意的形式。

LGBTQ+[43]：理解和接納各種新的標籤

大多數人都會說他們不喜歡標籤，但這些人並不是青春期的孩子。大約從中學開始，孩子們樂於擁抱這些標籤，因為它們能用來組織並解釋令人困惑的全新社會環境以及他們在社會之中的歸屬。儘管成年人可能會這作法有諸多限制，但少年及青少年們卻覺得有了標籤才令人放心。在孩子們開始審視他們才剛萌芽的成年人（公正一點地說，**相當年輕的成年人**）身分，他們會尋求精確的詞彙來定義並傳達自己的感受及認同。

如果**順性別**（cisgenger）、**二元**（binary）、**流動**（fluid）、**跨性別**（trans）或**泛性戀**（pansexual）這些字詞，如果你聽來會覺得困惑、吃驚，或是複雜得沒有其必要性，那麼你和許多四十歲以上的人有著相同感受。但是這些字詞不是虛構捏造出來的，而且也不是多餘無用的。這些字詞代表著真實的人們，他們有代表真實自我的權限，而所有成年人都有義務跟上形勢不斷發展的方言。一方面來說，處於學習狀態不僅相對容易，另一方面，我們也尊重並歌頌世界上人們的多重樣貌，這對我們孩子的健康及安全也很重要。網路會為你提供完整的服務。每當你聽見一個全新術語時，就去搜尋一下。然後，如果你正在瀏覽一個支持LGBTQ社群的網站，請相信他們的定義。美國疾病管制與預防中心的報告表示，「在青春期時，多數的女同性戀、男同性戀、雙性戀（LGB）青年都能快樂地茁壯成長。能在學習環境中為所有學生打造安全並提供支持的學校，以及給予關愛和接納的家長尤其重要。」

但是，儘管美國LGBTQ青少年身處的情況有所好轉，但他們仍會受到欺凌、騷擾或覺得格格不入，最糟糕的情況就是被送去性傾向矯正治療，或被踢出家門。疾病管制與預防中心也引用一項令人心碎的統計數據，有將近三分之一的LGB青年在前面幾年曾試圖要自殺，美國兒科學會報告顯示，多達五〇%的跨性別青年曾企圖自殺。很明顯地，我們需要更加努力，讓這些群體的孩子明白他們本來就被關愛著。

即便與我一同諮商的家長們大多通情達理、思想開放，當年輕人公開且自信地談論他們的性向上的身分時，他們仍然不自在。我發現，會讓家長們抓狂的不是那些用字，而是孩子們想要說明用字時當下的年齡。貼上標籤這件事，正如我們都不太喜歡的認知，是中學階段流行的一項消遣，所以現今這種作法延伸至同性戀、雙性戀或過渡階段的分類，或用來宣布自己的身分類別，也都不足為奇了。有些家長擔心在年輕時宣告性向是不恰當的、不準確的，甚至是造成未來後悔的可能原因。即使你也同樣擔憂這件事，也不要阻斷公開性向的談話。對於事物仍抱持懷疑的青少年，即便只是一個小小的評論，也可能在其思想和內心中埋下對於同性厭惡的內在恐懼。絕對要確保你的孩子理解他們使用的詞彙，因為有些孩子誤解了含義而錯認了自己的標籤。

如果你的孩子針對自己的性身分發表言論，請不要問他們是否真的明白、是否已成熟到明白這件事，或者他們將來如果「改變主意」可能會後悔曾如此昭告天下。談到他們如何識別自己的性向時，比起正確判斷、想法一致，甚至不會後悔，更重要的是他們覺得能夠好好表達自己。一個青春期孩子現在或許是雙性戀，而在未來某一天可能是同性戀或異性戀，這也沒有關係。這就是標籤的好處：沒有永久性。在我就讀的中學裡，儘管身邊增加不少的山谷女孩、預科生、運動員，以及哥德文化追隨者，但我成年後幾乎不認識這樣的人（只有書呆子經得起時間的考驗。事實上，這可能是我唯一參與過的耐力活動，即使不知不覺地進行著，我現在很享受這種勝利的感受）。

這裡要說的，並不是說你孩子的身分**將來會**改變。你不應該不正視孩子的性向，認定為長大後就不復存在的階段，它**會**逐步發展，所以不要因標籤的改動來困擾自己。

和你共處時，如果不談他們自己的性向，你的青春期孩子也可能會公開談論他人的性向。即使談論的對象是另一個孩子，也要以相同的敏感度做出反應，如同當下討論的是他們自己一樣。透過這樣的方式，你就能反覆地為信任打下基礎。關於性向和標籤的支持性對話，以下使用 BRIEF 對話模式來呈現：

BEGIN：平和地開啟對話

孩子：你還記得去年認識的那一位艾比嗎？

家長：當然！好久沒聽到她的名字了。

孩子：嗯，有人開了一個群組，她也在裡頭，她告訴大家現在她是雙性戀。

RELATE：與孩子產生聯繫

家長：是嗎？大家是否尊重這一點？

孩子：是的，這一定也不奇怪，媽媽。

家長：當然不奇怪。在我像你這個年紀時，人們不會公開討論這種事，但你的世代在這方面改進了許多。

孩子：但她的家長非常不高興，他們不同意這件事。他們告訴她，她年紀輕所以還不懂，她只是要尋求大家的關注。

INTERVIEW：訊問以收集資料

家長：我很遺憾聽到這件事。你認為人們說這種話是為了要引起注意嗎？

孩子：是的，我覺得有些人會這樣。但她看起來是誠實坦白的人。

家長：對她來說，這件事一定很辛苦。你有沒有想過在這件事上你能如何發揮好朋友的角色？

孩子：我們都有和她說，她爸媽這麼說太不公平了。

家長：很好。只是要肯定一下，你覺得自己明白雙性戀的意思嗎？

孩子：就是喜歡女孩和男孩。**【孩子看著你，好像你是個白癡一樣。】**

ECHO：回應對方

家長：嗯，或許這題很簡單，但我成年後仍不斷學習其他詞彙。我只是要說，如果你剛好看到一個你不明白的字詞，無論是關於身分或是關於性這方面，我可以為你提供正確資訊的資源。就艾比的狀況來看，她的爸媽目前不願意給予支持或可信的資訊，所以她可能需要更多家庭之外的援助。

FEEDBACK：提供回饋

孩子：我也這麼覺得！我們該怎麼做才能讓他們接納她？

家長：我不知道你可以讓她的家長有不同的感覺。我確實想向你保證，你已經在通過支持她來做最重要的事情。

我知道，她的家長說她年紀輕所以不懂，當然她有可能誤解自己的一些感受，但我認為這不重要。我覺得告訴某人他們的感覺不「正確」只會帶來傷害，無論這種感受永遠保持不變或在一個月後發生變化。人類是很複雜的，不會只有一種樣貌是正確的。對於你和你的朋友，我這裡永遠都是談論這些事的安全空間。

關於外表的一句話

在不談論外表的前提下，我無法就此結束關於性的單元。總會有這麼一天，當你的孩子走進房間，你突然意識到一點，他們穿得有一點……性感。更有可能的情況是，由於我們文化中對年輕女性吸引力的癡迷，我們就會在女孩們身上察覺這一點。當你的青春期孩子女兒，試圖要讓自己看起來又成熟又酷、但看起來卻近乎猥褻，特別是她的年齡還未趕上稚嫩外表時，你該說什麼？我們都擔心會有變態、尾隨犯案的色魔。你會想要保護她，不讓她得到任何非必要的關注，但同時要避免讓她對於自己的身體或性行為感到羞恥。

你應該和自己的女兒誠實談論你的內心衝突。告訴她，她永遠不應該對自己的身體感到羞恥，也能自己決定要穿什麼。對於其他人對她衣著的反應，她不必負任何責任。然而，我還會告訴你的女兒，面對自己的服裝選擇可能（或可能不會）引發的關注，她已經成熟到能察覺到自己的不自在了。有時，這樣的關注甚至可能會讓她覺得不安全。這並不公平，但這就是真實狀態。

除了要符合學校合宜的服裝儀容要求，或是在其他活動中要穿著得體，例如去當鄰居小孩的臨時褓姆、參與合唱團的音樂會，或是陪同奶奶去劇院之外，她可以穿任何自己想穿的衣服。在適合不同環境的範圍內，她可以開始為自己選擇，只要大家對這些選項的反應都在她的接受範圍內。在購物中心裡，破爛的牛仔褲和緊身背心可能會讓人覺得前衛和叛逆，但出現她父親的扶輪社講座上就太不尊重了。即使在購物中心裡，對於她在美食廣場打工的暗戀對象來說，前衛又叛逆的裝扮可能很酷，但他鬼鬼祟祟躲在櫃檯後方的單身老闆，可能就會對她有一番評論。

無論是外表或風格，都反映了一系列迷人的個人選擇，但都應該考量到我們作為社群成員之一都簽下的基本社會公約。給你的孩子權力來決定自己的外表，但也教導他們同時考量自己想要營造的氣質，在該環境的前提下是否合理。

「我檢查了所有裝置的搜索歷史，如果我發現你在看任何不恰當的東西，我就會關閉無線上網。」

這聽來太苛刻了，而且還只是一個警告，並不是針對現有的嚴重問題下的反應。譴責語氣會讓孩子記在心上，如果他們在網路上看到不安全的內容或圖像，即便只是碰巧發現，也不太可能與你分享。相反地，讓他們知道他們如果偶然看到網路上的色情內容，或者有人要求他們在網路上流覽或傳送裸露照片，他們可以安心地向你尋求幫助。

「你沒有意識到自己服裝所傳達的訊息。」

為了這套裝扮下了一番功夫，卻被他人告知你不明白自己在做什麼，這很尷尬。與其**暗示**這樣的訊息，不如試試這個說法：「你看起來像個大人。你看起來**這麼**像成熟，可能就會有成年人向你傳達讓你感到不舒服的反應。在你出門之前，我們來談談如何處理這件事，然後你能決定你想要怎麼做。」

「要愛罪人，而不是罪。」

當家長努力設法解決孩子的性向或性別認同問題時，特別是成長於嚴格且保守的信仰環境中的那些人，我聽說他們仰賴著這種思維。我的猜測是，他們覺得這個方法能解決兩種看似矛盾而難以調停的主力：對孩子的愛，以及譴責孩子的宗教信仰。但這有兩個層面的問題。首先，它無法解調停任何事。它充其量能為一對矛盾的家長爭取時間，再決定他們的選擇：一個完整的孩子或是教義。最糟糕的一點是，它告訴孩子你對他們的愛是有條件的，因為他們並不是自己了。原因是因為這種方法的第二個問題，是它排除了性別和性取向作為身分的一環，身分並非關乎你做了什麼，而是你就是什麼。

當你的孩子去偷東西（上帝保佑）或是犯下了謀殺罪，「要愛罪人，而不是罪」就派得上用場，但當孩子什麼事也沒有做，不過是在做自己時，就不合用了。作為家長的你如果為此苦苦掙扎，我也明白上述提供的任何數據、經文或是事例證據都無法說服你。一切有助於解決你於相關衝突上的解答，都在你自己心中。每一種宗教的根源南愛與同情，請讓自己沉浸其中。

「你太年輕了，不要一直想著女孩／男孩／約會。」

當家長這樣說出口時，我認為他們其實不是要說你年紀小而不會想到這些事。顯而易見地，沒有人可以管控他人的想法或何時才能開始對愛產生憧憬。更不用說，有時會在幼兒園開玩笑的就是這些家長，他們會說：「哇，看看是誰交了一個小女友了！」我認為這不是因為太年輕，而是擔心思考會變成行動，而許多家長都不願意去定義什麼可以做，而什麼不能做。請記住，孩子們期望大人能具體表達。對於他們的浪漫想像要設定規定通常並不可行，但你可以對身體上的親密關係設下要求。

時間有點急？你的速成課程在此

 # 針對青少年的報告表示，在關於性的對話，如果家長更為具體，提供指引和合作，便能有效改進。

 # 教導關於性安全的對話中，有關聯的一件事就是減少冒險。

 # 首次搜索色情相關內容的平均年齡是十四歲。領先一步，儘早在這個年齡前就及早談論這件事。不要將你的訊息集中在色情內容有多麼不道德或粗俗，不然你冒著的風險，就是孩子將羞恥感和性發展混為一談。相反地，請談論色情為何不代表真實

的性行為，以及它對日後生活健康性生活的影響。

當你的孩子開始想和別人約會或交往（不管他們是如何稱呼的）時，針對身體接觸、對這種陌生情感的應對機制，以及持續關注自己學校、家人、朋友和興趣方面，在可接受的範圍內制定指導方針。

繼續學習並瞭解與性及身分相關的新字彙。

青春期孩子為自己的性向貼上標籤，是一件正常並應當接受的事。標籤或許持久或是暫時，但你接受並支持他們時的心態要一致。

儘早並經常談論性合意，從無關性的情況開始。從接觸他人物品前要徵求許可的規則制定開始，並闡明你自己對於空間和觸摸的偏好，這是你在可以開始在家中教導性合意的兩種方法。

中學生，尤其是女孩，其衣著的方式可能開始會讓你覺得挑逗或性感。到了這個階段，對於自己的身體以及如何穿著或穿戴，青春期孩子想要自主的權威。開放地談論他們是否已準備好接受自己可能得到的關注（無論是想要或不想要的）以及如何對此做出反應。

注釋——

41 Sexualization，性化一詞是近十年才出現於英語中，指在角色或事物上從事某些行為，藉此令人意識到性。相較於男性，女性在流行文化中被物化的頻率較高。

42 作者註：適合女孩和男孩閱讀的一些好書，如阿爾・維納基奧（Al Vernacchio）的《天啊，關於性的那些事》（*For Goodness Sex*，中文書名暫譯）、辛蒂・皮爾斯（Cindy Pierce）的《性剝削》（*Sexploitation*，中文書名暫譯），以及凱西・貝格（Kathy Belge）和馬可・比施克（Marke Bieschke）的《酷兒》（*Queer*，中文書名暫譯）。給女孩的專屬推薦有Peggy Orenstein的《女孩與性》（*Girls and Sex*，中文書名暫譯）。給男孩的專屬推薦有因提・查維茲・佩雷斯（Inti Chavez Perez）的《尊重》（*Respect*，中文書名暫譯）。

43 此英文縮寫由「女同性戀者」（Lesbian）、「男同性戀者」（Gay）、「雙性戀者」（Bisexual），以及「跨性別者」（Transgender）的第一個字母所組成。由於性別認同很多元，難以滿足人類在性別認同上所有分類，便更普遍使用加號「+」來表示無限可能。

PART 15

我們來聊聊名譽與聲望

在這個單元中，你將學習如何談論聲譽，以一種認知這主題複雜性的方式，以及該如何鼓勵你的孩子，讓他們用對於未來最有幫助的方式來思考自己的未來。你還將瞭解到，為什麼要求你的青春期孩子誠實並不如你想像中容易，以及如何談論年輕青少年中會破壞聲譽的主要源頭：要求和發送裸體。

普遍而言，人們喜歡支持處於劣勢或弱勢的那群人，即那些違背社會期望並擁抱革新自我的人們。長期以來，好萊塢仰賴著我們對於反叛的崇拜來賺大錢。從吉姆．斯塔克（Jim Stark）[44]到倫恩．麥柯馬克（Ren McCormack）[45]，從喬．馬區（Jo March）[46]一直到凱妮絲．艾佛汀（Katniss Everdeen）[47]，打破常規的想法不僅大膽也令人興奮，特別主角是青少年時，部分原因是因為它是空想的產物（值得一提的是，好萊塢電影中的年輕叛逆者幾乎普遍是白人。有色人種青少年要反抗權威很危險，而且白人觀眾也往往不喜歡這種行為。為了安全，非白人的青少年叛逆時更加需要好好拿捏尺度，在他們的選擇之中反對傳統社會的服裝、語

言或是音樂）。我們多數的人，特別是青少年，都被同伴的期望和認可所束縛著。我們缺乏適切破壞規定時所需要的手腕，不會越界而標新立異並被人們邊緣化。明白何時正是時候滿足或忽略人們的期望，這是青春期時聲譽管理（reputation management）中的重要一環。

我們總不讓孩子簡單過這一關。一方面，事情涉及一個人的聲譽時，成年人總是沒有意識到自己對孩子傳達複雜的混亂訊息。我們嘴裡說著：「誰在乎別人怎麼想啊！」轉身又說：「不要這樣做！別人會怎麼想啊！」

更複雜一點來說，要與聲譽這個概念搏鬥，取決於對你的預先考慮，希望在未來能如何被看待，這是多數年輕青少年未能掌握的技能。青春期的孩子們活在當下。他們的自我中心出了名，他們優先考量的是自己及自己的需求，而且他們對於時間的看法也以當下為中心。對於一位年輕的青少年來說，現在就是唯一重要的時間。好像未來完全是發生在他人身上的事。

開始讓孩子擺脫當下的中心思維的方法之一，是解釋「現在的你」如何為「未來的你」做一些有助益的事。關於聲譽的建立，你可以把它想像成開立一個銀行帳戶。你的聲譽儲蓄帳戶以零開始。當你做一些能增加良好聲譽的事情時，就如同是把金錢存入銀行。當你做一些對於良好聲譽扣分的事情時，就如同從銀行提領金錢。人們會查看你的儲蓄帳戶中的餘額，以便做出關於你未來的決定。例如，假設有一位老師指控你在考試中作弊，後來將你送到校長室。校長必須決定該怎麼做，但她不在現場，並不知道你是否作弊，她能做的就是查看你的儲蓄帳戶。你大致上是一位好學生並有許多存款，還是因為是常造訪她辦公室的常客，而提領太多款項了？她將會用這方法來幫助她做出決定。

不，這不會總是公平或正確的決定。這就是會真實發生的事情。

要將自己所做的事情與別人對他的看法產生聯繫，對青少年來而言有困難，因為他們認為聲譽不過是發生在你身上的事，而不是透過時間積累有意識並逐漸建立的狀態。

這是我們的過錯。想想看，我們多少次如此警告孩子，告訴他們一個過錯可能就會誤入歧途。試著以恐嚇迫使他們做出正確選擇時，我們可能不經意就向孩子們傳達這種訊息：經由多年的謹慎又完美的行為才能建立良好的聲譽，但走錯了一步就會造成惡劣的名聲。

對於八卦傳言的回應

對於聲譽的影響，八卦流言扮演一個重要的角色。一方面，成年人對八卦的反應很重要，因為成年人意見的分量，會讓一個孩子的聲譽帶往錯誤的風向；另一方面，當成年人討論八卦時，他們是在脫離真實的情況下對這孩子下定論。在一場中學的壘球比賽中，球場看台上的家長們低聲耳語，說那位三壘手被抓到為別人口交時，關於錯誤、聲譽和後果，迴響到孩子耳中的會是怎樣的訊息？大人們認為談論醜聞會提高大家的認知，阻止其他孩子做出相同選擇。但是八卦並沒有你想像的那種威懾力量。八卦傳言，如同悲劇一樣，就像是發生在**別人**身上的那種事情。這種扁平的觀點讓人們更傾向認定「像我這樣的人才不會發生那種事情」。孩子們所需要聽到的是，人本來就是複雜的。那位三壘手可能只是做出一個選擇，不同於你希望孩子所做出的選擇。她也為隊友們努力付出，且心地善良。這件事很複雜的。同樣地，在畢業典禮上時，當孩子們聽到所有家長都稱讚著獲得學生運動員獎的那位學生，但家長們並不知情的是成年人不在場時他如何對待其他同學，他們就會瞭解聲譽不過是一種極為膚淺的評估標準。

如果你的孩子和你聊八卦，這是一個好機會，進一步談論我們可以保護或詆毀他人聲譽的能力。透過以下幾個問題的提出，幫助他們將人與事分開來檢視：

 # 「這個人是否經常做出類似的選擇，或者這只是不尋常的一個錯誤？」

 # 「這聽起來像是一個錯誤的決定。你覺得這個人該如何向前邁進，而不是停滯原地？」

 # 「在這個事件過程中，你的反應將會如何幫助或是傷害這個人？」

#「你是否已掌握了所有訊息，或是這個人的名聲不佳只是基於種種的傳聞及臆測？」

一般來說，當你和孩子談論聲譽時，最好的重點應該要包括：做出他們認為對未來有益的選擇絕對是個好主意，基於片面的描述就譴責或是頌揚一個人，則是個壞主意。

「決定成為什麼，然後成為它」

這標題是艾未特兄弟（Avett Brothers）的《滿懷疑惑／充滿希望的路途》（*Head Full of Doubt/Road Full of Promise*）中的一句話，這首是我最喜愛的歌曲之一。針對這個單元而言，這會是很好的氛圍，因為它是一個複雜主題下的簡單真言。孩子們應該要明白，聲譽無法讓你能完全控制人們對你的看法，但它要塑造人們的想法時，這就會是有助益的工具。

當你與你的青春期孩子正在共享友好且安靜的時刻，你可能會想要問他們：「當人們想到你時，你希望他們想到的是哪三個特質？」說明你要問的不是像**風趣**或**有運動細胞**這種形容詞來描述能力，而是在更深切的層次上闡明他們究竟是誰的那些特徵。無論他們選擇什麼樣的特質——可靠、值得信賴、大方、忠誠、善良、開朗——這些都將成為他們這一輩子的試金石。一旦他們知道自己想成為什麼樣的人，他們就可以讓這些字詞成為自己的基準，協助他應對整個青春期早期的艱難處境。

誠實和聲譽的問題

誰偷了餅乾罐裡的餅乾？
你的中學生偷了餅乾罐裡的餅乾！

接著就否認這件事，當著你的面。

青春期孩子們是大騙子，這同時又為聲譽的對話增加了另一個層面，因為很不幸的是，成年人和青春期孩子對良好聲譽的定義有不同的看法。例如，成年人經常提及，誠實對於良好聲譽的建立至關重要。畢竟，這就是誠信的象徵。對於青少年而言，誠信有另一個更為具體的定義。實際上看來是指**同儕之間**的忠誠和可靠程度，而不是對於雙親的誠實。假設，你發現當你的孩子去同學家過夜時，有人大冒險挑戰他們凌晨兩點時爬出窗戶去亂按鄰居家門鈴然後就跑掉。

基於正直和信任的考慮，如果你堅持的話，他們仍會誠實地告訴你是誰挑戰他們做這件事，但你會發現自己和他爭得不可開交，卻在完全不同的議題上。對於青春期的孩子而言，誠信是指不惜一切代價的**忠誠行為**。對你而言，誠信意味著不惜一切代價的**誠實**。要了回答你的問題，你的孩子將不得不背叛自己的價值觀來回應你。

我們進一步來仔細檢視「不惜一切代價保有誠實」的哲學如何讓一個家庭遠離開放式溝通。根據史丹佛大學、美國天主教大學和馬里蘭大學研究人員進行的一項研究顯示，絕大多數（高達八二％）的青少年會對家長撒謊，通常會包括一件重要的事務。然而，並非所有的謊言都有同樣的出發點。當家長將誠實視為絕對的道德標準時，就會適得其反地，讓孩子不得不誇大事實，因為他們無法達成不可能的超高標準。

瞭解孩子撒謊的原因，有助於你決定如何進行關於誠實議題的對話。有時，孩子們撒謊是為了保護朋友或是不破壞感情。有時候，則是因為家長的規則讓人覺得過於武斷或是不公平。有時，這是一種保護自己免受後果影響的衝動。通常，這也只是因為孩子們逐漸長大，對自己的隱私有更深層次、更正常的需求，所以才不想向家長透露**一切**。如果能找到孩子撒謊的原因，你們就能進行更有助益、更具分析性的對話，而不是反覆地聲稱「你絕對、絕對不可以說謊」。

重要的是，雖然青少年傾向於同意上述類型的謊言是有充分理由的，但研究人員發現，青少年也認為有兩種對家長撒謊的方式是不能接受的：撒謊的前提是為了報復對他們撒謊的家長，以及看自己挑戰的極限能有多大。另一個好消息是，隨著青少的年齡增長，當家長給予他們越來越多的自由及隱私時，他們對家長的謊言就會逐逐減少。當家長長期以控制及僵化的方式來教養青少年，那麼青少年說謊的頻率就不會減少。

如果誠實對你而言是首要重點，請避免讓你的孩子身處困境，讓他們得要撒謊才能閃避一個他不想要的後果。一種讓你為成功做好準備的方法：當你已經知道答案時，就不要問問題了。

與我一起諮商的父親詹姆斯，對兒子小傑總是要帶著指尖陀螺去學校而感到不安，而老師也表明這違反規定。有一天早上，小傑跑上樓了，當他回來時，他褲子後方口袋露出指尖陀螺的一角。「你口袋裡有什麼東西？」詹姆斯問道。

「沒什麼。」小傑回答，看著爸爸的雙眼。

「沒有指尖陀螺嗎？」

「我要走啦——來不及趕校車了！」小傑一邊大叫一邊跑出家門。

當天稍晚的時候，詹姆斯寄了一封電子郵件給老師，並得到老師的確認，事實上，小傑會被抓到，是因為他玩指尖陀螺而讓班上其他男孩注意力分散。

我建議詹姆斯考慮採取更為直接的行動，而不是拐彎抹角不明說，這也給了小傑說謊的機會。下一次，當小傑在上學前最後一刻要帶著違禁品下樓時，詹姆斯請小傑將口袋裡的東西清空並放在櫃子上，如此一來就知道他帶什麼去學校了。接著他說：「你知道規則的，不可以帶指尖陀螺去學校。我會把它擺在櫃子上，你晚一點可以拿回你的房間。」問題就此解決。

與我一同諮商的家長們，非常擔心他們的中學生會說出一連串的小謊言。他們教養的會是反社會分子嗎？當然不是。在這個年齡階段，孩子們開始會為了似乎不值得說謊的事而說出無傷大雅的謊言，像是「我已經刷牙了」（但其實沒有），「我不必做那個功課了，因為我們現在有另一位代課老師」（但他們該做功課）。這令人矛盾的難題是，不誠實的經驗是成長過程中的正常部分（唉呀！），**不過**也可能導致負面的名聲（真煩！）。我們來看看關於這些令人討厭的謊言類型的對話如何在家中進行。

注意：由於這是一個直接談及孩子性格的相關話題，因此有可能快速地觸發孩子的防禦心。要避開麻煩問題的最佳解決方案，就是發起這次談話，可以是對幾天前已發生事件的反思，或者討論另一個孩子。在下面的對話例句中，家長等了幾天才提前那件事。

BEGIN：平和地開啟對話

家長：嘿！游泳練習還好嗎？

孩子：很好啊！我們今天不必進行陸上訓練。

家長：很棒！你功課很多嗎？

孩子：還好。

家長：嗯，太好了。晚飯過後你有十分鐘時間和我談談一些家裡的事嗎？

孩子：當然……

RELATE：與孩子產生聯繫

家長：【晚飯後】所以，前幾天我在整理你的浴室，發現你的洗髮精瓶子都空了。我想它現在還是空的吧？

孩子：喔，應該是吧。

家長：我知道你要記住的事情很多，而你可能每次下樓之後都忘了提到這件事。你是否很難注意到自己那些盥洗用品的狀態？

孩子：沒錯，我就是一直忘記。

家長：我明白了。

INTERVIEW：訊問以收集資料

家長：問題是，我常詢問你是否洗過頭髮了，因為看起來不乾淨，你每次都說有。所以，我們需要一個更好的運作方式。需要洗髮精時請記住告訴我，對於這件事有什麼想法嗎？

孩子：我會記住的。

家長：嗯……但這作法沒有效。如果我在走廊的衣櫥外放一張用品清單，當你的體香膏、牙膏或是洗髮精用完時，你可以在表格上打勾，如何呢？

孩子：是的，這樣一定可行，因為我每次走過都會看到。

家長：太好了！你知道自己之前為何要對洗髮精的事不誠實嗎？

孩子：我都洗好澡了，我不希望你叫我再去洗一次。

家長：喔。

ECHO：回應對方

家長：所以你一直忘記要補充用品，為了掩飾這件事，你接著說你洗好頭髮的謊言，以免我叫你再洗一次澡。

孩子：是的，對不起。

FEEDBACK：提供回饋

家長：沒關係。我不會因為你忘記而生氣，因為我知道你才開始慢慢要管理自己的盥洗用品。但我對於說謊的事並不開心，儘管這有助於我理解你為什麼這麼做。你明白我面對你說謊的感受嗎？

孩子：很糟糕。

家長：很糟糕。這就是說了一個小謊的後果。謊言通常會讓事情看起來比實際狀況更負面。現在你上了中學之後，你已經夠大了，可以開始做兩件事。

第一件事：我不想當那個逼迫你去洗澡或洗頭的人。如果你忘記了，也不必對我撒謊。但你就會有油膩的頭髮及難聞的氣味。最終，學校裡可能有人會指出這件事，或者在你背後議論紛紛。如果真的到了有嚴重體臭的地步，我們甚至很難共處一室時，我就不得不建立相關的洗澡規定，但我並不想這麼做。

第二件事：到了這個年紀，你希望得到越來越多的自由，我也希望你擁有。但是……如果當你在這種小事上說謊，那麼在更大的事情上，我就會質疑你是否值得信任。你說的這一個謊言而想要避免的後果，就是當你想放鬆時不必再去洗一次澡。但是現在，你卻造成了嚴重的後果，就是往後我可能會懷疑你是否誠實。就洗髮精這件事而言，你通常很擅長照顧自己。我相信你可以好好善用這新的方法來補充你需要的用品。至於那些小謊言而言，你應該做出選擇：你是否想要被信任，並被給予更多機會？如果是這樣的話，那麼你就需要選擇誠實以對。如果你要做的選擇，是說謊比誠實容易，那麼你就必須要接受這作法為你樹立的聲譽。

現在，我會將洗髮精加入購物清單中。你想嘗試什麼新的品牌或香味嗎？

處理更嚴重的問題

不使用洗髮精是一回事，但如果發現青春期孩子做了一些讓他們身心陷入危險的事情，家長應該怎麼做？一般來說，我的理念是孩子們應該要有冒險的機會並從中學習，除非這件事對他們的長期福祉已構成危險。舉例來說，如果你發現你的八年級孩子在朋友家喝酒並在人家家中的地下室嘔吐，你必須採取強烈的行動。我喜歡這一句真言：「當孩子的世界變得太大時，就將它縮小。」一面對這種情形，你首先需要嚴格地收束自由，第二步才是從有意義的對話中受益。

這種情境下，我主張進行令人難忘的禁足，其中包括向所有受到影響的人（大概就是主人身分的對方家長）道歉，然後進行一些教育性質的討論，關於酒精對發育中大腦及身體的影響。積極且有意義地參與不同類型的討論，就會直接關係到在禁足期間孩子如何善用良好行為來逐漸贏回一些權利。他們能夠與你坦誠地談論困難的事情，就是他們再次贏得你信任的方式之一。請當一位有耐心又不帶偏見的傾聽者，讓他們有機會做到這點。

處理完家中的情況後，你接著還需要認真考慮聲譽管理（reputation management）。我的建議是，你在犯錯後如果期望他人給予你尊重及隱私，也請讓孩子得到相同的待遇。**不**

要公開地談論這件事。你可能會認為，你只是對人們說明一些有助於解釋情況、為你的孩子辯護，或是重建孩子的聲譽的事，但當你說任何一句話，你只會開了一扇大門讓為其他人針對此事高談闊論。這並不是指你不必要或不應該採用方法來處理已發生的事，擁有一、兩位可以對話的知己沒有錯，但請明智地選擇你能信任的人，以維護未成年孩子的隱私。你孩子對這件事有發言權，他們有權利決定要不要與家庭以外的人討論。

鼓勵他們只與他們最信任的少數幾個人分享，並在他們想要消化這件事時隨時都能來找你聊聊。如果有人問起你孩子的事，你可以簡短地說：「很感謝你對我們的關心。這件事很難熬，但他們學到很多，我們都會沒事的。」如果被施壓追問，你可以說：「我們都同意並說好這就是他們自己的故事，基於對他們隱私的尊重，我們都別提這件事了。」然後就換一個話題。

培養成長思維模式[48]

這世上沒有完美的育兒方式，即便有，也無法阻止孩子在中學或高中的某個時候越過道德底線。你的孩子將來絕對會犯錯。我的孩子也犯過（超大！）錯誤。我認識的每位家長都曾有孩子偏離正軌，微小或可怕駭人的錯誤都有。良好的教養方式並不是為了防止孩子們搞砸，而是關於教導他們如何振作起來並繼續前進。如果今天你儘早進行犯錯的討論，作為學習的一部分，這件事就會更加容易。這能促成所謂的「成長心態」，將錯誤視為前進的機會而不是挫敗。

一個犯下公開錯誤的孩子，不應該讓被動接受不好的名聲。他們應該將它視為進行一些實際公關事務的時刻。你可以好好教導孩子的受用課題之一，就是當他們不可避免地犯錯時，就是如何適切地表達歉意。如果你的孩子會觀看新聞或使用社交媒體，他們早已接觸到源源不斷的壞榜樣，像是政客、商界領袖、運動員及藝人等，他們道歉是為了挽救他們的聲譽及財路，但只讓他們看起來冷酷無情或不成熟。以成長心態為前提，孩子們需要更能好好致歉的例子。

適當的道歉不會：

- 責怪他人誤解了你的行為
- 責怪他人讓你覺得受傷或被冒犯
- 責怪環境蒙蔽你的判斷能力
- 以多餘的話來說服人們你只是犯下過錯的好人

適當的道歉包括：

- 解釋你做錯了什麼
- 承認你傷害了誰以及如何傷害對方
- 說明你會採取什麼作法來改變
- 接受後果

青春期孩子學習這項寶貴技能的最簡單方法，是觀察你的示範如何好好道歉。你不必等待一個大規模的錯誤發生才能教導這件事。如果你對孩子的衣服開玩笑，而你造成他的傷害他們，你就是在示範該如何做到真心誠意的道歉（即使你**仍然**很討厭他們想要穿去頒獎晚宴上的破爛T恤）。

傳送裸照：打造正面名譽還是損毀聲譽

如果我必須從帽子裡拿出一隻具有比喻意義上的兔子，我的魔術就是在一個充滿中學、小學生家長的禮堂中，詢問一個簡單問題就能區分出兩個群體（不，不會是「你的孩子幾年級？」這種問題）。面對一個空間中的一百位家長，要平均分出五十位小學生及五十位中學生家長，我會提問的是「誰想要聊聊孩子們轉發裸體的事？」小學生的家長會開始收拾東西，起身便匆匆離去。中學生家長則會以「好吧，我們來聊聊吧」的眼神看著我。

有關青少年發送裸照或半裸照片的普及程度，很難找到最新又準確的數據。由於這是近年才發生的現象，而且仰賴受訪者的自我報告，因此尚未有大量的可靠研究。但在流行文化中，孩子們會聽到關於色情簡訊和發送裸照的事情，而且**非常頻繁**。Netflix 上廣受歡迎卻頗有爭議的迷你影集《漢娜的遺言》（*13 Reasons Why*）探討了私人照片被轉發後的悲慘後果，而廣受好評的成長電影《八年級》（*Eighth Grade*）誠實地傳達女孩分享照片好讓男孩喜歡的這種壓力。如今，甚至家庭情景喜劇也對於人們輕鬆地分享裸照而表達贊同。無論基於這般規律而發送照片的是大人或孩子，孩子們都會領悟這即這是成長的一部分。此外，在現實生活中，孩子們看著不少名在私密照外露後恢復常態，甚至在「醜聞」過後變得更為出名。

根據美國兒科學會雜誌（*Journal of the American Medical Association Pediatric*）在二〇一八年進行的一項研究發現，十四．八％的美國青少年會發送有性暗示的手機簡訊，而二七．四％的青少年會收到這種簡訊。無論這個數字對你來說是高是低，與我一起諮商的青少年告訴我「每個人都會傳這種簡訊」。根據自己和孩子學校管理人員的溝通，家長們似乎也認為實際數字遠遠超過官方數字。在我的線上教養社團中，有一位近期發文的媽媽表示「這不是一位女孩在中學時**如果**被要求寄發裸照的問題，而是時間早晚的問題」，而這引起多數家長的共鳴。由於沒有更可靠的數據收集方式，我們使用美國兒科學會雜誌的統計數據來作為測量的基線，但也確知這數字可能會是偏高的誤差。重申一次，並非每個人都會這麼做，但對於這個年紀的孩子而言肯定是一種風氣。

不是只有男孩提出要求而女孩發送照片的情況，而是趨勢大致是如此。我和很多家長談過，他們說他們的女兒因為受到接連不斷的壓力而最終屈服，只是為了阻斷壓力。在一個案例中，我認識涉及這場事件的孩子們，男孩要求一張照片接著又用它來勒索女孩以獲得更多照片，這對女孩而言是個意料之外的又毀滅性的轉折。有一些男孩向對方要求裸體，是為了建立性經驗豐富、強大、成熟，又有男子氣概的聲譽。而女孩們說「好」可能是為了以此來建立有吸引力、可愛又受人們歡迎的聲譽。

無論是傳送還是接收照片的人，如果消息傳出去，一旦牽涉裸照的事件肯定會損害一個人的聲譽。我曾經目睹有些同學及家長採取敵對態度，並對孩子這麼做。一旦曝光了，孩子們往往不得不轉學，希斷謠言不要再尾隨他們。如果你想與你的孩子分享一個故事，說明對一個人的排擠會如何以悲劇收場，請在網路上搜索亞曼達．陶德（Amanda Todd），她製作一個 YouTube 影片，以字卡講述她七年級時被勒索並被迫寄出裸照的可怕故事。後來她自殺身亡了。我為她的家人傷心欲絕，希望她的故事能夠促使人們以同理心善待犯下這種錯誤的孩子們。

我建議所有的家長們在孩子上高中之前就和他們好好談論這種趨勢，最好是在一開始進入中學的時候。這個對話適合在開車或看電視時進行，因為談論這個話題同時進行眼神交流，會讓孩子感到太難堪。對話可能如以下方式進行：

BEGIN：平和地開啟對話

家長：現在你上中學了，我意識到我們應該談論的一件事，是孩子們要求他人或發送不適當的照片。

孩子：天啊。**【孩子把頭埋入旁邊的毯子裡】**

家長：沒事的，我不會說教。如果我不和你討論這些事情，我就沒有盡好我的職責了。我會快快講完，但如果你願意的話，你之後也可以回來問我問題或進一步聊聊。

孩子：**【毫無反應】**

RELATE：與孩子產生聯繫

家長：我會直接進入主題了。我想說的第一件事，是我提出這件事，並非是因為我認為你已經這麼做了，或是你之後會做。我之所以提到這件事，是因為就統計數字而言，中學的孩子很有可能被要求發送沒穿衣服的照片，而你應該提前做好心理準備。當對方讓你猝不及防時要拒絕對方，我知道這有多麼困難，所以我想確定你已經認真思考過這點了。

孩子：這真是最糟糕的事。

家長：繼續聽我說。

INTERVIEW：訊問以收集資料

【孩子提供了一些清楚明確的回饋，表達他們不願認真參與這場對話，所以我會跳過訊問過程並直接進入需要他們明白的事。】

家長：關於這個話題，我不會問你知道什麼事或你的想法是什麼，因為我知道這是個尴尬的話題。我要來切入重點了。

孩子：呃，對話可以結束了嗎？

ECHO：回應對方

家長：快了！我知道你覺不自在，我保證我不會拖延。

FEEDBACK：提供回饋

家長：關於這個主題，以下是我想讓你知道的事。對人們的外表感到好奇並沒有錯，但是你這個年紀的人不應該要求別人傳裸照給自己。我知道這現在很常見，常見到讓這件事看起來很正常。而我們也在電視或電影中看到。但這些故事遵循著劇本走，一切都依照編劇安排的方式進行。在現實生活中，意想不到的事情總是會發生。我想讓你聽聽我要說關於事情出錯的那版本。

你想想，要保守一個祕密有多難。那一位你信任並與之分享照片的人，也可能照片給別人看，只有一個人。正如你相信那位值得信任你的人一樣，他們也認為自己可以信任他們的朋友。如果每個人都相信一個對象並和他分享照片，那麼很快會廣傳出去了，而且讓許多人都看見了。

還有一個重點是報復。你可能永遠都不相信這有可能，但人們會改變，特別是在你這個年紀的階段。你現在信任的人有可能在六個月後變成另一個人。如果你們分手，他們可能會利用你的照片來讓你難堪或是傷害你，這件事不值得冒險。

許多家長會抽查孩子的手機或監控他們的社交媒體。即使你認為你在Snapchat上發送的圖片會消失，它仍然會存檔在某個地方，並且也能以螢幕截圖存下。他們能告訴其他家長們你做了什麼，消息傳播得很快，你有可能因此而被孤立。

接著是敲詐。一旦你傳出一張照片，收到照片的人就可以用它來強迫你傳送更多照片。有時候，對方會說：「如果你不傳更多照片來，我就將這張照片發送給更多人。」也許，你認為你發送的人永遠不會這樣對你，但是如果他們的手機遺失了或者他的一位「朋友」也有照片副本，他們就可以以它來對你施加壓力。

我建議你可以想一想，如果有人問你這件事，你會說什麼。我看到網路上有很多有趣的回覆方式，所以如果你願意的話，我們可以尋一起看看這些幽默的回應方法。請做好準備以防萬一，當這種事真的發生在你或朋友身上的時候。

我也想讓你知道，要求別人傳送照片的人才是問題的根源。任何人都不應該用這種方式向他人施壓。人們往往會責怪拍照的人而不是要求傳送照片的人，這是不對的。如果有人發送照片給你，也請不要轉發。如果你收到了，請立即刪除。

最後，如果你知道有人因為犯下這個錯誤而承受痛苦，不要讓他們的處境更加困難。不要把他們當成生病的人或是具有傳染性。每個人都會犯錯，每個人都應該有機會回歸正常狀態。

好了，我希望你知道自己你可以信任我，能和我談這件事，即使這是一個奇怪又複雜的話題。我說完了！你自由了！謝謝你聽我說話。我現在要去花園澆花了。

如果可以的話，請試著騰出空間來加強一個觀念：在這個年紀，想看裸體照片的好奇心是完全正常的事。對此，你不能說感興趣就是不對，如此一來許多事更有可能出錯。順道一提，在做好準備之前，我們總是會對事物感到好奇。我可能對外太空很好奇，但我沒有能力去那裡呀！

基於這些原則，很清楚的一點是，當你的孩子被朋友或同學施壓，要他去向某人要求提供裸照，是不對的行為。你的孩子可以充分地相信，當人們這樣做時只是想要看起來很酷，或是想說服別人來減輕自己的壓力。對於這樣的同儕壓力的適當回應是「不」，只需要這麼說就行了。或者，他們也能以玩笑話來輕鬆地對付，「喔，好啊，要我去搶銀行然後將現金都交給你嗎？」

對話破局關鍵

「要破壞良好的聲譽，只需要一個錯誤的決定。」

那為何要試著下決定呢？孩子們需要明白，犯錯並不會使一個人成為壞蛋。良好的聲譽可以在錯誤之後恢復建立。

「誠實永遠是上策。」

你九十四歲的艾梅拉阿姨，想要問你對於她為你縫製的運動上衣覺得如何。你知道的，就是正面有她最喜歡的總統，卻是你最討厭的總統的那一件。在此誠實會是上策嗎？到了中學，你的孩子已經大到能分辨誠實的細微差別了。與其以陳詞濫調反覆灌輸他們，倒不如談論誠實的概念有多麼複雜。

「你會被判兒童色情物品的罪刑，還會被送去坐牢！」

關於裸照，這是許多家長們會發出的警告（即使在這個主題之外，我也不時聽到家長建議彼此以最壞的情況來恐嚇自己的孩子，這樣他們才不會惹上麻煩）。我並不是反對大家試著以這種阻嚇好讓孩子不犯下大錯，只是這對青少年而言其實並不可怕，因為這聽起來不太真實。多數低年級的年輕中學生，至少曾聽說其他孩子發送裸照的事，而較為高年級的中學生則會知道是哪些孩子這麼做過。可能性很高的情況是，這些孩子之中沒有人會因為兒童色情物品而被定罪。

比監獄更現實（且可怕）的後果是社交排擠。和他們談論寄發裸照會產生適得其反的結果，特別是同學們發現後會嘲笑或排斥傳送照片的人。但請記住，這是一個令人尷尬又容易造成傷害的議題。我們已經看到太多的全國性新聞報導，在被大人發現他們傳送了有色情內容的簡訊後，許多孩子自殺身亡，尤其是大人威脅要採取可能會「毀了他們人生」的法律行為時。請注意到自己是否過於嚴厲。成年人傾向以羞恥、尷尬和違法行為來切入對話，而實際上這些溫柔脆弱的年輕人只是試著要搞清楚自己喜歡誰、他們怎樣才能融入群體，以及性

時間有點急？你的速成課程在此

關於孩子何時以及是否應該要關心他人的看法，成年人會傳達複雜的混亂訊息。當我們表示，良好的聲譽需要長時間的培養，但出錯只要一個時機，這也會讓孩子們感到困惑不已。

對於時間的思考模式，青少年以當下為中心，逐漸建立聲譽對他而言可能是個困難的概念。

八卦流言對於聲譽有巨大的影響，但成年人應對的反應很重要。詢問孩子一些問題，以確保他們考量整件事的全貌以及一個人完整的性格，而非專注於一個錯誤。

孩子說謊的原因有很多，但並非所有謊言都有同樣的出發點。例如，為了保護朋友或不讓某人覺得受傷而撒謊，與為了傷害他人而說謊是有差異的。

當青少年體驗到更多的自由及隱私，他們的謊言會逐漸減少。

藉由保護孩子私密的錯誤來保護他們的聲譽。未經由他們的同意，請勿向他人分享細節。

瞭解適當的好道歉及不當道歉的組成細節。在你的青春期孩子面前，練習好好地道

歉。

#拍攝、傳送及接收他人的裸照，如今已是現代青少年人生體驗的一部分。就聲譽方面來進行對話，青少年不會樂於接受，但足以讓他們從中受益。請注意不要用過於嚴厲的語言，始終以同理心來循循善誘。是的，裸露照片可能會破壞聲譽，但如果我們認知到身處這些醜聞事件中心的脆弱年輕人，只是試著想在新環境中探索自己的新感受，那就不能如此簡單定義了。

注釋——

44 電影《養子不教誰之過》（*Rebel Without a Cause*）的男主角，一個和家人衝突不斷，在學校也和其他同學處不來的十七歲叛逆少年。

45 電影《渾身是勁》（*Footloose*）的男主角，來自芝加哥的少年和媽媽搬到一個中西部的保守小鎮，發起舞會來表達年輕人享受娛樂的權利，讚頌青春與搖滾樂。

46《小婦人》（*Little Women*）作品中馬區一家豁達開朗的二女兒喬，主動追求人生的快樂、夢想及自由，姊妹之中性格最為叛逆並不拘小節。

47 為系列小說《飢餓遊戲三部曲》（*The Hunger Games*）及同名奇幻冒險電影作品的女主角，系列小說皆由她第一人稱來描述，她的堅毅及勇氣讓她成為對抗勢力的革命象徵。

48 Growth Mindset，源於史丹佛大學的行為心理學教授卡蘿．德威克（Carol Dweck）著作《心態致勝：全新成功心理學》（*Mindset: The New Psychology of Success*）。其中，人的思維模式分為兩種，即「成長思維模式」表示學習並非天賦主導，而在於努力，努力促使不斷成長。「固定思維模式」是指特別相信天賦，欠缺擅長的天分則學不會。德威克主張心態才是影響個人學習、成長、人際關係、終身成就、人生道路的最重要關鍵。

PART 16

我們來聊聊衝動與衝勁

在這個單元中，你將瞭解為什麼衝動對青少年而言不一定是壞事，在青少年的行為中，衝動有兩種常見的表現方式，針對衝動（甚至是危險）該如何作出反應，這種行為的表現並不會惡化情況，以及，該如何與孩子談論他們的衝動行為，以鼓勵他進行更多的批判性思考而不必感到羞恥，如果你的孩子不願意承擔任何風險，請鼓勵更多的自發性。

根據班傑明・密（Benjamin Mee）的回憶錄所改編的電影《我們買了一個動物園》（*We Bought a Zoo*），講述他在失去罹患癌症的妻子，而孩子們失去他們的母親後如何面對的故事（劇透：他們真的買了一個動物園）。這是一部了不起的電影，不同於我總在片尾感謝名單結束就立刻遺忘的那些家庭電影，這部電影讓我印象深刻。我喜歡由麥特・戴蒙（Matt Damon）飾演的角色班傑明如何向孩子們證明，某種程度上人生需要一些衝動才能獲得回報的數種方式。他回憶起他第一次邀約孩子母親的故事，班傑明・密說：「你知道的，有時

你需要的只是二十秒的瘋狂勇氣，就是字面上那二十秒足以令人尷尬的勇敢，我向你保證，後續就會帶來一些好事。」這個訊息針對孩子們所說，對著電影中的孩子，也對著我家沙發上的孩子，然而我也試著將他鼓舞人心的話語成為我的一部分。

說到衝動這件事，我是一個需要很多鼓舞的人。當我剛與我的丈夫崔維斯交往後不久，有一天晚上，我們開車經過北卡羅來納州的夏洛特市中心，有一輛汽車穿過人流，駛經一個廣場，開上一個辦公大樓的前方樓梯台階，直到擋風玻璃被樓梯上的金屬扶手卡住才停了下來。崔維斯立即將車停在路旁，跑進公園並衝向位於樓梯台階上的車子。首先，他評估現場司機的情況並報警。而我……就在旁邊看著，在車子裡嚇傻。他的所作所為如此英勇，而且還很衝動。這兩個特質有著奇妙的共生關係，而我很感激這個世界上有人同時體現了這些特質。

對於衝動性，我與我丈夫不同，我有嚴重的障礙。關於大多數的事情，我都會過度思考。當我想出一個能解決煩人問題又有創意的解決方案時，這很棒沒錯。這對於我演講前的準備也很有幫助。但當我面對一些簡單事物時，像是在網路上購買一條正式的西裝褲，我會花上幾個星期的時間瀏覽同一個網站，這就很令人惱火了。而且，在危機時刻，它永遠都派不上用場。

正如你現在所得知的，我的丈夫在身處危機時表現出色。他也是家庭旅遊中最有趣的那個人。但是，他不太擅長處理週末時根據計畫性完成待辦清單。「我們取消這些事，去露營吧！」他總是會這麼說。我會提醒他，我們不能這麼做（畢竟它就是等待我們完成的一項清單）。令人高興的是，我們已找到一個絕佳的平衡點了。他會放慢速度，讓我可以整理一份完整的打包清單、去購買車上要吃的零食，我也會同意衣服就等到我們回家時再洗。有時，他會英勇又衝動地將我從過度分析的麻木狀態中解救出來。有時，他身處準備不足的悲慘中，我會深思熟慮並有耐性地將他解救出來。我們需要並享受彼此帶來的平衡，這又是那種美妙的共生關係。

關鍵是，我們都需要一定程度的衝動和限制，而長大成人的一部分是找出兩者之間的最佳平衡。有一些青少年發展的專家不時談論青少年大腦的衝動性特質，導致有許多家長擔心青少年可能會在各種層面上陷入困境。我鼓勵你，不要被這種大腦發育的解釋所拖延，倒不如找機會與青春期孩子討論**該如何**做出決定。你是不是放慢速度，先吸了一口氣呢？你會諮詢有相關經驗的人嗎？你會列出利弊的清單嗎？有時候，擁有快速敏捷的本能很棒，像是發生車禍時。其他時刻，當沒有人教導你如何以實用又敏銳的方式進行深思熟慮的選擇，情況就不是這樣了。當你在探索該如何與中學生孩子談論這個話題時，請記住，目標是更好地理解是什麼事能驅動你的孩子，並鼓勵他們思考什麼情況下需要平心靜氣和深謀遠慮，而哪些情況會因為自發性及勇氣得到助益。

「你一直在用這個詞。我不認為它的意思不是你所認為的那樣。」還記得，在電影《公主新娘》[49]中，由年輕英俊的曼迪．帕廷金（Mandy Patinkin）所飾演的伊尼戈．蒙托亞（Inigo Montoya），質疑維奇尼（Vizzini）對自己的口頭禪「不可思議！」的理解嗎？每當我親眼目睹親子之間的溝通分歧時，我就會想起這個代表性的場景，這情況幾乎都是因為**詞彙誤解**引起。

對於哪些舉止構成了衝動行為，我們都有不同的接受範圍，因此對於衝動的實際含義也會有模糊不明的理解。我們就從關於青少年生活中衝動的功能及形式，來開始達成相同一致的共識。

衝動不僅僅是不假思索就行動。更準確來說，它是「一種對即時的強烈慾望過於敏感而未充分考量後果的決策形式」。在此暫停一下。衝動並不是決策能力的**缺乏**。這就是一種決策的**形式**。

重點並非你的孩子是自發的還是故意的，而是隨著時間的推移，他們學會管控他們的決策，以對自己**以及**有重要關係的人們都行得通的方式。請試著將衝動性視為本質上既不好也不壞的事。在無比複雜的大環境中，你的青春期孩子每天都要做出無數的決定，這表示他們與衝動的關係將於漫長又緩慢的學習過程中逐漸建立起來，這過程中也無可避免地會讓你抓狂。未加以詢問的情況下，當你的青春期孩子將你所有新買的精油倒入他的泡泡浴中（你認真的嗎？），或者把你剛購入的新夾克送給別人（到底？！），或者發出邀請函給另外三十個孩子，請他們參加他為朋友舉辦的生日派對，地點是你家但沒有詢問你（＃＄＠＆％＊！），你會想要尖叫、猛灌烈酒、拔自己的頭髮，或以上皆是。

如果用了這些方法之一或是全部都沒有幫助，我建議你要與身旁的手機冥想應用程式、善解人意的朋友，或是治療師建立密切的聯繫關係，有助你應對一個種種選擇都讓你快要發瘋的孩子（是說你選擇的飲料種類或將頭埋在枕頭裡尖叫，有時也不失為減壓的好方法。但如果你需要更多，請尋求自己需要的支持）。記住，這些古怪（又會氣死人的）行為可能無法反映你的孩子將會長成什麼樣的大人。適切地應對他們，教導你的孩子應該有哪些作為、合理和有關聯的後果，但不要過分擔心你的孩子如何長期做出正確決定的能力。

衝動總是讓我們出乎意料，但你可以稍稍進行一些準備，瞭解它最有可能在青春期出現的方式和時間。針對青少年衝動行為的一項最新研究，讓我們可以深入瞭解兩種類型的衝動，以及衝動發生的高峰及衰退的年齡。

以下應該是你很熟悉的兩種衝動：

1 無法延遲滿足的衝動

2 想要嘗試新鮮事物的衝動

要知道，第一種衝動行為會驅使你的孩子選擇較為立即但較少的滿足感，等待更令人滿意之獎勵的滿足感，實際上會在青春期穩定下降。家長們大多對自己孩子拋下功課就要去玩電動遊戲感到絕望，或者每當他們口袋中有一張五美元大鈔時就要求你開車載他去商店時，你要記住，就像你當初升上八年級時堅持要剪蓋住眼睛的厚重瀏海的髮型一樣，長大就會有所改變了。

不同於立即滿足的需求，追求感官刺激的驅動力，仍然是青少年做出輕率和非理性決定的一個主要原因，這種驅動力不會隨著青少年的年紀增長而下降，而會在女孩的十六歲和男孩的十九歲時突然激增。換句話說，隨著年齡的增長，青少年對即時滿足的需求會逐漸下降。然而，對於「速度的需求」，或至少對於新鮮又令人興奮的邂逅，並不會減少。

感官刺激尋求（sensation seeking）是心理學教授兼研究員馬文．祖克曼（Marvin Zuckerman）博士在一九六〇年代時創造的一個術語，意指一個人獲得新鮮體驗所需要的刺激程度。一九九〇的年代，感官刺激尋求的量表進行了修改，以便更準確地反映兒童及青少年的感官刺激尋求。新的研究表明，青春期孩子的決策有很大程度上是由獲得新經驗的需求所驅動。這有其道理，因為全新經歷將幫助青少年習得新知識，以及發展並實踐新技能，而這些環節都有助於他們成為一位成功的成年人。對此，在體驗新事物時，提供援助的大腦會分泌大量的多巴胺。多巴胺管理前額葉皮層的發育，而這個大腦區域負責執行你希望孩子擅長的所有事情，例如風險分析、解決問題和批判性思維。因此，覺得應該要保護孩子不讓他們受到新事物的影響，因為他們的大腦還沒有準備好，這種想法就成了左右為難的困境。青少年**需要**更多經驗，好讓他們的大腦更具備能力來處理新的體驗。

你瞭解到，衝動性決策往往是以下兩種情況之一的反應：無法延遲滿足感，或渴望尋找新的感官刺激時，你就能想像每個人在整個青春期遵循的軌跡，而你可以參照他們的年齡和階段來調整你的期望，也依循他們的動機來調整你的談話。當孩子們瞭解是什麼驅動了他們的行為時，他們能做得更好。做了讓他人不高興的事情很令人困窘，但甚至他也不明白為什麼要這麼做。如果你對孩子解釋這兩種的衝動，你就能幫助他們瞭解讓他們這麼做的背後原因。然後，你可以用這機會來談論他們下次能採取什麼不同的方法。

我們都曾有相同經驗

當你考慮孩子錯誤選擇該有什麼後果時，請注意青春期早期時的內疚及羞恥、衝動及冒險行為，常常會錯置混合在一起。心理學家常會這麼描述內疚和羞恥之間的區別：**內疚是做了壞事之後的感受，羞恥是你感覺自己是個壞人。**內疚有助於我們變得更好，而羞恥會阻礙成長。

現在就是你重返中學的絕佳時機了。花一點時間回憶一下，你曾做了什麼愚蠢、危險或是不尋常的事情。對於我們多數人而言，我們在中學時犯下的那些錯誤仍占據我們心中非常重要的位置。我們年輕時所做的那些衝動決定，與後悔和其他不舒服的情緒往往有密切的相關性，而這些類型的記憶（感覺不好的那些記憶）會比快樂的記憶更慢消散。

同樣這些問題，我也詢問了線上教養社團中的家長們。他們的回答迅速、豐富，而且富有洞察力，涵蓋了各式各樣的經歷，有趣的像是：「我想到的事，我媽媽現在**仍然**會提到，因為我和我的兄弟姊妹們總是會這麼做，就是倒了一大杯牛奶但只喝幾口，然後就讓它原封不動地放在廚房流理台上。被罵是在浪費牛奶，但之後又做了一百萬次，似乎無法好好思考自己到底想喝多少牛奶。」

痛苦的事像是：「當我在一所小型的私立學校就讀八年級時，被一個家裡有權有勢的、非常惡劣又受歡迎的女孩霸凌。我在洗手間裡開始要拿麥克筆寫下「我討厭＿＿＿＿」。我還來不及寫下她的姓，她的一位好朋友走了進來，發現我正在做的事（我一定沒有關上那個隔間的門吧？），我就撒謊了，衝動地說我要寫下的是另一位我其實喜歡而友好的同名女孩。這整件事相當棘手，我還不得不向我喜歡的那位同學道歉。但我仍然覺得這太糟糕了。」

置生死於度外的人說：「我和一些住在附近的孩子覺得無聊。我們想到了一個遊戲，大家在柏油路上圍成一個圓圈，折斷沖天炮上的引信，每個人各拿一個沖天炮扔進圓圈中。你永遠不知道會往哪個方向衝，基本上只能盼望炮火飛向其中兩人之間，而不會在你跳出去時炸到你。」

有一位家長讓我特別感動，她分享自己曾有一次在學校嚴重違反校規，她在這次告解的最終說道：「這件事讓我丟臉極了，但令人有點興奮，我直到現在才告訴別人這件事！」

動作為青少年一個正常的部分，不應該讓你因此過度關注孩子。在我的社團中分享故事的所有家長，長大後都成了顧及安全也負責任的成年人。順便提一下，即使是玩沖天炮的那個孩子，現在也已是一名警察。

你的反應很重要

當你發現自己的青春期孩子做了一個錯誤決定時，無論是倒了太多牛奶或是在浴室塗鴉，在你做出反應前請先檢視一下自己（如果你偶然發現作為武器的是煙火，無論如何，你可以暫時地失去理智）。但是，如果你的孩子沒有迫在眉睫的危險，想像你回到十二歲，想想家長、老師或教練可能會對你有什麼反應。什麼會奏效，而什麼會適得其反？你如何幫助孩子從他們的經驗中學習，而不是將事情藏於心底？你如何讓他們的內疚幫他們變好，而不是培養和他們對抗的羞恥感？

在此提供一些短句，幫助你開啟鼓勵反思的對話：

 # 所以，發生了令人意想不到的事情。你認為接下來會發生什麼事？

 # 下次你會採取什麼不同的作法？

 # 那是你所做的事，而不能定義你是誰。

 # 你的種種行為都會帶來後果。那些後果不能定義你是一個壞人，只能代表你就是一個普通人。你應該以這件事來思考你下次是否會改變作法。

 # 我看得出來你心情不好。如果我能說些什麼來改善你現在的感受，那會是什麼？你也能這麼對自己喊話嗎？在這種情況下，還有其他人能傾聽你要說的事嗎？

 # 如果你可以猜測，你覺得這情況是因為你沒有放慢思考的速度，還是因為你真的很想這樣做？（針對無法延遲滿足、尋求感官刺激／新體驗，這是一種區別兩者的方法。）

衝動的爭執爆發

如果你有好幾個孩子，毫無疑問地，你早已目睹他們之間無數次的爭吵，這些爭吵不可避免地會演變成衝動舉動的爆發。關於衝動的爭執爆發，我們來看看對話會如何進行。

BEGIN：平和地開啟對話

家長：有時間嗎？我聽到你和凱勒剛才吵得很大聲。

孩子：你需要談話的人是他，而不是我！那是他的錯！

家長：好的，是的。我也打算要找他談。但首先，你和我先聊。

RELATE：與孩子產生聯繫

家長：聽著，我知道他有時會讓你惱怒。

孩子：只是有時候？

家長：關於有一個弟弟，你有資格有這樣的感受。身為家庭中的一員有時很費力困難，我們都能體會那種過於擁擠的感覺。

INTERVIEW：訊問以收集資料

家長：所以，今天早上當我聽到你們兩人的聲音，聽起來比平時爭吵更糟糕。我想，我好像有聽到了一聲巨響……？

孩子：對，他不讓我上洗手間，我上學要遲到了。他故意要拖很久。

家長：那為何後來就大喊大叫的？
基德：我叫他快一點，他說我是個白癡，還故意在裡面放慢速度。
家長：接著那砰的一聲呢？
孩子：**【停頓】**我把書包扔在門口，因為他都不聽。
家長：那成功了嗎？
孩子：什麼事成功了？
家長：扔書包，之後他有因此快一點嗎？
孩子：沒有。但這讓我感覺好多了。

ECHO：回應對方

家長：所以，你的挫敗感主要是因為凱勒在洗手間裡待得太久，會讓你因此遲到。
孩子：還有當我好聲好氣地叫他快一點時，他還故意放慢速度。
家長：這的確會令人沮喪。你說扔下書包會讓你感覺更好，但聽起來感覺最好的事是根本不必等待洗手間。
孩子：我真希望有自己的洗手間！

FEEDBACK：提供回饋

家長：我知道。我知道對於凱勒的早晨例行公事以及他對你的反應，你希望有更多的控制權。我可以從我的經驗中告訴你，要別人依照你期待的方式行事幾乎是不可能的。但是，你可以嘗試讓你更好管控情況的一些方法。因為你都會先起床，也許你可以在他之前就先使用洗手間。或者你們彼此心情都不錯的時候，你可以試著和他談談。或者你可以將你的牙刷放在樓下的洗手間。即使你無法管控他，你也能想出一些方法來管控這種情況。

但我們要談談那個書包。當你把書包扔到門口時，什麼事也不會發生，但這會讓我覺得不開心。可能會出錯可能還有什麼事？

孩子：有可能把書包裡的東西弄壞。

家長：對的。或者，凱勒正好打開門而你打斷他的鼻子，或是把門打破了。這是非常衝動的行為，並且他也不會因此加快速度，但確實讓我早上聽到爭執時很不高興，也擔心當下發生的事情。下次當你生凱勒的氣時，我希望你將自己的反應放慢十秒鐘。一星期後，看看你能不能延長至十五秒。然後是三十秒。在你這輩子之中，你會一直遇見為你帶來麻煩的人。對你最有幫助的辦法，就是在憤怒行事之前就先停下來。如果能這麼做，你就等同是給自己時間去思考應對該狀況的最佳反應，而不是第一個反應。如果你能從現在就開始練習，你上高中時就會很熟練了，你會因此感謝自己。

面對孩子們的爭執，場面可能就像是電視上那些審判小型民事案件的法庭一樣。原告將會大聲地說自己的受害經過並聲稱遭受情緒上的痛苦，也提供被告品德惡劣的證據以及他們如何公然地無視規定。被告就站在那裡，帶著「有本事就證明啊」的假笑。你會很希望可以用木槌敲打，然而你卻無法用這種莊嚴的方式來讓他們安靜下來，只能聲嘶力竭地大喊「不要這麼愛計較！！」

每個孩子都會懇求你做出快速又堅定的裁決，而要有利於他這一方。不要這麼做。請切換頻道，從法庭劇轉到偵探懸疑劇。將每一位嫌疑人放在一個單獨的等候區，和他們只談他們自己的個人經歷。這個作法可以免除你被指控「你每次都站在他那一邊！」同時讓你有機會幫助他們建立個人技能，而不會偏離方向。正如我有一位朋友的明智治療師曾告訴她，而她很好心地將這句話傳達給我：「當你的家人上演一場災難時，不要急著讓自己陷入困境中。坐下來，置身事外，好好觀看這場表演。」

誘惑

「除了誘惑，我什麼都能抗拒。」——奧斯卡．王爾德

延遲滿足是一種可以用時間來衡量的技能，比起該如何忍受想要體驗新事物的衝動，這件事更容易教導。你可以說，「這個要等兩分鐘再吃，現在很燙。」有了手表或計時器的幫助下，你可以說：「時間還沒到！」以免你的孩子衝動地燙傷自己的嘴巴上顎。但是，你無法以感官刺激尋求來衡量衝動的驅使，當事物無法量化時，就更難教了。你可能會說，「不要做那些會讓你陷入麻煩的事，就只因為這些事物令人興奮。」唉，這種指示或建議只會令人覺得絕望。更好的方法是盡可能地具體化。

舉例來說，想像一下，你看到八年級的自己用筆在腳踝上畫了一個小小笑臉。它很可愛，但筆法粗糙，你希望這個週末拍攝家庭照之前就能洗掉。那天晚上，你和你的筆記型電腦待在床上，你點了搜尋記錄並往下滑，接近搜尋最下方之前沒有任何異常。但當你一看到時，你的胃突然下沉了。近期搜尋：DIY手針刺青[50]。影片才看了幾秒鐘後，你就意識到那個笑臉不只是用筆畫上，更**不是暫時性的**！你下一步會怎麼做？

我們來聽看看關於這種衝動的談話會如何進行。深呼吸一口氣，走向孩子的房間，接著

敲敲房門。

BEGIN：平和地開啟對話

家長：嘿，介意我進來一下嗎？

孩子：**【見到你很高興】**你怎麼還沒去睡覺？！

家長：我睡不著。我在思考一些事。我們可以談談嗎？

孩子：**【現在覺得緊張】**一切都還好嗎？

RELATE：與孩子產生聯繫

家長：我希望是。今天早上我注意到你腳踝上的笑臉，我什麼也沒說，因為我想那只是拿筆畫上的。但是，今晚我在筆電上看到關於在家DIY紋身刺青的東西，所以我想要來和你談談這件事。

孩子：你生氣了嗎？我有麻煩了嗎？

家長：我還不確定我對這件事的感受。不過，我認為我們要討論很多事。我可以和你一塊坐在床上聊天嗎？

【孩子掀開被子讓家長坐著。】

INTERVIEW：訊問以收集資料

家長：我覺得很震驚，甚至不知道該從哪件事開始說。你可以先讓我看看你的腳踝嗎？

孩子：這個真的很小。我很抱歉。我只是覺得這會很有趣，我想要嘗試一下。然後一旦開始做了，就必須要完成，不然看起來會很蠢。

家長：**【現在看起來就很蠢了，但忍著不說出口】**你喜歡嗎？

孩子：是有那麼一點。

家長：你怎麼弄的？

孩子：卡姆琳的姊姊和她朋友們都有做，所以她們就幫我們刺了。

家長：據我所知，這是永久性的。

孩子：嗯，是的，但過一段時間後會變淡。

家長：嗯。所以我想我最大的疑問是為什麼這麼做？你能向我說明你如何決定的嗎？

孩子：我有點喜歡刺青。我想看看會有多痛，因為我之後可能會想去刺一個真正的刺青。我不知道。我認識很多人會做這件事，我有點想要嘗試。

ECHO：回應對方

家長：我聽到很多「有點」和「我不知道」，我不確定是因為你擔心會惹上麻煩，所以你才試著緩和一下，還是因為你沒有考慮清楚就這麼做了。

孩子：我知道。我不確定該怎麼說。

FEEDBACK：提供回饋

家長：嗯，這對我來說是一件大事。想嘗試新事物完全沒問題。但是，在你這個年紀時，選擇對自己的身體做一些會永久性的改變就不行。你冒著感染的風險，這是我最擔心的事。但我另一個擔憂是你做下的這個決定，會為你帶來未經仔細思考的永久性後果。我不希望你之後做其他類似這樣會嚴重傷害到自己的事。

孩子：現在有一些人會去除刺青。

家長：是的，但這就是一個不僅昂貴且痛苦的提議。明天，我們要去看醫生以確保沒有感染。在這之後，我們將進一步討論你對這件事的決策。我知道你想體驗新事物，特別是那些感覺更像是大人會做的事物，但這件事讓我發現你需要一些協助來釐清什麼能做、什麼不該做。首先，我希望你決定要嘗試這種有風險的事物之前，先進行向自己提問的問題清單。在你的手機上輸入這些問題，我們明天對話時候再讓我我看。現在去睡覺吧。我愛你。

孩子：嗯，我是不是有麻煩了？

家長：我還沒想好這件事的處分是什麼，但我現在就可以說，在我定案之前不可以和卡姆琳或她姊姊一起出去玩。我想讓你知道，我認為這是一個錯誤的決定，但我認為你是一個很棒的人。我只是想確保你準備好做出更多正確的決定，不僅讓自己的身體安全、心中也沒有太多遺憾，這就是我們需要努力的方向。

只靠一次對話，不可能解決這帶來的所有問題，所以我才會用分類方法（triage approach）來處理這種重大事件。在急診室的分流中，負責接診的護士會根據病患的狀況「已危及生命」、「緊急但不危及生命」，或是「較不緊急」來評估安排看診醫師及先後順序。將這樣的方法論應用在你家，你可能會建立類似的三個分類階段來處理青少年衝動的後果：第一種為「對健康的直接威脅」，第二種為「嚴重但並非立即的危險」，第三種則是「可能的併發症」。這應該能減少你在第一次談話就要要涵蓋所有重點的壓力。

就DIY紋身刺青的例子而言，我認為對健康有雙重的直接威脅：首先，感染的風險，其次是該情況立即且再次發生的風險。在我第一次談話時，我會好好使用止血帶，其實就是讓醫生參與傷害的評估（也作為你之外另一個理智的聲音），並且限制他接觸可以造成或鼓勵這種事的人。

一旦解決眼前的危機後，我就有更多的時間思考。在我後續的談話當中，我會談論這引發的嚴肅卻較不關鍵的議題。在這種特定的情況下，在「其他人都在這樣做」的前提，我想要和孩子談談如何看待自己身體的自主權。我會傾聽關於自尊心的所有線索，以及確認治療師是否能為他帶來幫助。例如，刺青帶來的疼痛是否為情緒痛苦的釋放？我還想談談為何要偷偷摸摸進行這件事，我的孩子是否認為我真的不會注意到他的DIY刺青，以及孩子是否認為乞求原諒而非徵求許可，一開始其實就不是一個好選擇。

最後，一旦解決眼前的威脅後，我就會花一些時間探索未來可能出現的併發症。在此，我較不會關注刺青這件事根本上的複雜性（像是說「你一定會後悔刺了這個奇怪的笑臉！」）而是深度關注更廣泛的複雜性（例如，「你似乎會被這種帶來刺激的事物所吸引，如果我們不讓你參與更能滿足你冒險精神的事物，我認為你可能再會做出其他的類似選擇。」）。

那麼，另一種孩子呢？

當我在學校講話時，幾乎會有一位家長試探性地舉手發問：「如果我的孩子**不會**衝動，我應該要擔心嗎？」

多數的家長都會擔心自己的孩子在「正常」量表上的位置，一旦聽到我談論衝動和冒險的正常性及必要性時，會開始煩躁不安的，就是在字母i上一定要畫上小小圓點、字母t的橫線一定要交叉的那些家長。他們的孩子對於決策是否會過度思考，甚至到不知所措的癱瘓程度？他們是否會因為不願意抓住突如其來的機會，因而錯過機會？

我會告訴家長們的事，是有些孩子在公共場合能大膽冒險，而有些孩子則是私下悄悄地冒險。沒有哪個孩子會比另一個更好或是更差。在課堂上向另一個可愛的同常借鉛筆，看起來或許不像是一個瘋狂的衝動舉止，但對於容易緊張的青春期孩子而言，感覺就像冒著一個巨大風險。不要因為你沒有察覺，就認為你的孩子沒有衝動。但是，如果你擔心你的孩子太死板了，你可以嘗試用以下的方法來鼓勵他們的冒險性：

示範何為樂趣

「我剛做好晚餐了，不過，不管了啦——我們把餐盤都蓋起來，我們先去買冰淇淋吧！為何不呢？」

告訴我該怎麼做

無論你的孩子正在為什麼行為所辯論，請改變角色。把你自己當成主角，讓他們告訴你該怎麼做。

考慮最壞的情況／最好的情況

請孩子想像如果他們進行一項冒險，可能會發生的最壞情況是什麼。例如，如果你競選班長，最壞的情況會是什麼？如果不這麼做，最壞的情況是什麼？如果這麼做，最好的情況是什麼？如果不這麼做，最好的情況又是什麼？

交給命運決定

如果做決定太難了，就把幾個選項放在帽子裡，然後再看看會抽出什麼樣的東西。

對話破局關鍵

請記住，被發現自己犯下一個衝動性的錯誤後，青春期孩子可能會感到尷尬或內疚，想要破壞該議題對話的最快方法，就是不讓他們有機會採取任何措施來保留顏面。以下幾個短句可能無意中就造成這種結果：

「你在想什麼啊？！」

就本質上而言，衝動意味著不思考，只是一味地追求。你的孩子可能很難答覆這個問題，所以他們很有可能沉默不語。為了進一步理解，請嘗試表示：「我想要一步一步地仔細瞭解，當這件事發生時你有什麼感受。」

「我可不是這樣教你的。」

嗯，這件事就是發生了，所以……你的確養育了做了這件事的人。如果你希望表達自己的失望之情，請直接表明。然後提供他一條救生索。「你這麼做讓我很失望。我們接下來要怎　做？需要我給予你指引來修正這件事嗎？」

「好吧，這會破壞你的機會／計畫／未來。」

我理解，你需要嚴正地傳達一些錯誤的嚴重程度。但是，這說法可能過於尖銳而讓孩子不願溝通。談論明確的細節，而不是籠統的毀滅性聲明。詢問他們認為這將會造成什麼影響，接著補充說明他們看不到的那些盲點。

「你這麼聰明卻做這種事，我還以為你很明白事理。」

這只是對於智慧的一種嘲笑。即使是聰明人也會做出錯誤的選擇，甚至經驗豐富的人也會犯錯。相反地，試這個說法：「你很聰明。所以我不認為這件事會發生是因為你無法徹底地想清楚。我認為，這件事會發生，是因為你沒放慢腳步來思考可能的結果。告訴我你下次想要如何改善作法。」

時間有點急？你的速成課程在此

- 衝動行為會受到批評，但衝動行為在本質上並非不健康或沒規矩的。若沒有這些衝動冒險的人，我們就沒有這麼多的英雄及改革者了。
- 你不需要壓抑孩子的衝動，但你應該向他們解釋並幫助他們釐清哪些快速行動的情況能帶來幫助，而哪些情況採用小心周到的分析則較有益。
- 衝動並不是決策能力的缺乏。這就是一種決策的形式。
- 青春期的衝動是以下兩種情況之一的結果：無法延遲滿足（隨著時間累積會做得越來越好），或想要嘗試新鮮事物的衝動（女孩在十六歲左右達到高峰，男孩則是在十九歲左右）。
- 應給予青少年獨立體驗新鮮事物的機會。「感官刺激尋求」促使多巴胺大量增加，實際上有助於青少年的大腦發育，讓他有能力處理更複雜的經驗。
- 面對衝動的青春期孩子的安全或未來的成功，沒有必要懷有不成比例的恐懼。幾乎所有人在成長過程中都會做出衝動（瘋狂／愚蠢）的事情，而且幾乎最終都安然無

事。

 # 當你對孩子的衝動行為做出反應時，如果引發內疚感是沒有關係的，但要小心，不要引發他的羞恥感。將重心放在他們下次能怎麼改善作法，並提醒他們的行為代表了他們所做過的事，而不能定義他們是誰。

 # 使用分類方法處理青少年衝動的後果：A對健康的直接威脅B嚴重但並非立即的危險C可能的併發症。立即迅速處理屬於第一類別的任何事情，但請花上一些時間釐清其他的細節。

 # 你無法改變孩子的個性，但如果他們過度思考以至於錯失機會，你可以向他們示範該怎麼做，藉此鼓勵他們展現彈性甚至是衝動性，也請獎勵他們的自發性。

注釋——

49《公主新娘》（*The Princess Bride*）一九八七年上映，羅伯．雷恩執導的美國奇幻冒險喜劇電影。

50 作者註：目前我住的這個區域碰巧很流行手針刺青（Stick-and-poke tattoos）。這樣的對話適用於任何涉及傷害身體的流行或挑戰。看來會一直出現新的方式，從一開始將橡皮擦在手臂上磨擦至流血，或是紅綠燈前跳出車外並在馬路上跳舞，後來甚至還有吃下令人窒息的大量肉桂粉的挑戰，或拿鹽和冰塊放在皮膚上使之嚴重凍傷。

PART 17

我們來聊聊幫助他人

在這個單元中，你將瞭解青少年很難在他人的最佳利益與自己的利益之間取得平衡的原因——特別是當為他人說話可能會讓自己身處於危機時，如何與孩子談論在其能力範圍內展現關心他人的同理心（更何況，展現同理心和培養意志力之間有令人驚訝的密切關係），人類需要而且也用來幫助彼此的三種關鍵方法，關於為他人挺身而出的一段溫和對話能激勵你的孩子（如果你有耐心的話），以及如何與青春期孩子討論妥協如何讓他們在逐漸獨立時也能再次重視家庭節日的各種傳統。

如果你發現自己的孩子撿拾起學校操場上的垃圾，或試著在擁擠走道上為一位坐輪椅上的同學開路，或者去鄰居家照顧貓咪後拒收年長鄰居的褓姆費用，你會感到多麼驕傲啊？

當然是無比驕傲，我也是這麼覺得。培養優秀的孩子，其中也包括教導他們察覺並回應他人的需求。我希望自己的孩子能夠關心地球、關心社區、關心他的整個大家庭、甚至他們的朋友，坦白說，我希望有一天也包括我在內。現在的我仰賴孩子們向我解釋許多事，最常見的例子就是我們家的電視了。如果我繼續沉迷於那些超棒的電視節目，而技術上若各大平台持續發展並占據我的主要娛樂，像是Netflix、Hulu、亞馬遜、YouTube、Disney+，以及Apple TV等，我的搜尋能力就快趕不上那些心愛的樂趣了。當然，在社會正義的層面上，我希望我的孩子能成為堅強又寬容的戰士。但我認為這兩點不需要彼此排斥，在晚年時，我只希望能確實登錄各大平台來收看我那些影集故事，坐在BarcaLounger品牌的電動躺椅上，看著全像投影技術的電視。

與其想像自己的孩子將來成為一個無私的成年人，想像自己擁有一張可以自由調整高度的電動躺椅，還比較容易吧？

這可能有點困難，特別是因為在這個年齡階段時，孩子都被訓練著將全部精力放在針對自己特定又針對性的公然冒犯，像是你怎麼又忘記去商店購買披薩口味的貝果，或是你為什麼不能拋下你的工作好早一點去他朋友家接他，只因為十分鐘前他開始覺得無聊。

你該如何開始引導孩子的想法，讓他們從自身的需求轉移至對他人產生正面的影響？這個單元將會為你提供一些方法讓你的孩子開啟眼界，目光放在為他人付出的重要性及滿足感而非自私自利。

培養出對社會有積極影響的下一代

利社會行為（prosocial behavior）是指你做某事來增進他人的利益，而不是為了個人的報償。這很棒，但是……光是要你家的中學生認知到你已請求他們第十次將他們的垃圾堆從樓梯底部移至他們臥房，感覺都已是一項艱鉅壯舉時，很難想像你能激勵他們做什麼事讓世界更加美好。

難道，你應該要等到他們過了滿口只有「我、我、我」的階段，再來指出他們對「我們、我們、我們」能可以造成什麼影響？

答案是：「算是，但也不是這樣。」

青春期早期的那一片社交海洋，不僅令人筋疲力盡、複雜得難以預測，有時甚至帶有惡意。你可以教你的孩子如何游泳，告訴他們能夠游泳得多遠或是海浪多大時應該留在沙灘上，在岸上時也保持警惕，但仍然會有人玩法過於粗暴，或者當他們陷入激流之中時，就會忘記你告訴他們的一切。儘管我們寄予厚望，盼望孩子在邁入青少年時期時會成為最好的自己，但在應對新環境的洪流時，我們不能指望他們不做出任何衝動決定或不犯下大錯。雖然我們都希望自己的孩子待人良善且勇敢，但他們往往過於專注地踩水，好讓自己浮在水面上，卻沒有其他的心思或資源能同時拋出救生圈給別人。

當孩子們對自己感到自信、安全和有保障時，他們就能對社會有積極影響，但多數青年卻欠缺這些感受。

當你持續支持孩子，你就能增強他們為自身之外事物思考的能力。培養對他人的同情心就從善待自己開始。

孩子人生階段的這幾年之中，很可能像是極為自我中心、自我放縱的一段時期，但抵抗也無濟於事。相反地，培養他們照顧自己的能力，這是他們足以照顧他人的第一步。

同理心的具體案例

近期，我針對三百一十二位青少年的家長進行一項調查，詢問他們最希望孩子表現出以下五個特質中的哪一個選項：同理心（empathy）、意志力（grit）、尊重（respect）、誠實（honesty），或是感激之心（gratitude）。這項調查的指示中提及，家長們可能會希望孩子體現以上所有特質，但必須要確立哪一項是最重要的特質；有五五％的人選擇了同理心，二八％的人選擇意志力，九％的人選擇感激之心，六％的人選擇誠實，而二％的人選擇尊重。

如果你就像我調查結果中的多數家長一樣，選擇同理心作為最重要的特質，你可能有興趣進一步瞭解到，同理心不是與生俱來的特質。這是一項需要學習的技能。但要怎麼習得同理心？

向孩子示範同理心似乎是一件很容易的事。你可以發起一個晚餐會議來討論無家者的困境，或是為聖裘德兒童研究醫院（St. Jude Children's Research Hospital）募資，或者送一些麵包去生活輔助住宅[51]。以上都是值得討論且實行的好事。請記住，如果這是你的方法，那麼還年輕的孩子可能會開始將同理心與「他者」聯想在一起。有時候，我會聽到一些家長說，如果一個孩子表現得不知感恩或生活優渥而享有特權的樣子，解決方案就是帶他們去無家者的收容所當志工，這樣他們就會意識到自己擁有多好的生活。

是的，去無家者的收容所當志工是一件好事。但這麼做好讓孩子明白自己擁有優渥生活，就會像是造成信心危機的旅遊觀光。關於提供援助，它創造了一種「我們」和「他們」的心態。或許，這種「異化」甚至也是為了防範不幸的一種迷信形態。「這不會發生在我身上，因為我和那些人不一樣。」透過這種方式，我們憐憫他人的「不幸」，卻對他們的人生經歷卻欠缺同理及共鳴。

這種距離是同理心的敵人，而且不限於我們覺得不相干的人們。我們的家庭即是一個微型社會，當你有太多的情緒（悲痛、怨恨、嫉妒等）占據了這個空間，就很難為同理心騰出位子。如果你養育的不是只一個孩子，請你想想，要說服一個孩子從另一個人的角度看待問題，這有多麼困難。關於同理心的培養，我希望家長們持續將孩子們推至舒適區之外，讓他們明白自己與其他人的相似處多於差異性，儘管情況上有何不同。我也希望他們能形塑在小型社群之中的同理心，就從一塊共享浴室、冰箱或 Xbox 的這些人開始，傾聽對方並達成共識。

最近，我看到網路上有一則熱烈討論的議題，關於一個常見的養育困境，我認為這與同理心的發展有密切的相關性：什麼時候可以讓孩子放棄一項活動。艾咪的十二歲女兒瑞秋懇求媽媽讓她去上馬術課程，艾咪也同意購買這套課程。當十堂課程上了五堂時，瑞秋開始找藉口說自己不能去，媽媽多次打探詢問後，她承認自己想要退出課程。艾咪很生氣，因為她已付出這筆費用了。瑞秋原本以為自己會喜歡騎馬，但事情卻不是如此。她騎馬時總是感到不知所措、緊張不已。該怎麼辦？

網路上的家長們很快就加入討論，其中大約有九五％的家長極力主張要艾咪逼迫女兒上完全部課程。

「她這樣要怎麼學會有始有終？」

「這就叫**承諾**。」

「如果你讓她這樣放棄了，她永遠無法理解什麼是財務上的犧牲。」

但我傾向認為，花掉的金錢就像已上桌的菜餚一樣。你不需要成為乾淨盤子俱樂部的成員之一，也可以從這頓飯中得到你所需的東西。你也不必因為費用已支付就得要完成一項活動。我數都數不清當我的孩子們還小時，我不得不和他們一起離開電影院的次數了，只因為他們無法安靜坐好，或他們承諾自己受得了卻又覺得害怕，甚至在電影演到一半時因為肚子不舒服而嘔吐了。**關於孩子，你很難和他計較一分錢一分貨這種事**。

撇開金錢不談，大家對這情境的關注重點似乎是培養孩子的毅力。艾咪該如何教導瑞秋找到有始有終所必要的決心和勇氣？把中學想像成一種吃到飽自助餐，會很有幫助的。重點是不必完成所有的事，而是勇敢地嘗試新口味。有些孩子出門用餐時，一定只會點奶油義大利麵或是雞柳條。他們害怕新的嘗試會讓他們陷入食不下嚥的困境。但是在青春期早期，孩子們應該要做的是開始想清楚自己的好惡（除了他們家長平時為他們所選擇的東西）時，這正是盡情享受自助餐的時候。他們需要一小口、一小口地嘗試許多新鮮口味，才能搞清楚自己喜歡什麼，而不必吃下一大盤可能討厭的食物。或許，這些少量的嘗試看起來就像參加一部戲劇的試鏡、穿上一套大膽的服裝，或是加入一個陌生的社團。如果孩子們被教導凡事都要有始有終，這可能會勸阻他們不再嘗試新事物。

也就是說，孩子們也應該要培養迎向挑戰的能力。那麼，一方面要培養意志力、一方面要承擔新的風險，家長該如何平衡這些看似矛盾的觀念？我一向認為意志力來自經驗的積累，而它也是學習的副產品——隨著時間的推移，身處充滿挑戰的環境之中，你可以相信自己。你如何學會相信自己？傾聽自己內心的聲音，並讓身邊信任的人們證實你的內心聲音說得沒錯。當你以同理心灌溉，意志力會以最好的狀態逐漸長成。

如果艾咪給予孩子的唯一訊息是「必須有始有終」，瑞秋所聽見的說法就是她不該相信自己的直覺。當她身處不自在的環境中，同時不明白該如何聆聽內心聲音時，她就會因此對這件事感到困惑。她是否敢從橋上跳入河中嗎？他們一路上走了這麼遠了……她能相信自己的直覺嗎？孩子們需要學習意志力，但他們也需要聽到我們表態：當他們意識到事物不安全或不正確時，他們可以停下來。

無論你的孩子是否正在為選修活動、學校課程或是與朋友的一個爭執，**請以同理心作為出發點**。「這聽起來像是一個艱難的局面，我很難過你正經歷著這種事。我該如何支持你？」這能讓你的孩子明白該如何檢視自己的情緒，並找到一種應對的方法。我的建議是聆聽他們分享困難的細節，並說明這些都是正常的情緒。接著，詢問他們過往是否也曾完成一些困難的事，後來完成後也覺得出乎意料。提醒你的孩子，當他們先前學習繫好鞋帶、騎腳踏車或是想在《當個創世神》（*Minecraft*）[52]破關時，他們曾付出多大心力。然後，進一步詢問面臨最艱難的時刻時，他是如何度過難關的。當事情變得更加艱困時，他們可以利用什麼特殊的長才或技能？有時候，這種輔導訓練能激勵孩子持續努力下去。但有些時候，他們無論如何都會放棄。

讓瑞秋放棄課程是否會讓她得到一個寶貴教訓，我並不確定，因為對於她感到不適的事物，她有自由選擇的定義，讓她繼續上課也有可能讓她學到不同卻仍有價值的課題，有時我們堅持到底卻會感到心安理得。我確定的是，無論艾咪做出什麼決定，引導的關鍵是同理心而非憤怒，所以「課題背後的課題」是有人面臨掙扎時，我們就提供支持。如此一來，同理心就是最能磨礪意志力的那顆石頭。

協助需求的種類

克麗絲汀．鄧菲爾德（Kristen Dunfeld）博士為加拿大康考迪亞大學的利社會行為研究人員，她為人類的基本需求和利社會行為進行分類。人類往往需要三種的外援協助：

1. **工具性需求：**協助某人完成他們無法自己完成的行為。這情況可能類似他人手上拿有一堆東西時，你為他開門。
2. **未滿足的物質欲望需求：**意識到並非每個人都擁有相同的資源，並試圖修正分配量額。這表示著當你將自己的盤子堆滿披薩之前，要確保每個人都拿到一片披薩了。
3. **情緒困擾的需求：**察覺某人正在經歷痛苦情緒時，試著提供對方撫慰。這種情況類似於孩子因為一份指定作業備感壓力時，你就坐在孩子旁邊並提供鼓勵。

針對這三個類型的需求，鄧菲爾德確立了三種親社會方式，不僅能提供幫助、共享，以及安慰。

為了讓我們的孩子長大後也有意願協助自己之外的人們，首先是家人，接著是朋友，然後就是生活的環境社區，他們就需要先明白成為利社會行為中的接受者是什麼感受。家長們在家裡塑造利社會行為，接著更廣泛地推向這個世界，就能讓孩子對社會有越來越多的積極影響。若要有效做到這點，當孩子自己嘗試新鮮事物時要提供支持，與他們分享我們的資源（食物、衣服和住所是絕對必要的，但也關乎犧牲的微小行為，像是晚餐時看見孩子很冷時，你將外套脫下並遞至座位對面給他），並察覺到他們的情緒困擾，並提供你的支持。在孩子就讀中學的這個期間，你會有許多機會練習最後一個事項。

最終，培養孩子成為正義挺身而出的人

家長們總是一直告訴我，他們希望自己的孩子在學校能對其他同學友善，特別是那些最需要社會支援的孩子們。相同地，學校單位也認知到其重要性，就是鼓勵孩子們在看到同學被欺負時，成為一位為正義挺身而出的人（upstanders），而不是當一個旁觀者（bystanders）。在當他人成為被攻擊的目標時，為正義挺身而出的人會直言不諱或介入調停，顯然不是只站在一旁袖手旁觀的旁觀者。

對孩子在校園中各方面經歷的這種重視及鑒定，是目前相對較新穎並受到歡迎的教育方法。我喜歡此事背後的意圖，鼓勵孩子們支持其他被針對或被剝奪權益的人，但我們也需要向孩子們大聲表明，這件事沒有表面上這麼簡單。一方面，該年齡階段的孩子很擔心攻擊者的憤怒會轉向自己，導致惡霸以肢體暴力報復或以社會性的復仇模式來襲擊他們。此外，霸凌行為通常不會發生在公開場合。當霸凌難以被定義、被巧妙操縱且暗中進行時，孩子就難以明白何時是該介入的時間點。

我們來看看這個議題的對話會如何進行。

BEGIN：平和地開啟對話

家長：我可以問你對一件事的看法嗎？電視新聞上有許多關於霸凌的討論，我很好奇，你認為這在你的學校中是否是一個問題，或者只是被大肆報導？

孩子：我認為這要看狀況。對於某些孩子來說，這可能是一個大問題。但並不是每個人都會被霸凌。

家長：你們老師有談過這件事嗎？例如，你有聽過「為正義挺身而出」這種說法嗎？

孩子：我們學校有一些集會，但我們的老師們並不會真的談論這件事。但我知道一個正直的人就應該要為別人挺身而出。

RELATE：與孩子產生聯繫

家長：沒錯。當我在你這個年紀的時候，人們談論霸凌的方式與今天不太一樣。甚至沒有為正義挺身而出的概念。我認為，即使你知道這是正確的事，要一個人挺身而出仍不容易，如果面對的是一個混蛋，你也不知道說了什麼會讓自己面臨更糟糕的情況。

孩子：更多的是你沒有親眼看到卻真實發生的事。一般來說，當某人要做壞事時，不會當著人家的面，也不會在人多的地方發生。

家長：這點說得沒錯。

INTERVIEW：訊問以收集資料

家長：那麼你如何看待那些孩子在學校被不當對待的事？

孩子：有時候，有人會對別人開很爛的玩笑，但大家通常會一笑置之。例如，如果有人辱罵另一個孩子，沒有人會說，「嘿！你不要這樣！」你通常是一笑而過，然後他們就會停止了。

家長：不給某人他們想要得到的反應，拒絕給他們傷害你的滿足感，這可能會讓你處於優勢。你認為，當有人開一個過分的玩笑時，當你的反應只是笑笑帶過，會助長他們繼續開這種玩笑嗎？

孩子：可能會吧。

家長：舉例來說，如果你聽到有人取笑他人體重，你覺得你會怎麼做？

孩子：我覺得忽略可能是最好的方法了，只要不笑就好了。

家長：那如果這發生在非真實生活的情境中呢？你有看過人們在網路上集結成一個團體嗎？就像是一個群組或是在社交媒體上那樣？

孩子：有時候，就會看到某人發文中有一則惡劣的評論，像是「這很愚蠢」，但接著有人可能會插話說一句，「這並不愚蠢」，然後其他人就會對寫下第一則文字的人說「你是白癡」。

家長：所以，當發生在網路上並且是公開的狀態時——人們就會插話幫腔。那如何是發生在群組中之類的呢？

孩子：不會有人在對話中對別人說刻薄的話。他們會另外開啟一個沒有那個人的群組。

家長：喔，所以你不會知道是否有人在群組裡說你的壞話，因為你已被排除在外了。

孩子：沒錯。除非後來有人告訴他們這件事。

家長：會有這種狀況嗎？

孩子：有時候會。

ECHO：回應對方

家長：比我讀中學的時候，這狀況聽起來複雜太多了。事實上，我們對學校的稱呼是國中。聽起來，真的很難知道什麼時候說什麼話是安全的。

孩子：是啊。

FEEDBACK：提供回饋

家長：謝謝你和我聊這件事。我很擔心那些被排擠的孩子，但我也明白，很難知道該如何支持他們。

我想讓你知道，我希望你以及家中每一位成員都會在他人受到傷害時提供幫助。如果你在學校看到一個孩子被排擠或被取笑，而你不知道該怎麼應對時，你可以來找我談談。我也可能沒有答案，但我可以幫助你一塊想辦法。我所確知的是，如果沒有人說些什麼的話，那些惡劣行為就不會有停止。而且，如果有一個人的發言讓大家明白當下發生的事是不對的，就會有更多人參與了。

而且，關於如何幫助你身邊的同學，你不必做什麼偉大又英勇的事。你可以對你認為看起來很孤獨的孩子一個微笑。如果你聽到有人開了一個惡劣的玩笑，而你當下無法自在地做出反應，之後你去找他們取笑的孩子，和他說：「嘿，那個人這麼做是不對的，你不要聽他們說的。」如果大家在群組的對話中背著某人說了什麼，你可以表示：「我們不應該背著他們這麼說」，接著轉移話題。要改變對話，就從某個人開始，我認為你可以成為那個人。

要讓你的孩子練習成為一個為正義挺身而出的人，有許多漸進的方式。這可能不是單次或以戲劇性的方式就能成事——儘管有些年齡較大的青少年在掌握一些經驗，往往能在一些大事上做得更好。與此同時，尋找更易於上手的方法讓孩子們在有機會時採取行動，幫助他人完成任務、共享資源，並為有需要的人提供情感上的慰藉。

假期時節的憂鬱

相較於一年中其他時間，假期時能提及助人的話題次數可能更多。我們之中有許多人都在對抗著各種複雜的訊息（及各種複雜的感受），無論是關於物質主義和心靈層面、社區和家庭、自己的願望清單和回饋社會行為。當我的孩子們就讀中學時，我覺得這種混亂訊息讓假期時的抑鬱不安變得更嚴重。

我看得出來，我正值青春期的孩子們仍然渴望驚喜，但現在已沒有什麼事能做到這點了，禮物不行，市中心的歌唱熊玩偶不行，就算是一塊舒適地穿睡衣、觀看假日特別節目也不行。身為一位家長，這段時間難免會感到孤獨，但請放心，你的孩子會在高中時回到你身邊了。與此同時，不要停止那些可愛的傳統、一塊烘焙點心，以及有查理．布朗的特色節目。當你家的青少年年齡較大時開始回顧過往，你會發現他們很高興你當初堅持著要他們維持家庭傳統。

關於作為一位家長的名言，我最喜歡的一句來自《摩登家庭》（*Modern Family*）影集中克萊兒．鄧菲（Claire Dunphy）所說的話：「養育孩子，就像是將一艘太空飛船送上月球。前幾年你進行不斷地進行接觸，然後在青少年時期某一天，他們繞過月球的黑暗面後就憑空消失了。你所能做的，就是等待那個示意他們要回航的微弱信號。」在中學時的那些假期中，你會覺得孩子去射程之外的地點，但你若能找到方法和他們聊聊他們的航程，他們其實比你想像中更加親近。

根據你的假期或家庭傳統，以下的對話例句對話可自由進行改動，無論是聖誕節、光明節[53]、寬扎節[54]、印度排燈節[55]、節日節[56]，或任何你和家庭及社區的慶祝方式。

BEGIN：平和地開啟對話

家長：我剛才看了行事曆，你今年二十號就開始放寒假了。

孩子：我等不及了！

家長：我也是！能有一段時間一起休假一定很好玩。

孩子：我們會做什麼有趣的事嗎？

RELATE：與孩子產生聯繫

家長：嗯，我希望可以。我想，我們應該談談我們家今年要做什麼有趣的事。

孩子：我們可以去滑雪嗎？

家長：那會很有趣，但花費也會很高，我們今年還不能實現這個行程。我很想找到其他我們每個人都想做的事。就從你開始吧。

INTERVIEW：訊問以收集資料

家長：除了滑雪，可以讓這個假期變得更有趣的，還有哪些事呢？

孩子：我不想一天到晚待在家裡。我想進行一些動態的活動，像是滑雪之類的。我們不能去滑雪嗎？

家長：我知道進行動態活動對你而言很重要。我是否能找一些花費較低而我認為你也會喜歡的選項呢？也許我們可以一群人去玩雪橇，然後開車去一些有山的區域？還是找一天去玩泳圈漂流？

孩子：好呀，我們可以去玩嗎？

家長：我來查查看！你能幫我安排假期的行程表嗎？這樣每個人就能自己選擇一項活動了。你可能不想把這件事交給我，因為如此一來你的發言權就減少了。我想和家人們一起烤餅乾。你想要去玩雪橇或泳圈漂流。我們可以再看看其他人想要做什麼並接著制定一個行程表。

孩子：不，我們不要烤餅乾啦。這太花時間了。我們可以直接去買一些餅乾嗎？

家長：如果我答應要做那些你想做的事，而你不配合我、你爸爸或是你姊姊的要求，這就不太公平了。我們這就來談談，我們在假期時通常要進行的傳統。我們不必全部都完成。但要做最重要的那些事——對我而言，就是餅乾——我們必須保留這項傳統。你最喜歡的是哪一些事？

孩子：很明顯地，就是禮物。而我也喜歡我們製作了一圈一圈的紙環來進行新年倒數，直到那個重要日子來到。

家長：真是有趣——這是我會選擇跳過的事！但我不會這麼做，因為我知道這對你來說有特殊的意義。

孩子：但是，我真的、真的認為我們大家穿著一模一樣的睡衣拍照很尷尬。拜託，我們可以不做這件事嗎？這太尷尬了。

家長：喔。那是我喜歡做的一件事。不過……既然我更喜歡烤餅乾的活動，今年我就取消相同服裝這個項目。如果你也同意在某些事情上保有彈性，我就會這麼做。

孩子：太好了！

家長：所以呢，我們有兩個星期的假期。除了列出我們休假時最喜歡的有趣活動之外，我們還能考量我們作為一個家庭還能做些什麼回饋社會。每年此時，會有許多人需要幫助。所以，也許能開始考慮我們要關注於哪一些領域：幫助需要保暖衣物或食物的人、幫助可能沒有禮物的孩子，或為需要陪伴的長輩提供協助……你告訴我你最在意的是哪個部分，那就是我們關注的重點。

孩子：馬上就能答覆你，對我來說，我最難過的事是孩子們沒有收到禮物。

ECHO：回應對方

家長：你的心地真好。看來我們有一個很棒的起點。作為一個家庭，我們要確保一些不會得到的禮物孩子得到禮物。而且作為一個家庭，我們還要列出每個人在這個假期的最愛活動清單，如果在預算內，每個人都可以確立自己的那項活動。這聽起來如何呢？

孩子：太好了，我可以開始尋找泳圈漂流的地點了嗎？

FEEDBACK：提供回饋

家長：當然！這會很有幫助。在你進行之前，我想再說一件事，協助你設定今年的期望。接下來幾年，假期對你來說可能會有所不同，因為你正在成長中。我不想讓你毫無防備而感到意外。我聽說，這個年紀就是會如此，但這是完全正常的事。你可能不再像小時候那樣瘋狂地興奮著，這情況一開始可能會讓人感到失望。你是否曾看過一個七歲小孩因為便宜的塑膠玩具或一些糖果而開心到過分激動？當你到了十一歲、十二歲或是十三歲時，就很難有相同程度的興奮。但是，好消息就是——你有我、你有這個充滿愛的家庭，而我們將會持續尋找感受假期魅力的方式。

我們將會保有一些傳統，也同時創造一些新傳統。你將開始扮演為其他人變魔術的角色，像是我們要為他們買禮物的那些孩子，這太不可思議了。而你也會開始做其他的事，一些更像大人會做的事物，這也會很有趣。例如，如果你想找朋友而不是家長一起去買禮物，今年你也能這麼做。禮物總是帶來樂趣，而你也會獲得一些禮物。但這件事會開始變得越來越不神奇，而你為他人帶來正面影響所獲得的快樂感受，最終會讓你覺這比玩具更加美好。

當孩子們開始感受不到魔法時，家長們是會感到難受。但不要忘記，這對孩子們來說也不好過。藉由正視事物正在轉變並意識到這可能令人不舒服，同時也認知到變化能為新的冒險及感恩之心開啟一扇大門，就能緩和家庭之中不滿及失望的氛圍。

對話破局關鍵

「我希望你能做正確的事。」

你孩子的社交生活，發生在一個複雜的環境之中。很多時候，事物不會只是非黑即白，即使你的孩子覺得有人被惡劣地對待，他也不會立即就清楚該做出什麼正確的反應。你希望孩子找到助人的方法，設下這種期望並沒有錯，但會讓孩子失足絆倒的是「方法」。相反地，當孩子需要搞清楚怎麼做的時候，表明要成為提供援助的人本來就有難度，請孩子和你或社群之中其他值得信賴的成員（像是鄰居、親戚或是一位家人的朋友）交談。很多時候，孩子們之所以對我們隱瞞這些故事，是因為他們擔心我們無法理解，或是害怕我們要他助人時做一些讓人尷尬的事。讓他們明白，你隨時在此傾聽著，如果他們願意的話也可以提出想法，但不要逼迫他們執行行動。

「你需要對事物更感恩知足一點！」

我很確定，這句我已經說過一百遍了，但一百遍也不會讓我家的孩子更懂得感恩。他們不曾有過一次頓悟，說道：「喔，你是對的，媽媽。我的想法太自私了。」當你覺得自己的需求未得到滿足時，就很難要求他們做些什麼好事讓他人快樂。當你的孩子不知感恩時，試著問他們：「現在你最需要的是什麼？」當他們告訴你時，正視他的需求，接著說明你最需要的是什麼。然後詢問他該怎麼做才能滿足彼此的需求。兩方能做出哪些妥協？這是讓孩子超越自身需求並為他人思考的方式之一。

「改變一下作法，有時試著為別人著想吧。」

除非你的孩子一直極度地自我中心，否則這可能不是長期的性格缺陷，而是他們正在經歷的階段之一。作為成長歷程的一部分，他們極為自我中心的行為將會持續好幾年，讓孩子認知到這件事是好事。與其明確指出他們在這方面的缺點，倒不如努力找出他們為別人付出的時刻，並為此好好表揚他們。「當你將房間裡的衣服拿到樓下時，這就等同是幫了我一個大忙。謝謝你讓我少走這一趟，因為我的背太痠痛了。你真是一個體貼的人。」是的，這有點過分讚譽，但青春期孩子對你的讚美只會有正面反應，他們能從讚美中成長，也能讓他們停止批判。

＃

＃

＃

孩子青春期的一開始，你就要他成為一個為他人奉獻的人可能不是自然而然的過程，但到了高中的後期，如果對於孩子面臨的問題，你能持續展現同理心，讓他們在家中時有機會與你一同解決問題，並安插機會讓他們在支持家庭以外的人們時有發言權，你的孩子就能做好準備幫助他人並擔任更重要的角色。這就是他們發展情緒智商、決心及勇氣的三連勝方法，這不僅是為了他們自己，也為需要援助的那些人們。

時間有點急？你的速成課程在此

＃ **我們都想培養出對社會有幫助的孩子（能為他人付出而不僅是考量自己益處的孩**

子）。青少年天生就是以自我為中心（這沒有關係！），但這也表示他們有時會缺乏思考自身之外事物的能力。隨著他們長大成人，這狀況就有所改善。

積極培養同理心，讓孩子們考量自身之外的事物。聚焦在建立利社會行為的三種方式：幫助、分享，以及安慰。

小心，不要「異化」需要幫助的那些人們。避免利用他人的不幸來讓你的孩子對事物產生感激之情。

同理心與意志力有密切的相關性。意志力，是信任自己能克服挑戰的能力，可透過內心聲音的調整來學習。這種內心聲音是透過家長的同理心來灌溉滋養的。

作為一位願意為他人挺身而出的人，並不像表面聽起來那麼容易或直截了當。從一些簡單步驟開始。如果你的孩子面對霸凌者覺得不自在，他們可以私下向被針對的人說一些釋出善意的好話。透過練習，他們之後就能進一步做得更多、說得更多。

與青少年共度的假期時光，總會為家長們帶來孤獨感，也讓青春期孩子感受到「魔力」的消逝。針對重要的傳統，試著與你的青春期孩子進行協商，對於他們為他人創造魔法的種種新方式，請以開放態度來看待。

注釋——

51 assisted living center，輔助生活起居或長照的住宅或公寓，為了殘障人士或需要他人輔助生活的成年人的住房設施、無法獨居的老人所設立的照護機構等。

52 微軟旗下的開放世界遊戲，玩家們有極高的自由度，能於 3D 世界內與方塊互動。

53 Hanukkah，光明節，為一個重要的猶太教節日，為期八天，慶祝馬加比起義並推翻安條克四世的軍隊，以恢復掌管聖殿與上帝的律法。

54 Kwanza，一年一度慶祝非裔美國人文化的節日，起源為非洲豐收節傳統，一般是從十二月二十六日到一月一日舉行。

55 Diwali，慶祝「以光明驅走黑暗，以善良戰勝邪惡」，為印度最盛大也最重要的傳統節日。

56 Festivus，是指在十二月二十三日慶祝的世俗節日，「節日節」用來取代聖誕節期間的開銷及壓力，捨棄主流且過於商業化的聖誕節。

然後，我現在該怎麼做？

在本書的開頭，我將閱讀本書的經歷描述成一種「自由選擇的冒險」。現在，你已經讀完了，我希望你考量前方未來的日子時，再將這一點銘記於心。高中階段的後期，青少年已建立更舒適自在的友誼，發掘自己感興趣的新活動，找到工作，參與更多的社區活動，並開始認真地規畫獨立。如果你表現的態度是不加以評判、支持他們的決策，並對他們的各種想法感興趣，他們會很樂意與你討論這些事情。

當你冒險前進時，有一些事情要請你記住：

正如人們所說，完美是善良的敵人。當我的孩子還小的時候，當他們把水潑在自己上衣或不小心撞翻一座積木城堡時，我教他們聳聳肩，並重述一句我們頻繁提到就能做得好的口頭禪：「喔，好吧！」

在對話中，你的孩子是不是在半途就拋下你一人？喔，好吧！

你是否希望你的孩子更加敞開心胸，但他們的答覆都只有一個字？喔，好吧！

你是否希望自己在這方面能做得更好，卻發現自己口氣聽來像個機器人或是找不到合適的詞彙？喔，好吧！

這一些對話不是你或你的孩子需要通過的測驗。這些對話是一種練習，就像瑜伽的練習一樣，力量是進步的敵人。就算步伐有如學步的孩子，也要感到驕傲。讓你們的關係逐漸地、舒適地彎曲成一個新的形狀。總有一天，在不知道到底發生什麼事的狀態下，你就發現你們早已開始一同進行一段不錯的對話。持續對話，但更重要的是要持續傾聽。

同時，也讓你的耳朵轉向來傾聽自己。當你的孩子開始優先考慮你之外的人及各種興趣時，是時候開始傾聽自己的需求及心願了。再次發掘舊有的愛好或是新的興趣。與你的朋友或另一半建立良好關係。關切你身為一位家長之外那些喜愛的事。想像一下，你接下來要和人們談論哪些有趣的事物。

最後，如果你也喜愛你閱讀的這些內容，我們也能持續我們之間的對話。你可以在我的私人的臉書社團「壓力較小的中學家長」（Less Stressed Middle School Parents）或我的公開帳號「作者米雪兒．伊卡德」（Author Michelle Icard）中找到我。我希望能在那裡見到你。

附錄：如何開啟親子聊天模式

用輕鬆聊天的方法來進一步瞭解某人，不僅有趣、效率高又有意義，也是能用來建立緊密關係的方法之一。藉由以下的問句及對話提示，你能與孩子進行快速、有趣、有時會帶來啟發性的聊天對話。除了有趣的提示對話之外，我也加入一個關於喜好的部分。當你為不斷變化的親子關係動態做好準備時，重新確立喜好有助於衝突、情緒及期望的應對。

家長對孩子：

 # 考量我們居住的地方，你認為你的第一份工作會是什麼？

 # 如果你要帶一個新生參觀你的學校，學校哪個區域會讓他留下深刻印象，你又會跳過哪個區域？

 # 你的朋友喜歡來我們家的原因什麼？你喜歡去他們家又是基於什麼原因？

 # 在學校午餐時揚聲器大聲響起，大多數的孩子會為哪一首歌而興奮激動？

孩子對家長：

＃你的第一份工作是什麼？你最糟糕的一份工作是什麼？

＃你高中時成績最好的科目是什麼？和／或你的大學主修科系是什麼？你為什麼選擇這個科系？

＃在我出生之前，你做過什麼很酷的事？

＃你的家長應該可以做得更好的事是什麼？他們做得很好的是哪些事？

家長對孩子、孩子對家長：

＃如果你可以和家人之外的任何人共度時光，那個人會是誰？

＃什麼東西能讓你笑，但可能不應該笑？

＃能讓你大笑，但可能不太應該笑的事情，會是什麼？

＃你希望你的朋友們能多為你做些什麼事情？

＃如果明天就突然是一個沒有任何職責的自由日，你會做些什麼事？

＃你最不喜歡做的一件家事是什麼？

＃你最近在電視上或書中看到最可怕的事是什麼？

＃我們的家中有什麼事情，可能是只有你知道的？

如果你可以重新設計我們的城鎮，你會改變的一件事是什麼？
人們都說你長得像哪一位名人？
如果你贏得了一場比賽並可以見到一位神秘名人，你會希望是誰？你最不希望是誰？
回想一下，除了家人之外那些你時常共處的那些人。如果你可以選擇一個人，讓自己和這個人更相像，這個人會是誰？為什麼？

個人喜好選項

當好事發生在你身上時，你喜歡得到許多關注還是少一些關注？這是否會因為發生的地點而有所不同？（例如，在公共場所或是在家中。）
當你覺得難過的時候，你希望我不時關心你還是讓你一個人靜靜？
當你度過了不順利的一天後，我能做些什麼讓你的心情更好一些？
當我欣賞你所做的事情時，你希望我如何表達？擁抱、擊掌、正面的文字訊息、面對面的讚美，或是昂貴的禮物及奢華的度假旅程？
當我想誇耀你的時候，我能對什麼人說？只有家人、特定的幾位朋友，還是社交媒體上的全世界？

＃當我們發生爭執時，你想要當下說清楚還是事後再討論？事後再討論是多久之後？

＃當我需要你幫我做某件事時，你希望我直接告訴你還是寫下字條給你？

＃當我們需要談論一個問題時，你希望地點是你的房間、我的房間、在車子裡，還是在其他地方？

＃當你有朋友來家裡玩的時候，你希望我和他們聊天聊到什麼程度？

14歲前該跟孩子聊的14件事

上高中前必須進行的重要親子對談，那些廣泛存在於社會、你我終其一生都會面臨的人生課題

作　者—米雪兒・伊卡德 Michelle Icard
譯　者—陳柚均
主　編—王衣卉
企劃主任—王綾翊
全書裝幀—倪旻鋒
內頁排版—唯翔工作室
第五編輯部總監—梁芳春
董事長—趙政岷
出版者—時報文化出版企業股份有限公司
108019台北市和平西路三段二四〇號
發行專線—（〇二）二三〇六六八四二
讀者服務專線—〇八〇〇二三一七〇五
（〇二）二三〇四七一〇三
讀者服務傳真—（〇二）二三〇四六八五八
郵撥—一九三四四七二四時報文化出版公司
信箱—一〇八九九臺北華江橋郵局第九九信箱
時報悅讀網—http://www.readingtimes.com.tw
電子郵件信箱—yoho@readingtimes.com.tw
法律顧問—理律法律事務所　陳長文律師、李念祖律師
印　刷—勁達印刷有限公司
初版一刷—二〇二二年二月十八日
定　價—新台幣四五〇元

時報文化出版公司成立於一九七五年，
並於一九九九年股票上櫃公開發行，
於二〇〇八年脫離中時集團非屬旺中，
以「尊重智慧與創意的文化事業」為信念。

14歲前該跟孩子聊的14件事：上高中前必須進行的重要親子對談，那些廣泛存在於社會、你我終其一生都會面臨的人生課題／米雪兒・伊卡德作；陳柚均譯. -- 初版. -- 臺北市：時報文化出版企業股份有限公司，2022.02
424面；14.8×21公分

ISBN 978-957-13-9996-6（平裝）

1. CST：家庭關係　2. CST：親子溝通

544.14　　111000965

ISBN 978-957-13-9996-6
Printed in Taiwan